醉驾
困境及解决方案

DRUNK DRIVING
AN AMERICAN DILEMMA

〔美〕
詹姆斯·B. 雅各布斯
著

王秀梅　陈建
译

张　雪
审校

北京大学出版社
PEKING UNIVERSITY PRESS

著作权合同登记号　图字:01-2024-0524
图书在版编目(CIP)数据

醉驾:困境及解决方案／(美)詹姆斯·B. 雅各布斯著;王秀梅,陈建译. -- 北京:北京大学出版社,2024.12. -- ISBN 978-7-301-35847-4

Ⅰ. D971.221.4
中国国家版本馆 CIP 数据核字第 2024CV4583 号

Drunk Driving: An American Dilemma
By James B. Jacobs, Foreword by Franklin E. Zimring
Licensed by The University of Chicago Press, Chicago, Illinois, U. S. A.
© 1989 by The University of Chicago. All rights reserved.

书　　名	醉驾——困境及解决方案 ZUIJIA——KUNJING JI JIEJUE FANG'AN
著作责任者	〔美〕詹姆斯·B. 雅各布斯（James B. Jacobs）　著 王秀梅　陈　建　译
责任编辑	张　越　王建君
标准书号	ISBN 978-7-301-35847-4
出版发行	北京大学出版社
地　　址	北京市海淀区成府路 205 号　100871
网　　址	http://www.pup.cn　http://www.yandayuanzhao.com
电子邮箱	编辑部 yandayuanzhao@pup.cn　总编室 zpup@pup.cn
新浪微博	@北京大学出版社　@北大出版社燕大元照法律图书
电　　话	邮购部 010-62752015　发行部 010-62750672 编辑部 010-62117788
印　刷　者	大厂回族自治县彩虹印刷有限公司
经　销　者	新华书店
	880 毫米×1230 毫米　A5　11 印张　246 千字 2024 年 12 月第 1 版　2024 年 12 月第 1 次印刷
定　　价	59.00 元

未经许可,不得以任何方式复制或抄袭本书之部分或全部内容。
版权所有,侵权必究
举报电话: 010-62752024　电子邮箱: fd@pup.cn
图书如有印装质量问题,请与出版部联系,电话: 010-62756370

芝加哥大学出版社
1989年版
犯罪与司法研究

编辑委员会

James B. Jacobs

Sanford H. Kadish

Norval Morris

Michael Tonry

Stanton Wheeler

Marvin E. Wolfgang

Franklin E. Zimring（主席）

本书谨献给并纪念令人敬重的同事、受人尊敬的知识分子、我亲爱的朋友
康奈尔大学社会学家罗斯·K. 高德森教授

译者序

自从醉驾入刑以来,危险驾驶罪成为我国犯罪率居于首位的罪名,根据最高人民检察院发布的《刑事检察工作白皮书(2023)》,全国检察机关于2023年受理审查起诉各类犯罪178万余件251万余人,其中危险驾驶罪居于首位,占比22%。作为轻罪案件的危险驾驶已成为犯罪治理的主要对象。醉驾不仅是一个法律问题,更是一个社会问题。《醉驾——困境及解决方案》(以下简称为《醉驾》)一书的作者詹姆斯·B.雅各布斯运用犯罪学、法学、社会学、心理学等多学科的理论和方法,对美国反酒后驾驶的政策和判例进行了审视与分析,阐述了酗酒与醉驾作为社会问题的性质、与醉驾相关的刑法及刑事程序,以及醉驾社会控制的制度建设等问题。

尽管《醉驾》一书在美国出版较早,但是该书反映的醉酒驾驶问题是当今社会仍然存在的普遍性问题。特别是美国在醉驾治理方面积累了丰富的经验,同时,《醉驾》一书详细讨论了醉驾犯罪的法律定义、构成要件、量刑标准,以及法官在审理醉驾案件方面的经验,对我国立法和司法实践具有一定参考借鉴价值。

在立法层面,一是我们可以借鉴美国对醉驾犯罪定义的细化方式,明确血液酒精浓度标准及驾驶行为的具体表现,如在何种情况下认定为醉酒驾驶,避免法律定义的模糊性,使执法人员和公众能够清晰地了解法律界限。二是我国可以参考美国对加重型醉驾犯罪的界定,根据醉驾者的血液酒精浓度、驾驶行为的危险性等因素,区分不同程度的醉驾犯罪,对严重的醉驾行为予以更严厉的处罚,以体现法律的公正性和威慑力。三是美国在醉驾立法中采取了多种制裁措施,包括监禁、罚金、吊销或撤销驾照、扣留或没收车辆、监视居住以及电子监控等。我国可以在现有法律的基础上,进一步完善制裁体系。比如,美国对酒精提供者规定了民事责任,明确在醉驾事故中,除对醉驾者进行处罚外,还应追究向醉驾者提供酒精饮料的商业酒水售卖者和社交主人的责任。

在司法层面,书中提供了大量关于醉驾的实证数据和判例,以及交通事故统计、酒精消费模式、犯罪调查等,也为我国司法实践提供了一定的参考。这些数据和案例有助于深入了解醉驾行为的发生机制、影响因素,以及社会后果,为高效司法提供了一定的参数。

在执法层面,书中提及的美国清醒度检查站和路障措施在我国已有实践。不仅如此,美国还通过血液酒精浓度检测、水平凝视眼球震颤测试等提高了检测的准确性和效率。我国可以加大对科技研发的投入,推广使用先进的检测设备,提高执法的科学性和公正性,确保执法工作的高效进行。

《醉驾》一书出版的社会现实意义还体现在:一是为政府制定相关政策和措施提供了重要参考。政府可以根据书中提出的建议,加大对醉驾行为的打击力度,完善法律法规,加强执法监督,同时加大对公众教育和宣传的投入,从而有效地减少醉驾行为的发生,提高道路交通安全水平。二是公众可以更加清楚地认识到酒后驾驶行为的危害性,包括对个人健康、家庭幸福和社会安全的影响,有助于提高公众对醉驾问题的关注度和警惕性,增强公众的法律意识和责任感,从而促进公众行为的改变。三是有助于加强社会各界对醉驾问题的重视,加强社会治理,形成政府、社会组织、企业和个人共同参与的治理格局。特别是书中对醉驾者的心理和行为特征进行了深入分析,这为旨在教育、治疗醉驾者的社会恢复性措施的设置提供了参考。教育和治疗机构可以参考书中的建议,制定针对性的教育和治疗方案,帮助醉驾者认识到醉驾带来的问题,改变不良行为习惯,提高自我控制能力。总之,通过综合运用各种手段,如法律制裁、道德约束、经济激励等,有效地遏制醉驾行为的蔓延,维护社会的和谐稳定。

本书得以顺利付梓,特别感谢北京大学出版社副主编蒋浩先生及编辑张越女士的鼎力相助,特别感谢张雪博士后的认真审读和无私奉献。书中难免出现纰漏和不妥之处,敬祈专家和读者批评指正。

王秀梅于京师大厦

2024 年 11 月 19 日

目　录

前　言 ………………………………………………………… 001

致　谢 ………………………………………………………… 001

介　绍 ………………………………………………………… 001

第一部分　社会问题的剖析 ……………………………… 001
  第一章　美国社会的酒精 ………………………………… 003
  第二章　作为社会问题的公路安全 ……………………… 018
  第三章　醉酒驾驶和交通伤亡 …………………………… 032
  第四章　犯罪模式 ………………………………………… 050

第二部分　刑法和刑事诉讼程序 ………………………… 066
  第五章　醉酒驾驶罪 ……………………………………… 068
  第六章　醉酒驾驶罪的定义与分级 ……………………… 078
  第七章　醉酒驾驶犯罪的加重情形 ……………………… 095
  第八章　刑事诉讼程序和醉酒驾驶犯罪 ………………… 110

第三部分 醉驾社会控制的制度建设 ………… 123

第九章 威慑 ………… 126
第十章 醉驾者缴纳的保险附加费与应承担的侵权责任 ………… 153
第十一章 剥夺资格 ………… 180
第十二章 公众教育和酒后驾车 ………… 195
第十三章 阻断酒后驾车机会 ………… 206
第十四章 罪犯改造 ………… 220
第十五章 结论 ………… 232

注 释 ………… 244

参考文献 ………… 283

索 引 ………… 309

前　言

对醉驾者的社会控制一直是美国的一个重要的政策问题,但长期以来,社会学、法学和犯罪学领域对此研究不足。每年有成千上万人死于交通事故,数十万人因此被逮捕,从而使这一问题的政策重要性得到认可,即使是教授们也难以忽略这一问题。然而,法学和犯罪学方面的问题尚未具有足够的知识地位,以至于并未引起美国法学界和犯罪学界高层人士的高度关注。公共卫生、酒精研究、社会学领域的学者们对醉驾问题的研究,被很多犯罪学家和刑法学者视为与足科医生差不多的工作,即有意义却又很乏味的工作。

在战后一代的美国法学教授中,对于饮酒和驾驶的传统研究,没有能与挪威学者约翰内斯·安德奈斯的造诣相媲美者。同时,战后的美国犯罪学完全被犯罪理论和大规模的意识形态斗争所占据。甚至在20世纪60年代和70年代早期的美国,普通民众都很少关注醉驾所带来的社会代价,其中一部分原因是其他犯罪犯罪率的大幅增长带来的压力。

直至20世纪70年代后期,公众对醉驾者社会控制重要性的认识发生了惊人的转变。当美国街头犯罪率降低时,民众提升了对涉酒事故引起的死亡人数的关注度,这成为媒体、州和当地立法机关、学校和其他社区机构关注的常态。而且醉驾的新一轮凸显似乎并非昙花一现,在过去的十年里,公众对控制醉驾者的兴趣表现出一种单向的动态：新的机构和组织参与进来，但是没有实质性的例子表明公众的关注度或参与度减少。

最终，法学界赶上了社会的步伐。本书在法律研究方面开拓了新的领域，并使作者成为美国第一位真正在酒精和交通安全领域进行研究的法律学术权威。

本研究整合了目前关于醉驾的诸多方面和应对醉驾者的机构的大量知识，涵盖的学科和问题范围非常广泛——从精神药理学到刑事诉讼程序。掌握如此大量的文献材料也是本书的成就之一。

事实证明，在法律和社会中，社会对醉驾的应对绝对是一个非常具有吸引力的案例研究。正如为了研究土地形成过程而蜂拥到活火山群的地质学家一样，研究法律政策的学生可以把醉驾作为研究刑法异常迅速变化的一个例子。虽然许多恶习控制领域已成为非刑事化的例子，但是醉驾被视为一种更具严重威胁性的行为，违法分子被视作更应受到处罚的行为者。我们见证了犯罪化过程的现代道德问题，所以本书向法科学生和社会学学生介绍了法律和社会的变化以及这种变化有可能发生的条件和犯罪后果。

本书是酒精和交通安全领域的"犯罪与司法研究"系列的两卷本之一。这两卷本在内容上相辅相成。迈克·劳伦斯、约翰·斯诺特姆和我编辑了一部由主题专家撰写的与该主题有很大相关性的论文组成的论文集。那一部是百科全书式的，而本书则是综合性的。

本书也是詹姆斯·雅各布斯贡献给"犯罪与司法研究"系列的第二本著作。他是第五位在此系列中贡献超过一本著作的学者,也是这个杰出的专家库中最年轻的成员。见证学者个人的发展以及在这一系列图书中积累其学术影响也是这个行业的特殊乐趣之一。我们这些与该系列丛书的进展和詹姆斯·雅各布斯职业生涯有关的人有理由倍感自豪。

富兰克林·E.齐姆林

致　谢

多年来，在家人、同事以及评论家的鼎力相助下，我一直致力于本书的创作及相关论文的写作。由衷感谢纽约大学格雷厄姆·休斯和纳丁·斯乔森两位同事。两年来，我与格雷厄姆共同在法学院开展了关于醉驾的研讨会，一如既往，我从其探索性的法理学分析中受益匪浅。纳丁与我在醉驾路障设置方面合作展开了详尽的法律分析。她促使我更为深入地思考这一问题，这是我自己无法做到的事情。我也特别感谢大卫·沃瑟曼，他是我们犯罪与司法研究中心的律师和研究员，他帮助我对本书字斟句酌直至定稿。他的批评、建议、鼓励使我受益良多。我的定稿也获得了朱莉·马赫特出色的协助和安得烈·冯·赫希富有洞察力的评论。

芝加哥大学出版社的两位评审人富兰克林·齐姆林和菲利普·库克对本书提出了富有建设性和深刻的批评，使我超越了自我，他们对本书作出了巨大贡献。尽管这是我第一次领略库克教授深刻的思想，但我一直是富兰克林·齐姆林独到见解的获益者，并且在我的整个职业生涯中他也给予了我无私的帮助，借此机会对他深表谢忱。

在整个创作过程中，我的秘书艾琳·彼得斯提供了办公室的日常协助，使我的研究工作得以有效进行。当她为了家庭而离开时，心灵手巧、富有幽默感的伊薇特·莫拉莱斯接手了此项工作。

在创作的日日夜夜,我的妻子简·斯威尼给予我不断的支持与鼓励,使我最终完成手稿。

我也特别感谢纽约大学法学院菲洛梅娜·达戈斯蒂诺和马克斯·格林伯格研究基金提供的慷慨支持,该基金为我提供了暑期支持和一学期的研究休假。

本书第十章曾以略微不同的形式编入芝加哥大学出版社1988年出版的由迈克·D.劳伦斯、约翰·R.斯诺特姆和富兰克林·E.齐姆林主编的《酒驾的社会控制》一书中。

介 绍

醉驾是美国饮酒与驾驶两大制度的交集。酒精饮料在美国文化生活中扮演着至关重要的角色。它是庆祝活动和休闲活动不可或缺的一部分。从鸡尾酒会到体育赛事,从外出就餐到守灵和洗礼仪式,从兄弟会派对到篝火晚会,酒精饮料作为庆祝、欢乐、友谊和亲密关系的辅助和象征,发挥着明确的作用。饮酒和醉酒也有着心理上的重要作用。饮酒是为了缓解紧张、内疚、焦虑和沮丧,增加幻想、欲望、攻击性、自负和逃避现实。

美国人均酒精饮料饮用量高于牛奶。14 岁以上的美国人平均一年要喝 591 桶 12 盎司的啤酒或 115 瓶(五分之一加仑)餐酒或 7 瓶 80 度的威士忌、杜松子酒、伏特加。由于三分之一的人口不喝酒,饮酒人口的酒精饮料饮用量比人均值要高很多。14 岁以上的饮酒人口日常的饮酒量大概为一天三杯。饮酒最多的十分之一的人口消费了酒精饮料销售量的一半(美国卫生及公共服务部,1983)。啤酒、烈酒、葡萄酒行业大肆宣传其产品并将其产品与积极文化符号和心理需求相联系(雅各布斯、阿特金斯和哈克,1983)。

尽管酒精饮料丰富了人们的社会生活,在大部分饮酒者的个人生活中发挥了积极作用,但是,它也引起了许多个人问题和社会问题,甚至酿成了人类的悲剧。[1] 综合医院四分之一的病人涉及酒精滥用,它也是自杀、事故、谋杀和肝硬化这四种 20 岁到 40 岁男性常见死因的罪魁祸首(海曼等人,1980;瓦利恩特,1983,p.1)。通常,它也是导致虐待配偶和子女的因素之一(汉密尔顿和柯林斯,1981)。

醉驾的故事也是交通运输的故事。美国人对于汽车的喜欢不言而喻(迈耶和戈麦斯-伊巴涅斯,1981;刘易斯和戈德斯坦,1983)。汽车是社会地位和个人生活方式的一种象征,对许多人而言,它满足了人们对于权力、侵略、幻想和控制的深层心理需求。美国有比其他国家更多的注册车辆(171690733辆)和更长的公路(3861934英里)。美国人对公共交通不怎么感兴趣,工作地点、家庭住址、娱乐场所之间的车程较远。

如果没有汽车就不会有醉驾,如果社会不认为汽车的拥有和使用应该普及,就不会存在严重的醉驾问题。此外,酒馆、酒吧、餐厅和卖酒的商店在我们的街上随处可见。对那些喝酒的人而言,积极参与美国的社会生活实际上导致很难避免醉驾。

一、社会问题的认识

只要有车辆,就会有醉驾者。19世纪,铁路工程师醉酒成为一种严重的社会问题。早在1843年,纽约中央铁路的值班员工便被禁止饮酒(伯肯斯坦,1985)。1904年,《醉酒季刊》评论道:"铁路公司要求完全不喝酒的员工操作发动机的预防措施很快就会扩展到这些新汽车所有者的身上……随着新汽车数量的增加,此类事故发生的数量也会迅速增加。"亨利·福特宣称:"随着现代工业的发展和汽车的出现,必须禁止酒水。"(伦德和马丁,1982)1910年,纽约州的交通法规增加了醉酒驾驶罪(金和蒂珀曼,1975)。

1966年《公路安全法》是调动注意力和资源解决醉驾问题的关键推动力。事实上,该法通过建立国家公路安全局,即国家公路交通安全管理局(NHTSA)的前身,授权美国交通部发布具有历史意义的1968年《酒精与公路安全》报告,将醉驾问题联邦化。1968年的报告表明:"在美国,司机和行人饮酒每年导致25000人死亡以及至少800000起车祸。"报告警告道:"这一人类病态主要的来源将会继续困扰我们这个由机械驱动的社会,除非我们能够详尽探索出针对其后果和目前存在的许多问题的真正有效的可能性对策。"

1970年,国家公路交通安全管理局启动了第一个由联邦倡导的反醉驾行动:酒精安全专项行动项目(ASAP)。该专项行动项目在美国的35个社区实施,共耗资8800万美元。其目标是通过综合性对策(执法、改造、公共信息)和系统性方法(由警方、法院、治疗机构通力协作)使醉驾行为显著减少。在所有实施酒精安全专项行动项目的司法辖区内,醉驾的逮捕率显著增加,一些地区甚至增长了300%以上。此外,改造项目(尤其是醉驾者改造学校)向成千上万的违法分子提供了治疗。然而,仍不能确认醉驾行为是否显著减少,该项目于1977年被终止(扎多,1976;利维等人,1978;尼科尔斯等人,1978;美国交通部,1979;美国之音,1981)。此时,国家公路交通安全管理局颁布了"酒精与公路安全的关系"标准八,该标准列出了联邦各州为了获得特定联邦公路基金需要采取的一系列重要的打击醉驾的对策。

二、当代打击醉驾的运动

对醉驾行为的打击并没有随着酒精安全专项行动项目的终止而衰落。20世纪70年代末和80年代初,非凡的基层群众反醉驾运动席卷美国各地。1978年,在纽约州斯克内克塔迪市发生了一起醉驾者撞死一名当地少年的事故后,艾肯·多丽丝在该市成立了消除醉驾者协会(RID)。1980年,坎迪·莱特纳在加利福尼亚州萨克拉门托市建立了反醉驾母亲协会(MADD),其女儿被一个有醉驾史的醉驾者撞死。

这一时期是对反醉驾组织打击醉驾活动非常有利的时期。反对酗酒的公共卫生运动在将酗酒定义为主要的社会和健康问题方面取得了重大成功,并且建立了由联邦、州、地方、私人机构、组织和项目组成的巨大网络。这些组织都得益于刑事司法系统的转介程序。艾肯·多丽丝和坎迪·莱特纳都获得了国家公路交通安全管理局用于从事组织活动和组织建设的资助。或许更重要的是,媒体经常报道反醉驾积极分子的演讲与活动,尤其是充满魅力的坎迪·莱特纳所作的演讲与参与的活动。数十家报纸和杂志报道了消除醉驾者协会和反醉驾母亲协会所作出的努力,它们迫使反应滞后的刑事司法系统对醉驾者进行适当的惩罚和威慑,并为受害者及其家人伸张正义。1983年3月,美国全国广播公司播出了一部名为《反醉驾母亲协会:坎迪·莱特纳的故事》的纪录片。这部纪录片播出后,反醉驾母亲协会新分会的数量几乎翻了一番(威德,1987)。

全国各地的社区均设立了消除醉驾者协会、反醉驾母亲协会、学生反醉驾协会的分会[2]。反醉驾母亲协会迅速发展到大约

300个分会,消除醉驾者协会分会数量则增长到150个。虽然反醉驾母亲协会提供了更多的指导,但是这两个组织是高度分散的。全国总部提议组织战略,并为日程规划提供关键性问题的背景材料,但是地方分会根据其领导人的精力和意愿来制定日程。这些组织进行的立法游说吸引了更多的媒体关注,同时其也积极地参与教育活动、受害者服务、法院监督。

尽管反醉驾运动让人们想起我们历史上类似的反酒精运动(参见古斯菲尔德,1963),但是它不应被视为新禁酒运动(谢伦,1986)。事实上,威德在1987年的调查中发现,反醉驾母亲协会的地方职员认为,限制酒精饮料的供应并不是一个现实的解决方案,也不是道德上的恰当对策。反醉驾运动与犯罪受害者运动息息相关。很显然其是由一群受害于醉驾者的人组成,这些人或者直接地受害于醉驾者,或者更常见的是其家庭成员被醉驾者撞死而间接地受害于醉驾者。对于担任反醉驾组织领导职务的那些受害者来说,政治行动是应对个人悲剧和实现变革的一种手段。像许多美国的运动一样,反醉驾组织非常重视立法并且每年都制定立法日程。通过新的法律对于维持和鼓励它们的反醉驾运动极其重要(施恩高德,1974)。

在20世纪80年代早期,反醉驾组织将醉驾提上了最突出的社会问题议程。这一问题不仅出现在主要的新闻杂志的封面上,还成为一些电视专题片和电视剧的主题。反醉驾的信息经常出现在电视公益广告、杂志、广告牌和其他媒体中。保险公司、汽车制造厂、啤酒制造商、葡萄酒制造商和蒸馏酒制造商都支持公众教育活动。

醉驾问题很快在联邦政府层面得到重视。国会宣布每年12

月为"醉酒和吸毒驾驶宣传月",并通过颁布的两项法律,规定联邦公路基金主要用于满足下述条件的各州:(1)通过刑事法规(醉酒驾驶犯罪法)规定,驾驶员在血液酒精浓度高于 0.10 时操作车辆的行为属于违法行为;(2)将最低饮酒年龄提高到 21 岁。1982年,里根总统设立了反醉驾总统委员会,该委员会对反醉驾运动给予了道义性和象征性的支持。坎迪·莱特纳是反醉驾总统委员会的委员之一。1983 年发表的总结报告对当时委员会运行的政治环境作了评估:

> 近年来,社会以前所未有的方式对醉驾问题作出回应和行动,许多公民组织将醉酒酿成的悲剧引入了公众和官方(地方、州、联邦)的视野。总统委员会是这一呼声的最高点——源于被害人及其家人的呼声,他们要求有所行动。要求有所行动并不新鲜,但是其强度和程度从没有像现在这样强烈过。这种全国性呼声既是重大机遇,又会带来巨大危险(p. 2)。

委员会认为,"公众联手要求提供解决方案这一事实"带来重大机遇,而巨大的危险则源于这样的可能性:"要么是要求非常不切实际,几乎不可能获得成功,要么是反醉驾总统委员会提出的一系列意见或建议混杂在一起,造成严重的信誉问题。"反醉驾总统委员会提出了 50 多项建议,包括鼓励公民行动、在地方层面成立公民与政府联合工作组,以及建立一个永久性的国家机构"以确保在此影响下持续专注于打击醉驾行为"。[3]

自 1983 年以来,新的反醉驾立法不断出台(美国交通部,1985),各州都在争夺对醉驾者最严厉的殊荣。新的立法大都延续了酒精安全专项行动项目的思路,企图通过更为严厉的刑事制裁与加强执法来减少醉驾行为(美国交通部,1985)。迫于联邦立法将联邦公路基金与打击醉驾措施挂钩的压力,各州立法机关都规定了强制监禁、更严厉的罚金以及长期自动吊销或撤销驾照的惩罚措施。一些州限制了辩诉交易,并增加了新的制裁措施,比如监视居住(电子监控手段)。

地方警察部门对逮捕醉驾者更加重视,许多警局在夜间设置了路障,拦截所有司机以检查他们是否有醉酒迹象(雅各布斯和斯乔森,1985)。从 1970 年到 1986 年,因醉驾被逮捕的人数增加了近 223%。法院几乎认可了所有这些行动,并提出了一些自己的倡议,包括:(1)对醉驾者处以惩罚性赔偿(如 Taylor v. Superior Court, 598 P. 2d 854［1979］);(2)追究酒水售卖者(如 Lopez v. Maez, 651 P. 2d 1269［1982］),甚至社交主办方的责任(如 Kelly v. Gwinnell, 426 A. 2d 1219［1984］)。虽然当前项目不像酒精安全专项行动项目那样重视教育和改造醉驾者,但是许多反醉驾项目都以这样或那样的方式与酗酒治疗项目或醉驾者改造学校相关联,大量的醉驾者要么通过分流免于被起诉,要么被定罪后被送往这些学校。

尽管许多社会控制手段(治疗、教育、私法和保险)被采用,但是刑事司法手段的主导作用从未被动摇。20 世纪 70 年代中期到 80 年代中期,醉驾被捕人数增长了 50%,达到每年 180 万人,这使醉驾行为成为下级刑事法院最常起诉的罪行。强大的公民压力,加上(1)鼓励(强制)被捕人员提供呼吸样本(否则没收驾照)的默示同意法律,以及(2)对辩诉交易的限制,导致非常高的定罪率。大量的定罪对我们的制裁体系提出了挑战。在一些州,如纽约州,目前醉驾者是被判缓刑最多的罪犯种类。根据强制量刑法律,醉驾者也出现在许多监狱中。此外,醉驾惯犯(被判重罪)也大量出现在某些州的监狱系统中。

打击醉驾活动力度的增强并不是一时的风潮。在许多地方和州,如纽约州,反醉驾项目已经制度化,专门由一些特殊利益机构全权负责。此外,纽约州倡议的"停止醉驾计划"将从醉驾者处收取的罚金返还给当地的反醉驾项目。因此,一些反醉驾项目已经实现部分经费自给。

三、醉驾研究：进行批判性综合的必要性

罗伯特·伯肯斯坦(1985)是几十年来研究醉驾的美国权威学者之一,他至少从20世纪30年代初便开始研究醉驾。1934年,赫曼·黑塞博士收集了一份因汽车死亡的数据,发现很大一部分死者血液中含有高浓度的酒精。赫曼·黑塞博士的研究结果被伊利诺伊州埃文斯顿市一项为期三年的重要研究所证实,该研究表明,在270名受伤的司机中,有几乎一半人的血液中含有高浓度酒精。美国西北交通研究所主任理查德·霍尔库姆博士利用测醉器(第一个被广泛使用的酒精呼吸检测设备),将发生于埃文斯顿市的交通事故中司机的血液酒精浓度与道路司机检测的随机样本进行对比,发现12%的道路司机血液中含有高浓度的酒精(霍尔库姆,1938)。

醉驾研究一开始就被迫为社会控制醉驾而服务。1937年,国家安全委员会(成立于1914年)醉酒检测委员会制定了"标准酒精影响"表格。关于公路安全的第一次白宫会议于1946年召开,会议建议采取行动来遏制醉驾行为。20世纪50年代(参见

《酒精与道路交通第二次国际会议会议记录》,1955)和60年代初(如哈登、萨奇曼和克莱因,1964;伯肯斯坦等人,1974),一些开创性的工作陆续被开展。1957年,美国医学会出版了第一本《酒精和受损害司机手册》,西北交通研究所出版了《化学检测与法律》。尽管有了这些举措,20世纪前三分之二时间的美国研究大部分由公路安全专家进行,他们的研究和发现并没有获得大学社会科学家们的认可。[4]

自从20世纪60年代和70年代醉驾问题联邦化后,政府研究和报告大量涌现,其中许多由国家公路交通安全管理局提供资金支持。就其本身而言,大量的研究给那些试图确定醉驾相关信息的人带来了巨大的挑战。除了联邦的这些研究,许多州和地方也作出了评估,这些评估往往在新项目全面运作前就宣称它是成功的。关于醉驾的研究也在大学的多个学科领域蓬勃发展。公路安全专家继续分析醉驾的程度、醉驾对交通伤亡的影响及车祸伤亡的可预防性。过去十五年间,国家酒精滥用与酗酒研究所(NIAAA)帮助开展了大量的研究,这些研究主要针对饮酒习惯、酒精滥用和酗酒以及治疗方法(美国卫生及公共服务部,1983)。也有几个重要的大学研究中心致力于酒精问题的研究(如罗格斯大学酒精问题研究中心和加州大学洛杉矶分校酒精问题研究中心)。为了确定被定罪的醉驾者滥用酒精的程度,心理学家也在进行相关研究。社会学家H.劳伦斯·罗斯对美国、欧洲、澳大利亚和新西兰采取的威慑醉驾行动进行了系列评估。为了确定严厉的反醉驾法律、酒精饮料税费以及酒精饮料最低法定购买年龄的变化对打击醉驾的影响,一些经济学家进行了复杂的计量经济学研究(库克,1981;米莱斯,1986)。这些不同的研究成果分散在不同学科的期刊上。事实上,醉驾这一领域许多重要的研究成果根本没有发表(如伯肯斯坦和索斯米尔希,1982)。

四、缺乏犯罪学和法理学研究

奇怪的是,醉驾仍然是犯罪学和法理学写作和研究的边缘地带。萨瑟兰和克雷西标准版的《犯罪学原理》(第十版)中只有两条含有醉驾的索引条目,而且这两条都是关于醉驾的段落,只是一笔带过。在过去的十年间,仅有一篇关于醉驾的文章发表在期刊上(1978—1987,《犯罪与违法行为》,这是一本理论与政策方向犯罪学的权威期刊)。刑法学的处境也是如此。尽管存在一系列棘手的理论和哲学问题,但领先的刑法案例集——卡迪什、保尔森和舒尔霍夫所著的《刑法及其程序》(第四版)中却没有一个关于醉驾的案例,只有几个关于醉驾的注释。虽然法律评论期刊刊登了学生的研究笔记和评论,以及一些教师关于默示同意法律、醉驾杀人、路障、惩罚性赔偿和血液酒精浓度检测方面的文章,但这样的学术研究总量还很少。[5]

我只能推测为什么醉驾问题没有激起犯罪学界的兴趣。原因之一可能是醉驾是一个非常棘手的问题。醉驾的发生率不能通过警方报告的犯罪或对被害人的调查来确定,而且醉驾对策的评估由于(1)醉驾数量无法预测和(2)同时采取的措施的各自影响无法认定而受阻。

原因之二可能是犯罪学家们不确定醉驾是不是一个"真正的犯罪行为"。毕竟,这一违法行为通常出现在车辆和交通法中,而不是刑法中。醉驾案件并没有出现在联邦调查局的犯罪指数中,也没有出现在公众熟知的美国犯罪率的概念中。

犯罪学界对醉驾缺乏兴趣的第三个原因可能是醉驾者不符合社会心理对"罪犯"的印象。人们对醉驾者的刻板印象无法与谋杀犯、小偷和恐怖分子相比较。事实上,醉驾者通常被描述为无能和幽默的形象而不是令人憎恶和凶残的形象。

第四个原因可能是,醉驾者与社会学上"罪犯"的形象不符。大多数情况下,犯罪学采用了底层违法这种比较流行的观点,但醉驾并不是一种与贫穷和无产者有关的犯罪。根据联邦调查局的《统一犯罪报告》(UCRs),被逮捕的醉驾者中白人违法分子(90%)比例最高。

原因之五可能是,对自由派或保守派的犯罪学家而言,醉驾并不是一个重要的问题。它既不能深化犯罪是财富分布不均、贫穷、失业的结果的自由派解释,也不能深化犯罪是理智的经济行为的新保守派解释。即便是那些认为犯罪的根源是道德败坏的传统保守派,也由于社会对酒精和酒精问题模棱两可的态度而认为醉驾难以研究。

不论本人关于醉驾被轻视的原因的推测是否准确,通过关注这一违法行为,犯罪学家们都能够收获很多。例如,将醉驾纳入车辆和交通法,并将其视为比简单伤害、盗窃、入室盗窃更轻微的罪行,这本身也应该引起犯罪学界的兴趣。犯罪学应该关注醉驾并加强研究的洞察力,即刑法或犯罪指数的内容并不是一成不变的。此外,对作为交通违法行为和犯罪行为的醉驾进行分析时,应该关注以下问题:(1)为什么特定的社会将某种有害行为定为刑事犯罪而不是其他行为?(2)是什么导致刑法起草者将某种违法行为视为严重的犯罪,却未关注其他违法行为?(3)是什么导致立法者在特定的时间点将某种行为重新定义为比以前更严重的违法行为？(4)在少数的犯罪类别方面,一个社会为何以及如何来界定它的犯罪率？

醉驾研究考验着我们克服对刑事犯罪的成见,使刑法朝着更理性的和更具实用性的方向迈进的能力。这种刑法将对制造危险或风险的行为作出谴责,无论这种行为是古老而邪恶的,还是当代的不负责任的行为。刑法应当作为社会控制的一种手段。犯罪学家应该提出的问题是,刑事执法能否对控制某种社会问题作出贡献,如果可以,是否适合采用这种方式。

如果犯罪学家在其教学和著述中更多地关注醉驾,他们的研究将有助于打破罪犯是穷困的黑人与西班牙裔而守法者是中上流社会白人的刻板印象。倘若不断强调这一点,可能有助于公众认识到犯罪是广泛存在于所有社会阶级和种族中的。尽管这不能为穷人的不法行为辩护,但是它有助于制定一项更为理性和克制的刑事司法政策。

第一部分
社会问题的剖析

本书前四章介绍了理解醉驾这一社会问题所必需的基本背景知识。

第一章将醉驾置于美国与酒精的关系背景下,尤其是酗酒问题这一背景下进行研讨。酒精饮料在美国人的社会经济生活中扮演着不可或缺的角色,醉驾是其带来的消极后果。此外,酗酒问题是美国的主要健康问题之一,醉驾只是这一问题的一种表现形式。

第二章将醉驾置于美国交通系统背景下进行研讨。该系统为个人提供了无可比拟的机会,使其可以为了追求个人和集体的目标而自由移动。不幸的是,它也造成生命和财产的巨大损失,这一损失足以与战争中的伤亡相比。我们急于解决醉驾问题,有时却忘了我们的最终目标是确保交通系统更加安全,防治醉驾只是交通社会控制中的一个子问题。

第三章讨论作为公路伤亡原因的醉驾。在多大程度上醉驾和公路安全问题是等同的,或者至少是部分重叠的?我们将看到这一问题很难简单回答,而且问题本身也隐藏了一些需要验证的微妙假设。不管怎样,醉驾问题的严重性已经成为政治学和政治化的主题,也是学术研究和分析的主题。

第四章转而探讨醉驾的犯罪学问题、犯罪模式以及违法分子的特征。关于此罪行的犯罪频率及违法分子,我们又能了解哪些?我们会再次遇到一个奇怪的悖论:信息太多又太少,研究成果太多又太少。然而,我们可以解决一些困惑,一些基本事实将有助于我们分析本书第二部分和第三部分提到的法律和公共政策问题。

第一章 美国社会的酒精

酒精饮料在美国的生活和文化中发挥着核心作用(伦德和马丁,1982)。它是庆祝活动、休闲活动、餐饮、恋爱和商务交易的附属物,其作用非常普遍且重要,以至于在许多社交场合缺少它将被视为不恰当的和不正常的。简而言之,美国人生活在一个充满酒精的环境中。

饮酒和醉酒也起着非常重要的心理和情感作用。[1] 饮酒者寻求减轻紧张、内疚、焦虑和沮丧情绪。从个人经验和无数的电视剧和电影来看,人们通过饮酒来应对辛苦的一天、家庭问题或坏消息,这已经司空见惯。人们也通过饮酒来放松、释放压抑的情绪,增加幻想和欲望。因此,人们习惯把饮酒作为诱惑或浪漫的前奏。另外,人们借酒来增强信心、维持自尊和增强攻击性。人们在求婚、要求老板涨工资和战斗前喝一杯酒看起来都是正常的。

能够使酒精饮料产生醉人作用的化学成分是乙醇(奥尔森和格斯坦,1985)。啤酒一般含有3%到6%的酒精,淡啤酒的酒精含量最低,麦芽酒的酒精含量最高;葡萄酒一般含有10%到20%的酒精,餐桌酒的酒精含量较低,强化甜酒的酒精含量较高;烈酒一般含有40%的酒精(酒精度为80)。尽管单位体积酒精饮料的酒精含量有所不同,但是酒精饮料的酒精含量大致相同。一罐12盎司4%酒精含量的啤酒、一杯4盎司12%酒精含量的葡萄酒以及一杯1.2盎司80度的烈性鸡尾酒含有相同数量的乙醇。一杯任何种类的酒精饮料通常含有大约二分之一盎司的纯酒精。尽管饮酒者可以通过饮用不同种类的酒精饮料而醉酒,但饮用葡萄酒更可能是为了佐餐而不是为了喝醉。尽管烈酒的饮用并不是一直都与醉酒有关,但是它却能使人迅速处于醉酒状态。啤酒在美国的酒精饮料市场中占据着最为重要的地位,因此大多酗酒者是啤酒酗酒者也就不足为奇了。

一、饮酒模式

饮酒并不是美国社会所独有的。事实上,移民带到美国的饮酒行为反映在不同种族的饮酒习惯和模式中。尽管如此,美国的饮酒环境存在着某些显著的特点。例如,烈酒、啤酒、葡萄酒混合的特色,大型酒馆和酒吧文化,醉酒作为特定群体的一种社交活动。

在美国各地区,饮酒模式存在着很大的差异。东北部州人均喝得最多,中南部州最少。大西洋沿岸中部州不饮酒者比例最低,南部圣经地带州最高。在不同的种族间酗酒率也存在着很大的差异,犹太人和意大利人酗酒的危险性远远低于爱尔兰人。

殖民地时期的美国饮酒水平从未被超越。对18世纪的美国人而言,饮酒被视为一种比喝水更安全、更健康的习惯。19世纪,人均饮酒量较殖民地时期天文数字的饮酒量有所下降。从1850年到1914年,人均饮酒量徘徊在2加仑左右。禁酒时期的人均饮酒量显著下降,但是从1946年开始稳步上升到大约人均2.7加仑(格斯坦,1981;马琳等人,1982)(见表1.1)。20世纪60年代初人均饮酒量大约增加了35%,但增长幅度很小,20世纪70

年代初以来已趋于平稳。虽然葡萄酒的饮用量有所增加,但是威士忌和其他烈酒的饮用量在稳步下降。今天,与其他西方社会相比,美国人并不是问题饮酒者。在人均饮酒量排名中,美国人远远低于意大利人、法国人、葡萄牙人和德国人。然而,美国人的人均饮酒量要高于人均喝奶量。在过去十年,自己或被他人推荐参加酒精治疗项目的美国人数量大大增加(韦斯纳和鲁姆,1984)。

表 1.1 1950—1986 年人均饮酒量(人均加仑)

年份	葡萄酒	啤酒	烈酒
1950	0.89	16.85	1.25
1960	0.88	15.07	1.30
1970	1.25	18.48	1.82
1980	2.08	24.27	1.98
1986	2.42	23.98	1.63

来源:美国蒸馏酒委员会

尽管啤酒的饮用量超过葡萄酒和烈酒饮用量的总和,但是和其他主要喝啤酒和葡萄酒的酗酒国家相比,美国人饮用的威士忌和其他蒸馏酒相对较多。

不同寻常的是,在美国的成年人口中有很高比例的不饮酒者,大约三分之一的人口完全不饮酒,女性不饮酒者数量(42%)大约超过男性不饮酒者数量(27%)的三分之二。另外三分之一被报道的饮酒者每周平均饮酒量少于三杯。还有大约五分之一的人口每日平均饮酒量约两杯。接下来十分之一左右的成年人每日平均饮酒量超过三杯。最后,剩余的1%~4%的人口每日的平均饮酒量超过十杯(美国卫生及公共服务部,1983;奥尔森和格斯坦,1985)。因此,5%~10%的人口的饮酒行为主要影响着人均饮酒量的统计,他们的饮酒量占据了所有饮酒量的一半以上。

二、美国的酒业

不足为奇的是,在美国,酒业是笔大生意。该行业主要由啤酒商(啤酒)、蒸馏酒商(威士忌)、葡萄酒制造商(葡萄酒)、进口商和分销商,还有大量的酒类专卖店、酒馆、酒吧和餐厅共同组成。像其他行业一样,该行业的主要目标是尽可能多地销售产品。主要的营销策略就是进行大量的广告宣传,将酒精饮料与积极的文化符号和心理需求相联系(雅各布斯、阿特金斯和哈克,1983)。另外一种营销策略就是让饮酒环境尽可能令人满意、有吸引力、有竞争力。总之,美国人每年在酒精饮料上总计花费600亿美元。

酒类广告将饮酒与性、权力、成功、尊重、爱国主义、刺激、冒险、放松及其他几乎所有积极有价值的文化符号相联系(雅各布斯、阿特金斯和哈克,1983)。饮酒被视为缓解生活压力和失望情绪的一种方式。酒业受到大量有关广告研究的支持,长期以来一直宣称酒类广告是为了争夺现有饮酒者的光顾(品牌忠诚度),而不是招揽新的饮酒者或者增加现有饮酒者的消费。无论"本意"是什么,我们都很难认真对待这一说法。即使我们认真对待,也毫无理由相信广告可以如此精确以至于其所包含的信息能够小心翼翼地绕过某一部分人而仅针对目标受众。

我们也有理由怀疑该行业的目标是否如此有限。相反,大多数酒精饮料的管理人员很可能在有意识地争取增加饮酒者数量和提高他们的饮酒量。葡萄酒制造商扩张自己的目标最为明显。它们经常宣传葡萄酒与茶、咖啡和汽水一样,应该成为美国人冰箱里和餐桌上的一种主要饮品这样的观点。新一代淡葡萄酒(即碳酸)正以 6 瓶装、罐装和纸板容器包装(6 瓶装)的形式销售。伴随这一努力的广告活动试图说服公众饮用葡萄酒并不需要到特定场合或在用餐时,葡萄酒像汽水一样,可以作为娱乐时的饮料或仅仅为了止渴而饮用。

广告对问题饮酒者的影响引起了最为严重的担忧,这些人是该行业最重要的顾客,饮酒量最大的 10% 的酗酒者的饮酒量超过了总饮酒量的 50%。对酒业而言,这一人群至少在维持饮酒量方面极其重要。但这并不意味着酒业中的坏人希望产生嗜酒者。他们想做的只是销售酒精饮料和获得可观的利润。他们最好的客户就是酗酒者和嗜酒者。倘若所有的酒精滥用者都变成适度饮酒者的话,对这一行业将是个灾难。

酒类杂志通过强调其读者中能喝酒的人的数量和比例,来争夺酒类广告收入。不妨看看安海斯-布希集团营销经理罗伯特·麦克道尔的观察。在一篇题为《我们是怎样做到的》发表在《营销时代》的文章中,布希集团解释,啤酒公司稳居榜首的策略是:"我们创造了一个新媒体策略,以掌握行业内话语主导权,以及增加了四倍广告宣传,增加了体育节目,以此来影响很能喝啤酒的人。"(雅各布斯、阿特金斯和哈克,1983,p. 32)酒精研究信息服务中心主任罗伯特·哈蒙德苦笑着说道:"如果 1.05 亿法定年龄的饮酒者都饮用官方规定的'适当'的酒精量,那么基于 1981 年的销售数据,该行业将遭受啤酒、葡萄酒和蒸馏酒高达 40% 销售量的锐减。"(雅各布斯、阿特金斯和哈克,1983,p. 25)

三、青少年与酒精

在美国人的成长环境中,从饮用汽水过渡到饮酒是正常的、意料之中的,并且饮酒通常与美好时光、快乐以及职业上和社会上的成功相联系。饮酒标志着一个人从青少年到成年的过渡,所以许多青少年渴望开始饮酒并不奇怪。

约翰斯顿·奥麦利和巴赫曼(1985)对高中生的饮酒和饮酒驾驶行为进行了重要的研究,调查了美国七个州的 75 所高中的学生。他们要求这些学生说明上一个月(不包括宗教仪式)有多少天饮用了啤酒、葡萄酒或烈酒。学生们称在整个高中期间饮酒的频率有所增长。到 15 岁时,大部分男生和女生一个月内至少喝一次酒。超过四分之一的年龄在 17 岁及以上的高中男生称,一个月内至少喝十次酒。在被调查的前两周,有五分之二的高中生称,他们曾一次喝了五杯或更多的酒。相当一部分青少年嗜酒者认为醉酒是他们生活中必不可少的一部分。

对于酒业广告商而言,年轻人是一个非常重要的市场。生产商知道如果能够招揽年轻的饮酒者,这些年轻人可能成为终生顾客。因此,它们在杂志上大力宣传并以此来吸引年轻读者(如《国家讽刺漫画》《女士》和《滚石杂志》)。至少在最近,许多啤酒公司雇用大学生作为校园代表,这些校园代表将啤酒安排在一些校园活动中,赞助一些青年活动,如摇滚音乐会和体育比赛。

四、电视与酒精

美国人每天平均看六小时的电视节目(更不用说电影了),电视节目也对饮酒做了大量宣传。狄龙(1975)发现,80% 的黄金档电视节目都涉及酒精。一项分析表明,电视节目 60% 的时间在积极描述饮酒行为,40% 的时间对饮酒行为进行了负面描述(麦克尤恩和哈尼曼,1974)。一个经常看电视的人会不断看到酗酒与社交能力、成功、权力、性和应酬相联系的画面。通过对比,观众只会偶尔看到与饮酒有关的公益广告。事实上,麦克尤恩和哈尼曼(1974)发现含有酒精内容的公益广告不超过 3%,而且这些广告每隔十六小时才会出现一次。

最近,瓦拉赫、布里德和克鲁兹(1987)对在黄金时段播放的酒精节目内容展开了一系列分析。他们发现,尽管描述酗酒的内容很少,

> 但是酒精信息并不都是中立的。饮酒行为的频率和高酒精度反映了一个超越现实世界的"潮湿"环境。交谈是边喝酒边进行的,鸡尾酒会也是为活动而准备的,酒吧通常被看作会谈和会晤的背景场所。在电视生活中,酒精无处不在,传达给观众的强烈暗示就是饮酒理所当然,日常且必不可少,以及饮酒是大多数人日常生活的一部分。饮酒者往往富有魅力,其为观众树立了一种生活方式上的榜样(p.37)。

五、有问题的饮酒行为

1978 年,国家酒精滥用与酗酒研究所作出估算,在所有饮酒的美国人中,36% 的人可能被归类为"问题饮酒者或有潜在的饮酒问题的人"(分别为 10% 和 26%)。换言之,大约有 930 万到 1000 万的人口,约占年龄在 18 岁以上的美国人口的 7%。该报告还指出,可能有另外的 330 万问题饮酒者年龄在 14 岁到 19 岁

之间。

饮酒问题的范围很广,从轻微和不经常饮酒到无法控制的饮酒,与身体、心理或社会问题有关。一些问题饮者可能心理上沉迷酒精,另一些则是生理上对酒精上瘾。对一些人来说,酗酒主要是生理上的问题。然而,对另外一些人来说则是心理或社会问题。饮酒问题几乎使所有类型的情感、心理、社会和家庭问题加剧。同样,其他类型的问题也加剧了饮酒问题。因此,将饮酒者分为社交饮酒者、酒精滥用者、酗酒者三类是很主观的。[2] 然而,在1982年盖洛普的一项调查中,三分之一的受访者表示饮酒导致其家庭问题。

目前,酒精研究人员更趋向于将酗酒视为一个由多种原因引起的综合性问题。一些人完全避免使用"酒鬼"这一词语,而是简单地谈论那些有或轻或重的与饮酒有关的身体、社会或心理问题的饮酒者。不管怎样,即使认为酗酒是一个有用概念的那些人也承认,并不是所有的问题饮酒者都有酗酒症状,但酗酒总是与身体、社会或心理问题有关。根据人们对酗酒的不同定义,3%~21%的美国人在他们人生的某个时刻会遭受酗酒问题的折磨。[3] 哈佛大学精神病学家乔治·维兰特在对酒精滥用和酗酒问题的精湛分析中这样写道(1983,p.310):

> 酗酒的过程大致可以分为三个阶段:第一阶段是大量的"社交"饮酒——多年来每日摄入2到3盎司酒精(3到5杯)。这一阶段可以无症状地持续一辈子,或者由于环境或同龄人的变化,它可以逆转为一个更为适度的饮酒模式,或者可以"发展"到酗酒模式(多种医疗、法律、社会和职业并发症),这一模式通常与每日摄入超过4盎司的酒精(8杯以

上)有关。在美国人的一生中,也许有 10%~15% 的美国男性能够进入第二阶段。也许有一半诸如此类的酗酒者要么恢复到无症状(可控制的)饮酒模式,要么长时间不喝酒。在少数情况下,这种酗酒能够间歇性地持续数十年,发病率不高,甚至随着时间的推移症状变得越来越轻微。也许四分之一的酗酒者有长期的酒精依赖症状以及戒断症状,最终需要强制戒酒。最后这一阶段也许有 3%~5% 的美国成年人能到达,男性数量与女性数量的比例大约为 3∶1 或 4∶1。与前两个阶段相比,最后一个阶段难以通过治疗恢复,多数酗酒者通常要么戒酒,要么丧失社会能力或者死亡。

六、健康与社会问题

进入综合性医院就诊人员的四分之一牵涉酗酒问题。每年大约有 3 万美国人死于肝硬化,这是酗酒者易患的常见疾病。另外,酗酒与高比例的暴力犯罪和自杀行为有关(福特等人,1979;柯林斯,1981)。酗酒行为通常也与虐待配偶和儿童有关(汉密尔顿和柯林斯,1981),尽管其因果关系难以确立。虽然近年来醉驾死亡问题已经引起许多的关注,但是与酒精相关的其他类型的事故也造成同等数量的死亡,例如,溺水、火灾和跌倒。

酒精滥用并不是酗酒的同义词。酒精滥用包括与危险破坏活动有关的狂欢式饮酒和醉酒。换言之,如果在可能发生伤害的场合,偶尔或轻度饮酒者继续酗酒狂欢,可能会对自己和他人造成危险。

七、酒精问题的疾病模式

在美国建国早期,酒精被视为好东西,但是,醉汉和酒鬼被视作放荡和不道德的(亚伦和默斯托,1981)。禁酒运动将酒精本身定义为邪恶和有毒之物。因此,禁酒时期酒精最终被宣布为非法物质(伦德和马丁,1982)。自第二次世界大战以来,在社会政治"酒精运动"的推动下(维纳,1981),酗酒的疾病模式凸显(古斯菲尔德,1963;莱文,1978)。疾病模式认为酒精是一种兼具好作用和坏作用的中性物质。根据这一模式,一些不幸的社会成员因其不负责任的行为而极易患上酒精疾病或对酒精成瘾。像其他疾病的受害者一样,他们应该得到同情和治疗。

该观点的科学依据可以追溯到20世纪50年代,耶鲁大学酒精研究中心(后来搬到罗格斯大学)的领导E.M.耶利内克的研究成果。耶利内克认为,酗酒是一种从心理逐步发展到生理最终成瘾的疾病。耶利内克和匿名戒酒协会都认为,一旦嗜酒成瘾就无法控制饮酒——要想控制饮酒只能是不喝。越来越多的酗酒者和有着酒精问题的人被视为需要治疗的病人。大量的研究表明酗酒具有遗传倾向,这进一步削弱了有关道德责任的观点。围绕国家酒精滥用与酗酒研究所、国家反酗酒委员会以及匿名戒酒协会等机构已经形成了一个庞大的酗酒治疗网络。

1973年的《康复法》禁止歧视残疾人的规定使酗酒疾病模式得到了强有力的证明,该规定将酒精滥用者纳入残疾人的范畴。商界和政府将酒精滥用员工视为病人并对其进行治疗已成为趋势,酒精问题员工援助项目在私人和公共工作中已变得很普遍(拜尔和特赖斯,1978)。自20世纪70年代以来,随着联邦公路基金的到位和强制医疗保险项目对酗酒问题的覆盖,酗酒治疗项目得以扩张。大部分增长是由私项目贡献的,由于床位需求的驱使,这些项目扩大了需要进行酒精治疗人员和酒精相关问题人群的定义的范围(邓纳姆和莫斯,1987)。

八、酒精治疗

因醉驾被逮捕的大部分人被标记为酗酒者、酒精滥用者或者问题饮酒者不足为奇。轻度饮酒者体内的血液酒精浓度不太可能超过被禁止的血液酒精浓度,至少此类情况不经常发生。尽管醉驾者是酒精治疗项目的福音,但是他们已经被证明是一组难以治疗的人群(邓纳姆和莫斯,1987)。由于受到刑事法庭的强迫治疗,他们很少有动力来改变饮酒或者饮酒驾驶行为。

本书不会长篇讨论酒精治疗项目。然而,重要的是要认识到,自国家酒精滥用与酗酒研究所建立以来,已经发展出了一个庞大的酒精治疗机构和致力于解决酒精问题的新行业(维纳,1981)。不幸的是,尽管不断地进行研究和实验,在寻找治愈酒瘾这一问题的方案上仍然没有突破(技术评估办公室,1983),没有较好的治疗方案出现,正如1976年《内科医学年鉴》上发表的社论所言:"二十五年来,酗酒者的治疗方式并没有任何重大的进展……仅有少数接受治疗的病人得以长期康复。"(波利克、阿莫尔和布瑞克,1980;技术评估办公室,1983;瓦利恩特,1983)

九、酒精与法律

刑法甚至也已受到酒精滥用观念改变的影响(参见霍尔,1944)。1966年,两项联邦上诉法院的判决(Driver v. Hinnant,356

F. 2d 761［4th Cir. 1966］和 Easter v. District of Columbia, 361 F. 2d 50［D.C. Cir. 1966］）认为饮酒是一种疾病。1968年通过了第一部专门规制酗酒治疗的联邦法律《康复法》（P.L. 90-574），国会宣称："在刑事司法系统内处理慢性酗酒问题，会延续和加剧广泛的酗酒问题。而把它作为一种健康问题，则可以早发现和早预防，有效治疗和康复，缓解警察和其他执法机构的负担，使这些执法机构能够有更多的精力从事其他重要的工作，更好地服务于公众的利益。"1970年，随着《酒精滥用和酗酒全面预防、治疗、康复法》的颁布（P.L. 91-616）和国家酒精滥用与酗酒研究所的建立，这一创举在整体上得到扩展。

20世纪60年代末至70年代的刑法改革促使许多州将公众醉酒行为非犯罪化（《哈佛法律评论》，1981）[4]，因醉酒被逮捕的人数从每年的200多万下降到100万左右。在将公众醉酒行为非犯罪化的州，公众醉酒会被送到戒酒中心而不是监狱，且不会被起诉。[5]

在越来越多的案件中，酒精问题成为刑事指控的抗辩事由。[6] 许多名人，如里根总统的前助手迈克尔·迪弗，请求对其最近因为酒精问题失控而实施的违法行为进行宽大处理或免除刑事责任。尽管刑法不承认醉酒是刑事抗辩事由，但是许多法官可能会将酒精问题作为减轻量刑的情节予以考虑。

十、除酒精之外的毒品

我们在讨论醉驾问题时通常忽略了其他毒品的作用，这表明酒精滥用在很大程度上主导了我们对交通安全的思考。就好像当注意力转向交通安全时，国家对打击海洛因、大麻、可卡因、霹霉可卡因、苯丙胺、巴比妥酸盐、迷幻剂和其他合法和非法毒品的关注就被搁置了。

几乎不需要强调的是,美国是一个毒品型社会。[7]数百万的美国人经常吸食非法毒品,并且数以百万的人成为合法毒品的滥用者。另外,偶尔或随意使用毒品的人也有数百万。我们知道在工作场所滥用毒品是一个主要问题。许多人吸毒后上班,更糟糕的是,在工作时吸毒。这必然意味着许多人在酒精以外的毒品影响下驾车。事实上,有相当数量因醉驾被逮捕的人,经过适当检测程序检测后被发现使用了多种毒品,他们在除酒精之外的其他合法和非法毒品影响下驾车。

因此,没有充分的理由将毒品滥用问题与酒精滥用问题分离开来。酒精是引起、加剧或者伴随多种社会问题的毒品之一。与酒精滥用相比,其他毒品的滥用也引起了许多相同的问题,这些问题常常更为严重。

十一、美国人对酒精问题的矛盾心理

美国人对待酒精问题的态度是矛盾的,正如伦德和马丁(1982,p. 191)对美国人饮酒历史具有洞察力的描述:

> 不可否认的是,美国人在这一问题上是矛盾的。也许30%的国民滴酒不沾,但其他人能够容忍饮酒行为。例如,在大学兄弟联谊会上"一醉方休",往往只被视为青春期行为。在一些社交圈,很能喝酒,甚至酗酒被视为"一个真男人"的象征。在另外一些场合,狂欢豪饮的饮酒者认为自己饮酒没有问题,反而认为别人不正常。经常参加鸡尾酒会的成年人对自己十几岁(或更小)的孩子饮酒深感担忧……美

国人仍然认为,酗酒是一种严重的社会耻辱。因此,公众对酗酒问题的预防和控制的真实想法和需求缺乏明确的认识。

美国人对待醉驾问题的态度也是矛盾的,主要反映在法律和社会控制的对策方面。由于犯罪的本质,这种矛盾心理是可以理解的。一方面,醉驾违反了交通法规,是疏忽和不负责任的驾驶行为形式之一;另一方面,它也是一种犯罪行为,相当于引起危害的其他过失行为。此外,至少就公众而言,在刑事化醉驾和非刑事化饮酒和驾驶之间没有明确的区分。如果将醉驾理解为包括饮酒/驾驶行为,公众的反应可能是温和的。然而,公众对肆意的醉驾事件很可能表现出极度的愤怒和强烈的谴责。

十二、结论

美国是一个酒精富有的社会,尽管有相当一部分人不饮酒或轻度饮酒,但是酒精饮料在美国社会生活中无所不在且发挥着重要作用。在美国人的生活中,从苏打水到啤酒、红酒和烈酒的转变标志着从儿童到成年的转变。

尽管"酗酒者"这一术语非常富有弹性且不精确,但是,美国社会仍然有一千万名酗酒者和有酗酒前科的人。美国人面临许多酒精问题,而醉驾问题只是其中之一。此外,即使滴酒不沾或者偶尔饮酒的美国人在一些偶然场合也会喝得酩酊大醉。当他们实施这样的行为后,可能会比那些长期大量饮酒的人醉驾的风险更大。

美国人对待饮酒问题的态度是矛盾的。禁酒运动的场景已经消失,甚至不喝酒的人也不参与禁酒运动。经常醉酒即便不是一种在个人和社会生活中令人钦佩的特点,也往往被视为正常的人性弱点,被宽容对待,甚至是幽默地对待。患有严重酒精问题的人越来越多地被当作病人,而不是坏人。美国社会生活的这种趋势和特征解释了为什么存在大量的醉驾者和醉驾行为。更加严厉地惩处醉驾者的压力与将酒精滥用视为一种疾病的普遍观点产生冲突。然而,仍有许多残留的旧观点。例如,退伍军人管理局认为"原发性酗酒"(非后天性精神障碍的表现)构成"故意的违法行为",使一些酗酒者无法享受有身体或者精神残疾的退伍军人本可以享受的权利。赞同这一政策的联邦最高法院指出:"我们不能得出国会未能按照《康复法》采取行动这样的结论……由于哥伦比亚特区巡回上诉法院笃定地认为'大量医学文献甚至质疑酗酒是疾病的说法,更不用说认为酗酒是一种受害者不承担责任的疾病了'。"(Traynor v. Turnage,99L. Ed. 2d 618〔1988〕)

第二章　作为社会问题的公路安全

消除醉驾和其他不负责任的驾车行为并不是目的本身,最终目的是减少人身损害(其次是减少财产损失)。如果车祸不会产生严重的伤害,那么其便不会被视为一个重大的社会问题。重要的是,我们要牢记醉驾是一种不负责任的行为,在公路运输系统背景下,将会导致惨重的人员伤亡和财产损失。即使没有醉驾者,交通安全仍然是一种社会问题,交通伤亡仍然是人类的悲剧。本章介绍了汽车在美国人生活中扮演的角色,回顾交通伤亡事实,并讨论旨在减少事故死亡率的社会控制策略。

一、美国人生活中的汽车

除了在纽约这样特殊的环境下,想要全面参与美国的经济和社会生活,驾车是必须的。第二次世界大战后,美国的郊区化使汽车随处可见。[1] 社会期望每个人都拥有并且驾驶汽车。在美国,大约有 1.57 亿名持照司机,1.74 亿台注册车辆,数百万英里的道路。美国人每年开车驾驶大约 1.8 万亿英里(国家安全委员会,1985)。美国是一个车轮上的国家。汽车和公路运输系统深刻影响着它的经济、社会组织和文化。[2]

汽车、摩托车、皮卡和休闲车既是交通工具又是身份的象征。通过拥有的车辆和驾驶方式,美国人可以让自己及他人知道他们是什么样的人。开车是一种消遣,甚至是一项运动,也是一种仪式,标志着青少年向成年的转变(刘易斯和戈德斯坦,1983)。汽车的速度和马力远远大于操作目的所需,这与对权力和控制的某种本能欲望产生共鸣。

我们倾向将公路运输系统的正常运转视为理所当然。公路运输系统根据众所周知的惯例和规则运行。我们在繁忙的公路上每小时可以开55英里甚至更快,在其他车辆的前方、后方或者旁边仅仅很短的距离,我们相信我们的汽车将会正常运行,其他道路使用者会根据规则负责任地驾驶汽车。很少有人停下来思考系统所依赖的非同寻常的人际信任。公路运输系统创造了独特的人际关系,把所有的成年人和人口群体联系在一起。负责任地参与公路运输系统应该被视为公民的一种重要义务。不幸的是,很少有人这样看待。

二、司机和车辆故障的严重程度

我们的汽车王国的发展并非一帆风顺,公路运输系统耗费了巨大的社会成本。目前,最突出的是由车祸所引起的人身损害和财产损失。1899年,车祸死亡人数第一次被记录,大约有250万美国人死于车祸,远远超过20世纪战争死亡人数的总和。鉴于车祸和伤亡的复杂性、规模、潜在危险以及不间断性,我们仍然认为车祸造成的伤害是异常的,并且认为与其他交通运输方式如航空运输(飞机)相比,驾车更安全(飞机实际上更安全),这体现了我们压制不愉快事实的能力。

根据国家安全委员会起草的年度报告《事故事实》(1985年版),在1984年,每十二分钟就有一位美国人死于机动车(由机械或者电力驱动的交通车辆,包括卡车、拖拉机、出租车、公共汽车、摩托车、小型摩托车)事故或与机动车相撞。全年有46200人死于机动车事故,这个数据大致相当于1964年到1973年美国在越南战争中死亡人数的总和。

尽管将死亡人数作为机动车伤亡指标被普遍接受,但是这一数据很难显示出惨剧的严重程度。据国家安全委员会估计,1984年有1880万起车辆事故(交通运输中任何涉及死亡、伤害或者财产损失的机动车事故),涉及大约3300万辆车,170万人受到"致残性伤害"(死亡、某种程度的终身残疾或者在伤害当天过后的一整天内无法进行有效日常活动)。所有事故的损失预计超过470亿美元。

机动车事故除了成为37岁以下的人的主要死亡原因,也是导致人们头部、脸部和脊髓受伤以及受到其他毁容性和致残性伤害的主要原因(公路安全保险协会,1982)。[3]1960年,丹尼尔·帕特里克·莫伊尼汉观察到,机动车事故是除艾滋病外"美国最严重的公共卫生问题",这一评估今天依然正确。

三、谁被杀害?地点?时间?

在我们的印象中,机动车事故造成致命伤害或者严重损害的经典画面就是两辆客车迎面相撞。然而,仅有16%的死亡事故属于这一类。美国国家公路交通安全管理局的"致命事故报告系统"(FARS)显示,超过半数的死亡都是由于单车事故,其中大约15%是行人,10%是骑摩托车的人。

车辆事故死亡人数并非在各年龄段的人口群体中随机分配。1984年与自第二次世界大战以来的每一年一样,15岁到24岁的人群有最高的交通事故死亡率(见图2.1),比25岁到44岁人群

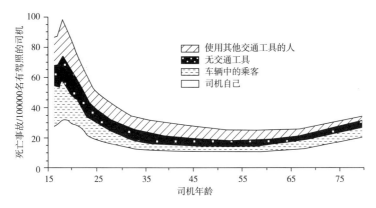

图 2.1　1978 年不同年龄段司机因车祸引起的死亡事故
来源：公路安全保险协会

交通事故的死亡率高 60%。老司机（75 岁以上）的死亡率也很高，男性的死亡率大致为女性的两倍。

致命机动车事故发生率在南部和中南部州最高。无论是按每十万人口、每一万辆注册车辆还是每一亿英里的驾驶里程（根据汽油税收的估算）计算，新墨西哥州和南卡罗来纳州的事故死亡率位居第一，新泽西州、罗得岛州和马萨诸塞州的伤亡率最低。

三分之二的致命机动车事故发生在农村地区。最大的城市地区有着最低的死亡率，这不足为奇，因为更多的人不开车、公共交通工具的可利用性、交通的缓慢、家和酒馆及事故发生地与急救医疗服务中心之间的距离更短。大多致命的机动车事故发生在二级或者三级道路上，而不是发生在公众认为的最危险的州际公路上。无论是在城市还是在农村，夜间事故死亡率大约是白天的四倍，尽管夜间和白天的绝对死亡人数几乎是相等的。星期六是致命机动车事故发生的高峰日，7 月和 8 月是高峰月。

四、交通事故死亡人数趋势

1984年的交通事故死亡人数与1964年相当(见图2.2)。然而,这二十年间有很大的波动。1972年事故死亡人数达到顶峰,为56278人,然后在1976年急剧下降到45853人。从这一年开始,事故死亡人数稳步上升至1979年的53534人。此后,事故死亡人数再次下降到1984年的46200人和1985年的45700人。[4]当然,1964年至1984年这二十年间驾驶人口数量也大大增加。因此,交通事故死亡率呈显著下降趋势,整个20世纪都是这样的。每一亿英里的事故死亡率从1964年的5.63下降到1984年的2.68。同样,每十万人的车辆致命事故发生率从1964年的25.0下降到1984年的19.6,每一万辆的注册车辆致命事故发生率也从5.46下降到2.65。尽管交通伤亡是一个非常严重的健康问题,但是我们也许可以感到些许安慰的是这一问题并没有恶化。此外,与暴力犯罪的犯罪率不同,美国社会的交通事故死亡率在车辆拥有率高的西方社会中处于平均水平。

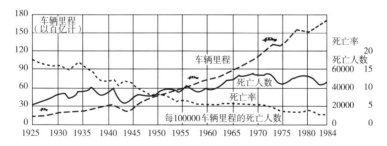

图2.2 车辆里程、死亡人数和死亡率

自1972年以来,许多因素都可能导致交通事故死亡人数的下降。例如，人口老龄化、55英里时速限制[5]、紧急医疗服务的改善、安全带使用率的提高、安全气囊的引入、车辆安全标准[6]的贯彻执行以及反醉驾措施。我们不能作简单化的解释，没有令人满意的方式来理清所有这些因素。因此，我们不能确定一个特定年份死亡人数的下降是归因于反醉驾措施还是任何其他的政策或项目。我们也无法确定事故伤亡人数的下降是否能反映交通事故的减少。遗憾的是，直到最近，国家就公路安全所做的努力中几乎没有关于非致命交通事故的统计数据。[7] 很有可能，致命交通事故的趋势与非致命交通事故的趋势不一致，因为前者受紧急医疗服务的改善、安全带的使用以及车辆设计改进这些因素的独特影响。

五、交通的社会控制

减少交通事故伤亡是一个巨大的挑战，公众往往将社会对交通的控制与改善司机驾驶技能、改变粗心不负责任司机的态度和行为相联系。这无疑是一个重要的社会控制策略，但不是唯一或者最有效的社会控制策略。因此，伤亡可以通过防止车辆事故和防止事故中人员的伤亡两方面来减少。安全驾驶、更好的车辆设计以及安全的道路可以预防车辆发生事故。预防事故伤害或减轻伤害可以通过增加车辆的防撞性、增加道路的防撞性（例如，安装防撞护栏，而不是只有树木和电线杆）以及更好的紧急医疗服务来实现。

六、更安全的汽车

当认识到车辆事故中的人为错误时，更安全的车辆模型强调对事故和伤害的预防。早在20世纪30年代和40年代，各种医生和安全专家就认为严重的致命伤害由车内乘客和车辆内饰的二次事故所导致。关于事故的研究表明，大部分死亡由固定的转向柱和仪表盘上的尖锐物体对人的刺破、切割引起。在车祸中，车内乘客会重重摔到这些危险物体的表面。汽车的多种特征导致二次碰撞的破坏性。例如，离开地面的车座随同乘客前移，增加了与挡风玻璃和仪表盘的碰撞力。车门锁定机制较差导致许多事故受害者被甩到路上，造成死亡或者重伤（哈登、萨奇曼和克莱因，1964；伊斯曼，1984）。

尽管工程设计非常重要，但是与安全性能相比，底特律的汽车制造商更注重传统汽车风格设计。汽车行业被汽车造型师所控制，他们每年致力于生产新车型用于吸引消费者。为"三巨头"工作的工程师被要求根据他们所拿到的设计图来工作（伊斯曼，1984；哈伯斯塔姆，1986）。结果，美国汽车的制动、转向和传动系统都很差。如果车辆设计能最大限度地提高其机动性和安全性的话，本可以避免许多人死于交通事故。

市场显然没有创造出对安全创新的有效需求，原因是：(1)司机往往低估交通事故发生的可能性；(2)司机对汽车的多种安全性能缺乏应有的了解。[8]制造商不会主动创新汽车的安全特性，因为：(1)这部分的创新很难做；(2)广告和市场营销对驾驶形象的描述是令人兴奋的自由解放，而不是危险和令人担忧。

20世纪50年代中期，尽管许多参议员和众议员，尤其是肯尼斯·罗伯茨议员（亚拉巴马州民主党）开始呼吁制定联邦汽车安全法规[9]，但是，直到20世纪60年代中期，参议员亚伯拉罕·里比科夫和盖洛德·尼尔森还有其他参议员才成功动员国会采取行动。要不是拉尔夫·纳德的开创性著作《任何速度都不安全》(1964)一书的出现,以及或许更重要的是,通用公司雇用侦探调查纳德的私生活,来抹黑他对这一事实的揭露,这些努力可能都不会取得成果(伊斯曼,1984)。

纳德的著作阐述了考维尔车辆的劣质设计如何导致大量事故发生以及通用公司如何掩盖汽车安全缺陷的真相。纳德的著作以及杰佛里·奥康奈尔和亚瑟·迈尔斯的合著都对汽车制造商忽略汽车安全问题进行了严厉的谴责。20世纪60年代中期,这些消费者权益保护者得到了公众的响应,汽车安全问题成为社会的首要问题。底特律的汽车巨头被召集到国会,当他们承认每年在产业中创造出数十亿美元的利润但仅仅支出100多万美元用于汽车安全研究时,他们受到强烈的谴责。正如时任助理劳工部长(现参议员)丹尼尔·帕特里克·莫伊尼汉(1966,p.15)听完制造商高管们解释为何抵制更大的安全需求后所说:"该领域存在对合理性的抵制,这既令人困惑又发人深省。很快人们就会发现该行业的主管和工程师根本不理解通过设计他们的机器来减少伤害事故发生这种思想。"

听证会促使1966年通过了两项历史性的安全法律[10],这两部法律设立了国家交通安全局和国家公路安全局两个机构,后来合并为国家公路交通安全管理局。国会授权国家公路交通安全管理局颁布公路和汽车安全的标准。汽车安全的领军人物威廉·哈顿博士从1967年9月到1969年2月担任这一机构的负责人。联邦立法也要求各州建立由交通部长批准的公路安全项目,交通部长被授权发布公路安全相关领域的统一指导方针,如司机的教育、交通控制、车辆的注册及检验。

国家公路交通安全管理局要求制造商满足各种汽车安全标准,为汽车安全研究提供资金支持并促进汽车安全运动。尽管争论一直在继续,但汽车已慢慢变得更加安全。[11]20世纪70年代,安全提倡者和制造商围绕安全带和安全气囊展开激烈的争论。[12]早在20世纪50年代,制造商就有强烈抵制标准安全带的想法。争论失败后,它们反对汽笛互锁系统并反对强制所有车辆安装相关被动约束装置(无须司机、乘客主动操作的安全带或者安全气囊)的提议。这种争论已经持续了十余年,尚未完全解决。

1972年,国家公路交通安全管理局通过了对标准208的修正案,要求1975年8月15日后生产的汽车必须安装"完全被动保护"装置,这一规定被修改并推迟了很多次。然而,1981年,里根政府转而反对安全气囊[13]并于一年后废除了标准208。多家保险公司(以安泰为首)对这一行动提出了挑战。1983年,联邦最高法院认为,该废除行为过于随意和反复无常,要求国家公路交通安全管理局重新考虑。[14]

1984年7月,国家公路交通安全管理局颁布了一项新规,要求从1986年开始(后来推迟至1989年)分阶段引进被动约束装置。然而,如果强制系安全带的法律可以涵盖全国三分之二的人口,这项新规将被废除。多家保险公司立即对此项新规提出质疑,它们认为此项新规过于随意且反复无常(此外还有其他理由)。1986年,哥伦比亚特区巡回上诉法院认为案件审理时机不成熟,因为"就我们面前的记录而言,到1989年废除被动约束标准似乎不太可能"[15]。法院得出如此结论是因为没有州关于强制系安全带的法律符合运输部长已经颁布的标准。事实上,一些州故意起草不符合规定的关于强制系安全带的法律,这样就不会导致被动约束标准被废除。[16]这一案件的最终解决与现在实施和提议的所有以司机为导向的策略相比,将可能影响更多的生命。

七、对司机的社会控制

社会学家莫里斯·贾诺威茨(1976)曾写到,法国大革命最具革命性的方面就是群众的武装。某种意义上,现代社会允许所有公民拥有并驾驶车速达到甚至超过100英里每小时的车辆也具有革命性。全民拥有汽车为每一位社会成员提供了可能导致伤害或者死亡的工具,就像公路运输系统必然产生大量的人际信任一样,也将产生普遍的人际威胁。

幸运的是,在大规模的汽车驾驶情形下,个人和社会的控制都能够发挥作用。安全驾驶很显然对司机意义重大,如果人们认为交通规则与安全有关,大多时候大部分司机将会遵守。此外,许多人遵守交通规则仅仅因为其是规则且不遵守的动机很小。

然而,司机也会基于以下原因而违反交通规则:(1)不知道规则;(2)不能遵守规则;(3)因疏忽未能遵守规则;(4)有意识违反规则。[17]我们也许可以假设大部分司机知道大多数重要的交通规则,尽管他们可能对车辆之间必须保持的具体距离或者血液酒精浓度达到醉酒程度的精确数值不能准确把握。

我们对所有司机可以一直具备遵守交通规则的身体和心理能力缺乏信心。有数百万名司机有某种缺陷(包括酗酒和吸毒),还有数以百万计的老年人和体弱者。没有切实可行的医学或心理学筛查系统用以识别并淘汰公路运输系统中那些不可靠的和驾驶技术不娴熟的司机,或者即使这些司机能被成功识别出来,也不清楚如何将其从公路运输系统中去除。

不成熟的和不负责任的司机可能比体弱的司机更具危险性。某些司机将寻常的驾驶变成有关技巧和运气的试验,故意冒险。例如,进行真实的或者想象的赛车或者在盲点的弯道处超车。一小部分司机是反社会分子,他们无视交通规则。或许他们希望展示自我或者显示自己的大胆和勇气,抑或愤怒、孤独、压抑或者患有精神问题。无论哪种原因,他们对公路运输系统都是不负责任的,更不用说对其他道路使用者的责任感(戈德斯坦和索斯米尔希,1982)。这一类人中有诸多人员可能参与其他形式的犯罪行为和越轨行为。

从个人经验来讲,众所周知,即使知识渊博、驾驶技能娴熟的老司机有时也会违规驾驶。经过多年的日常驾驶,我们有时驾驶太快、转弯太急、超车不当或与其他车辆之间的距离太近,有时我们偶尔也会看不到其他的汽车、行人、标志或者交通灯。轻微的车祸和撞车是我们生活中常见的一种情况,我们称作"事故",表明其没有过错或责任。执行交通法规和妥善起诉严重交通犯罪分子的困难之一就是我们无法区分无过错或低过错的"事故"与重大过错、疏忽大意导致的危害。

八、社会控制策略

影响司机行为的社会控制策略包括教育、劝诫、驾照和警务。关于安全和负责任地驾驶的倡导与汽车本身同时出现。司机的教育活动可追溯至20世纪30年代。它一直以来都是汽车制造商、国会和国家公路交通安全管理局所热衷的项目。许多州鼓励青少年报名学习这些课程,奖励成功完成课程的青少年可以有机会提前获得驾照。不幸的是,一些研究者发现,司机教育课程加上早期驾驶许可导致公路事故伤亡人数不降反升(罗伯逊和扎多,1978;公路安全保险协会,1987b)。

其他的社会控制策略依赖于警务。大部分州都配有特别警察力量(公路巡逻队或者州警察)履行交通职责。此外,大都市内的警察机构通常设立交通部门。在许多社区,当警察不接听电话时,他们将交通巡逻作为后备活动(加德纳,1969)。

警察力图通过多种方式实现对交通的社会控制。首先,当他们驻扎在繁忙的十字路口时,实际上控制或指挥了交通。其次,他们拦截、调查、传唤并逮捕所发现的违反交通法规的司机。这确实是一个巨大的努力,据估计,警察每年大约开出六千万张交通传票(爱科诺莫斯和斯提尔曼,1983)。我没有看过任何与交通相关的逮捕数据,但是考虑到每年几乎两百万人因醉驾被逮捕这一数字,因交通问题被逮捕的人数一定令人震惊。最后,警察通过威慑实行社会控制。他们有意识地给公众创造警察无处不在的印象,从而促使司机遵守交通规则,有时甚至通过虚假的、用来诱骗的(无人驾驶的)警车或者威胁警示标志来贯彻执行这一策略。路障已经成为越来越受欢迎的执法策略。

如果警察开出交通罚单或作出逮捕决定,那么法院就要对案件作出裁决。交通法规的法律地位一直以来都是法律学者争论的问题。有些人指出,交通法规与刑法紧密联系,因此强调有义务为交通案件的被告人提供充分的刑事程序保护。其他评论者则强调交通法规基本的监管作用,提倡通过行政机制来处理交通案件(除那些非常严重的案件外)(福斯,1979)。美国的做法是混合式的。一些司法辖区通过行政交通法庭来审理交通案件,其他地区则通过基层法院审理交通案件。

交通案件中给予的一般制裁是小额罚金,在情节严重的案件中,如醉酒或者轻率驾驶,当事人可能也会被判处监禁刑。理论上,小额罚金将会促使司机在未来更小心地驾驶,而且可以阻止一般公众违反交通规则。除了罚金,在一般和严重的交通案件中,违反交通规则者将被州的汽车管理部门扣分。如果司机在一定时期内累积到一定分数,该部门可能会暂扣或者吊销其驾照。

理论上,暂扣和吊销驾照是严重的制裁手段,那些被暂扣或吊销驾照的司机将被禁止上路,并禁止再次违法。每年有成千上万名司机的驾照被暂扣或吊销。实务中则经常忽视暂扣或吊销驾照。只有在警察出于某种原因拦下司机并运用中央汽车记录系统检查目前驾照状态时,那些违规者才会被发现。即使违规者被发现,也不能保证会被起诉,而且如果被起诉,也不能保证被惩罚。几年前,加利福尼亚州的一项调查(芬克尔斯坦和麦克尼,1971)发现,"在暂扣驾照期间,仅仅有21%的醉驾者在逮捕后被定罪。这是因为警察未能传讯该违规驾驶者,汽车管理部门未向法庭提交相关的记录或者法庭未采取行动。不能控制和确认问题饮酒者反映了有关司机记录的缺失以及对一份驾照/一份记录这一理念执行的不足"。(塔兰茨,1984)

九、更安全的道路

如果所有有盲区的转弯,暗淡或没有灯光的道路,未分流的交通,树木、电线杆和其他的路边障碍都能够被消除,将会有更少的交通事故发生,尤其是致命交通事故(菲茨帕特里克等人,1975)。所有用联邦资金修建的道路都适用联邦标准,这些标准涉及车道的宽度、护栏、灯光、路肩以及标志等事项。这些道路通常会分隔相反方向的交通,并且清理道路旁边潜在的致命固定物。难怪这些道路远比不成比例地发生严重和致命事故的二级和三级道路安全。没有利益集团或选民提倡重建地方道路,这就证实了美国解决社会问题的主要方法是找到有罪的一方,在交通事故中,有罪的一方要么是不负责任的司机,要么是贪婪、冷酷的制造商。

十、结论

在一个普遍拥有机动车的现代社会,交通安全是一个重大挑战。然而,每年四万到五万的交通伤亡人数仍然未能引起全国的广泛关注,至少与被视为"严重"的问题,例如"犯罪"相比,关注度不够。过去的几十年,我们似乎一直在集体压制交通系统导致的人类伤亡。即使到现在,成为暴力犯罪受害者的可能性也被大大夸大,而卷入严重交通事故的可能性却被大大低估。[18] 毫无疑问,与车祸相比,可怕的陌生人袭击我们或者破门而入所带来的恐惧更大。公民行动团体企图重新将醉驾定义为一种严重的犯罪行为,以及将醉驾者定义为严重的犯罪分子,但是这种想法遭遇了源自社会风险心理学根深蒂固的抵制。

下一章我们将讨论醉驾问题和交通安全问题之间的重合部分,但是请记住,交通伤亡问题是这个国家最严重的公共卫生问题之一,即使没有醉驾也依然是最严重的问题之一。最近打击醉驾者的轰轰烈烈的行动反映了我们解决社会问题的基本方法:将不法行为犯罪化并加大执法力度查处违法分子。与道德运动相比,道路重建和安全气囊之类的环境和科技策略获得了更少的关注和支持,但是,归根结底,它们带来的回报可能会更大。

第三章　醉酒驾驶和交通伤亡

自从醉驾成为美国突出的社会问题,对其重要性的衡量标准一直是醉驾者导致的交通伤亡人数和比例。这些数据越高,问题就越重要。制作酗酒引起交通事故或死亡人数百分比的统计数据是一项高度复杂的工作,需要作许多值得商榷的假设。对此已经有了大量的不严谨说法和夸张描述,但是,批评这些观点并不是否认醉驾是一个严重的问题。本章首先解释醉驾在交通伤亡中所起的作用是如何被夸大的;然后讨论将部分交通伤亡归因于醉驾的方法论难题;最后,讨论评估这一社会问题的严重性以及最有希望的措施。

一、夸大醉酒驾驶在交通伤亡中的作用

1968年,美国交通部《酒精与公路安全》报告是使醉驾成为美国社会问题的开创性文件。这份报告引起了人们的高度关注,也许更为重要的是,联邦认可了对醉驾问题的关注。它的结论在无数出版物和演讲中被转述,经常出现错误(参见泽尔曼,1974),有时未参考原始研究。理查德·泽尔曼(1974)表明,该份报告中所依据和使用的数据存有问题且可疑。

报告的第二章主要阐述"事故与违反交通规则中的酒精"。撰写报告的工作人员没有开展自己的研究而是试图总结研究文献。由于研究的样本很少且涉及的地域有限,工作人员的策略就

是把它们混合在一起。这份报告得出以下主要简洁结论："当所有关于车祸导致司机受致命伤的信息类型被组合在一起时,很明显,几乎一半的司机血液酒精浓度在 0.10 以上。"[1]

参考文献引用了四项研究中的司机数据:(1) 145 名司机,巴尔的摩市,马里兰州,1951—1956;(2) 485 名司机,戴德县,佛罗里达州,1956—1965;(3) 820 名司机,新泽西州,1961—1963;(4) 2794 名司机,加利福尼亚州,1965—1966。我从来没有见过这些研究中的后三组数据,恐怕已经从资料库中消失了很久,即便是勤奋的研究人员也无法查阅。我们对这些研究一无所知,尤其是其如何搜集的样本。是对所有受致命伤的司机都进行了测试,还是仅仅对可能醉酒的子样本进行抽样测试?[2] 巴尔的摩市的研究成果发表在《法医科学杂志》上(弗赖穆特、瓦特和费希尔,1958)。尽管报告宣称,该项研究呈现了有关血液酒精浓度超过 0.10 且受伤严重的司机数量的数据,但实际上出版的研究成果并没有这样的数据统计,甚至没有可以核实该数据统计的有关数据。

报告的结论仅仅提到"司机",更准确地说应该是死亡司机。没有合理的理由将醉酒死亡司机与所有死亡司机的比例适用于受致命伤的乘客、骑自行车的人以及行人[3]。确切地说,因与未醉酒神志清醒的司机相撞而死亡的醉酒行人不应该被视为醉驾造成的死亡。然而,1968 年的报告出版后,打击醉驾的提倡者、记者和评论者几乎一致地认为醉驾者应该为每年 2.5 万人(或更多)的死亡人数负责。几乎没有人指出,死于醉驾的大部分人就是醉驾者本身,而且很大一部分死于醉驾的乘客就是醉驾者的饮酒同伴。无论如何,自 20 世纪 70 年代早期开始,交通死亡总数在稳步下降,交通死亡总数的 50% 远远低于 2.5 万人。

社会学家约瑟夫·古斯菲尔德在《公共问题的文化(1981)》一书中,基于酒精问题研究者理查德·泽尔曼的研究成果,阐述了醉驾问题的严重性如何被不断夸大,调查研究结果如何被扭曲,以及新闻稿如何变成"事实"。简而言之,一个社会问题是如何被炮制出来的,他将醉驾问题的社会建构与人们对酒精滥用的消极社会态度相联系。

泽尔曼和古斯菲尔德的分析甚为有用。如果政策制定者认识到社会事实的脆弱性,从而更愿意重新审视他们的假设,考虑构思解决老问题的新方法,那么对政策制定很有好处。然而,从这些研究中得出的醉驾不是一个真正严重问题的结论是错误的。在美国,通常情况下,尽管一个特定社会问题的严重性被那些寻求将问题置于社会问题议程上的人所夸大,这一特定问题本身也是真实的和重要的。

二、评估醉酒驾驶问题严重性时遭遇的认识论和方法论方面的问题

(一)认识论方面的问题:"原因"的含义

当我们在调查交通伤亡原因时,我们究竟在寻找什么?当我们问这个问题时,我们能够作出哪些假设?在我们的脑海中首先想到的假设是什么?哪些假设已经被我们忽略或排除?我们感兴趣的是发生事故的汽车的品牌、型号、年份、状况以及所跑里程吗?我们想要一份有关刹车、方向盘以及引擎的完整机械报告吗?在如此大量的事故中是否有相似的汽车车型?在相同的地

方或者有着相似的转弯、曲线、灯光、标志、标记以及速度限制的地方是否也有其他严重事故发生？与对飞机失事所进行的调查相比,我们的调查更不彻底是否应该被接受？实际上,汽车事故并不受到此类问题的影响。解释汽车事故的普遍范式注重司机责任,并且将司机责任与酒精联系在一起。

尽管大部分人认识到交通事故可能涉及天气、道路、车辆以及交通管制因素,但我们本能地寻找一个有过错的司机。例如,在"事故的原因"下,由国家安全委员会公布的关于意外死亡和伤害的年度总结报告——《事故事实》指出:"在大部分事故中,涉及的因素有司机、车辆和道路,正是这些因素相互作用导致一系列严重的事故。"然而,《事故事实》仅提供了"事故中不当驾驶主要类型"的数据。"速度太快"是罪魁祸首,其次是"未让行""驶过停车标志",以及"两车之间距离太近"。

大部分车辆法规禁止"一阶"违规驾驶——违反特定的交通法规。这些属于违法行为,或者更准确地说是"违规行为"——越过双黄线、闯红灯、驶过停车标志或未让行。此外,还有"轻率驾驶"这一笼统的违规驾驶行为。[4]

通过审查二阶违规驾驶,有可能找到发生车祸的深层解释:为什么司机不停车,或者为何超速？我们正在寻找哪种答案？司机可能宣称他们没有看到标志或者没有考虑到车速。但是,我们仍不能满意,并且感觉有必要进一步探究,有意识或无意识地寻找以下解释:(1)司机被刺耳的收音机或者其爱慕的同伴分散了注意力;(2)司机想尽快回家;(3)司机情绪失控;(4)司机喝醉了。

在普遍的交通事故范式下,当我们发现司机醉酒或者呈现出"喝酒状态"时,我们趋向认为已经找到了令人满意的解释。事实上,当我们听到发生致命事故后,我们问的第一个问题是司机醉酒了吗?在公众心目中,致命的交通事故与醉酒有关,正如街头犯罪与少数族裔青年有关一样。然而,后者不准确的刻板印象经常受到批评,前者却已成为政治和社会合法的信条。因此,将大部分交通死亡事故和绝大部分非致命性车祸归因于醉酒以外原因的,看起来几乎是旁门左道的观点。实际上,学界和政界对导致交通事故的非酒精原因几乎没有兴趣。尽管非法毒品在其他情况下获得大量关注,但是,非法毒品在交通事故中发挥的可能作用却被忽略了。换言之,对发生在美国的大量交通伤亡我们仅有两种解释:"酒精"和"其他原因","其他原因"几乎不会引起社会或政界兴趣。

质疑酒精在交通事故中所起作用的假设标准非常重要。如果一名事故司机在事故发生前饮酒,我们应该假设他醉酒还是他造成了事故?即使司机醉酒,并造成了事故,醉酒与事故之间也可能没有因果关系。

为什么当我们在一起交通事故中发现司机醉酒时,就满意地认为我们已经知道了最终解释?我们可以继续探究,为什么司机醉酒?难道他们对待驾驶没有足够认真吗?是他的朋友怂恿、乞求、鼓励他醉酒的吗?是酒馆老板卖酒给他的吗?是他刚刚失去工作、和女朋友分手或者失去最好的朋友或亲人才醉酒的吗?他是一个长期酗酒者、一个精神病患者或者一个惯犯吗?我们可能会进一步探究,为什么司机会在酒精的影响下驾驶?他已经醉了以至于不知道自己在驾驶吗?他不知道他已经醉了吗?尽管他意识到他已经醉了,还相信他能够安全驾驶吗?他有自杀倾向吗?我们普遍不会考虑二阶违规驾驶的原因。[5]

普遍的观点也忽视了允许、促进或鼓励二阶违规驾驶的环境,尤其是在毒品或酒精的作用下驾驶。难道公共交通无法到达酒馆和餐厅吗?广告和促销活动提倡饮酒甚至酒后驾车吗?很明显,一项令警察或法庭满意的解释不一定会令心理学家、社会学家或者公路安全专家们满意。

此外,我们过于关注车祸的原因,我们难道没有忽略一些同样重要(如果不是更重要)的因素,即人身损害的原因吗?如果交通事故没有导致人身损害或者财产损失,其造成的社会关注度不亚于游乐园中电动碰碰车之间的碰撞。一般而言,伤害或死亡主要由司机或乘客与车辆内饰之间的二次碰撞引起。我们可以说车辆的装饰太差导致伤害或者死亡吗?我们可以将伤害归因于司机未系安全带吗?我们可以说救护车的延误或急诊室医护人员的无能导致死亡吗?这些问题没有正确的答案。我们是否能够接受这些原因取决于我们的意识形态、先入为主的观念、范式和政策选择。

(二)方法论方面的问题

在试图评估酒精在交通事故中的作用时,在理想状态下,我们希望知道在所有类型的交通事故中醉酒所起的作用,从最轻微的交通事故到那些致命的交通事故。我们没有理由认为,在所有严重的交通事故中酒精起着相同的作用。例如,致命的交通事故在很多方面不同于其他事故类型,如晚上驾车、男性开车以及单车事故。简而言之,它们更可能与醉驾者有关。轻微车祸可能与一系列不同的变量有关。

不幸的是,我们缺少有关非致命交通事故的可靠数据。难以置信的是,直到最近,官方还没有收集有关非致命交通事故的数据。1979年成立的国家事故抽样系统(NASS)将来可能会根据报告给警方的代表性事故样本出具可信的数据。然而,这些数据依然是没有代表性的,因为不同州和地区报告给警方的事故类型差异很大。由全国如此多的警察对事故数据进行编号,必然存在很大的主观性。对我们此处的调查而言,最重要的是,由于非致命交通事故的司机很少被检测血液酒精浓度,国家事故抽样系统的数据将不能用以准确地评估酒精在每一个交通事故类别中所起的作用。

尽管国家事故抽样系统提供了涉及酒精的事故评估数据,但是由于几种原因,这些数据是不可靠的。首先,样本包含警察报告的事故,而警察的报告方式多种多样。其次,没有清晰的关于"严重"事故的定义。最后,涉及酒精的事故数据建立在化学检测和警察陈述的基础上。值得注意的是,国家事故抽样系统1979—1980年的报告发现,1979—1980年,交通事故中涉及酒精的大约占11%。这个比例随着事故的严重性递增,所有致伤事故和重伤事故中涉及酒精的比例分别为17.4%和28.6%。

因为获取大量非致命交通事故的数据存在问题,因此,所有的醉驾研究都集中在致命交通事故上(伯肯斯坦等人,1974)。致命交通事故的数据也是公众最关注的问题,并有着重要的政治意义。1975年,在致命事故报告系统建立前,联邦政府没有收集致命交通事故的数据。国家安全委员会是统计交通死亡人数的唯一组织,且依赖当地的警察报告。然而,国家安全委员会的年度报告《事故事实》并未依赖警察报告来预估50%的交通死亡事故与酒精有关,这一数据来自1968年《酒精与公路安全》报告所依赖的一项不充分的研究。因此,这一数据每年都没有发生变化。

由国家公路交通安全管理局统计和分析中心运行和维护的致命事故报告系统为我们有能力测量和分析致命交通事故迈出了重要的一步,不过,仔细研究 1984 年致命事故报告系统的报告就会发现,确定或估算与酒精相关事故的百分比和醉驾死亡人数存在困难。致命事故报告系统收集的事故数据有:(1)发生在对公众开放道路上的事故;(2)事故发生三十天内当事人死亡的事故;(3)由自然灾害,如地震、泥石流或暴雨以外的因素导致的事故。致命事故报告系统的工作人员并不自己亲自收集数据,他们提供表格,让州分析师根据警方的报告填写。

致命事故报告系统 1984 年的报告指出,之所以提供与酒精有关的受致命伤驾驶员的数据,是因为"大部分州不会定期对幸存的司机进行酒精检测",事实上,某些州甚至不会对造成死亡事故的司机进行酒精检测。1984 年,在全国范围内,仅仅对 63% 的受致命伤的司机进行了酒精检测。致命事故报告系统的报告并没有试图将 63% 的司机作为所有死亡司机的代表,而是提供了来自十五个"良好报告的州"的数据,每个州大约对 85% 的受致命伤的司机实施了酒精检测。[6] 致命事故报告系统的报告将进行了酒精检测的 85% 的司机作为所有受致命伤司机的代表,尽管这么做没有令人信服的理由。就受致命伤司机的样本而言,血液酒精浓度在 0.01~0.05 范围内的占 5.2%,在 0.06~0.09 范围内的占 5.5%,0.10 或以上的占 43.3%。

从致命事故报告系统的数据中我们能够得出什么结论?1984 年共有 44241 人死于交通事故,包含 36271 位车内人员以及 7970 位非车内人员。在车内人员中,25582 位是司机,10689 位是乘客。其中大部分人(17805 人)死于单车事故,但是致命事故报告系统并没有细分司机和乘客的单车死亡人数。

致命事故报告系统所作的报告对可能因醉驾者而死亡的人口数量未作估计,它仅仅呈现了死亡司机和行人的血液酒精浓度。这种谦虚非常明智,因为它不能确定所有交通死亡中归因于醉驾者事故的比例,想要知道确切比例将会需要许多额外的假设和猜测。

(三)责任分配的问题

致命事故报告系统并没有试图估计由醉酒引起的死亡人数或人数比例。这样将需要解决一些困难的实践和哲学问题,尤其是责任分配问题和醉酒界定问题。

一名警察接到信息,获知线路1发生了一起致命事故。当她到达现场后发现一群人聚集在一起,两辆严重损坏的汽车造成了交通拥堵。数名伤者在汽车残骸旁边或坐或卧。几个人在歇斯底里地哭泣,很可能是受了惊吓。聚集的人群必须退后,受伤者必须立即接受抢救并送往医院。必须清理道路上的汽车残骸,让交通恢复畅通。

警察并没有目击车祸过程,那么她应该假设一位司机有责任而另一位没有责任吗?有可能两位司机都没有过错(其中一辆车发生故障或者道路太滑)或两位司机都有过错(要么责任均等,要么责任不等)。

界定谁承担全部责任或主要责任并非易事,甚至辨别司机和乘客可能都很困难。车祸受害者可能受伤严重或者太心烦意乱以至于不能接受调查。他们也可能拒绝回答问题。他们由于害怕承担刑事或民事责任,不如实回答问题。也可能没有目击者,如果有目击者,他们也可能不愿谈及所看见的事故经过。即使他们提供了相关信息,也可能不准确。

警察可能开出也可能不开出交通罚单来指控一位或两位违反交通法规的司机。在许多车辆事故中,并没有交通罚单。无论如何,交通法规的定罪并不等于因果关系的证据。换言之,司机超速是一回事,而造成事故又是另外一回事。即使警察没有开出交通罚单,当她填写国家公路交通安全管理局的事故表格时也可能对谁有过错作出判定。

如果我们不愿接受警察对致命事故司机责任的主观界定,我们还有别的选择吗?归根结底,只有法院在听完一些可能来自专家的大量证词后,才有权判定该交通事故中谁应当承担责任,即使这样,我们能够确保法院的判决就是正确的吗?法官对事故在法律层面的理解可能与公路安全研究人员对事故的理解有所不同。一方面,法庭的判决依赖侵权法,一些辖区强迫法官(或陪审团)认定其中一位司机承担责任,尽管另一名司机也有过错,虽然只是很小的过错。其他州遵循比较过失原则,在某种程度上允许法官(或陪审团)认定双方都有过错。[7]这是范例创造事实的很好例证。在传统的侵权法辖区中,司机可能被认定为由他人引起的事故中的无辜受害者,但是在遵循比较过失原则的司法辖区,同样的个人可能要承担49%的事故责任。在一个辖区收集的数据与另一个辖区提供的数据截然不同。

做研究不能等待司法判决,司法判决将会耗费数年时间。更重要的是,很少有交通事故会引起司法过错认定,因为大部分由交通事故引起的伤害责任争端都在法庭外解决。我们是否愿意将责任归咎于保险公司为事故索赔支付了一定金额(任何金额)的一方？理由是这意味着隐性地承认了责任？在实施无过错汽车保险法(见第十章)的州,将会认定司机为其所造成的事故承担或不承担责任吗？

(四)界定醉酒的问题

当紧急情况结束后,警察会填写一系列表格用以说明事故发生的经过。而是否勾选带有酒精相关标记的表框,取决于警察的认识或印象。直到最近,致命事故报告系统在花费大量精力着手获取致命事故中司机的血液酒精浓度结果时,它都是通过标有与酒精相关的表框旁边的勾选符号统计与酒精相关的具体死亡人数和比例数据。然而,警察的认定有很大的主观性,可能会误判一个司机是否喝了酒。几项研究表明,警察甚至在非紧急状况下对醉驾者的认定都是相当不准确的(约翰逊,1984)。他们更可能低估而不是高估酒精的存在。[8] 无论如何,"饮酒"并不意味着"醉酒",更不用说"受损"了。关注醉驾的分析家和活动家多次将警察认定的酒精存在等同于"醉酒"。

显然,最好的政策就是对每一位司机都进行血液酒精浓度检测,无论是幸存者还是死者。尽管这样也无法做到万无一失,但这种检测消除了人们观察的主观性,而且替代了醉酒的不完全相关性(见第五章)。不幸的是(或者可能是幸运的),司机不可能被强制进行血液酒精浓度检测,除非有合理的理由认为其在事故发生时处于醉酒状态,而事故本身不可能提供合理的理由。[9] 此外,即使有合理的理由,司机也可能拒绝接受检测,因为他们担心这些证据将会用于对他们进行的关于严重刑事罪名的起诉。尽管最高法院认为,当有合理的根据时,可以违背被逮捕者的意愿提取其血液(Schmerber v. California, 384 U.S. 757 [1966]),大多数警察和医护人员抵制这一违背被告人意愿从而强制提取其血液样本的观点,即使在医疗条件允许的情况下,及时强制提取司机血液样本是可行的。

由于无法从致命事故的少数幸存司机身上获取化学检测结果,研究者对死亡司机进行化学检测。然而,对所有死亡司机进行化学检测也是不可能的。一些受致命伤的司机无法及时送去化学检测。即使死亡司机被及时送去化学检测,当醉酒可能性看起来很小时,一些忙碌的医护人员可能会认为没有理由进行化学检测,或者死亡司机家属不合作或者医护人员无意中未进行所要求的化学检测(珀赖因,1975)。无论如何,死亡司机可能无法代表涉及致命事故的司机。

什么样的血液酒精浓度会导致与酒精相关的事故或伤亡?我们应该认为,如果司机的酒精检测结果呈阳性,事故就可以被贴上"与酒精相关"的标签吗?这看起来似乎并不恰当,因为事故前一两个小时的饮酒与事故的发生并无因果关系(伯肯斯坦等人,1974)。然而,一些研究还是以这种方式定义"与酒精相关"。

应该设定怎样的血液酒精浓度来认定司机醉酒?十年前,大部分州将血液酒精浓度设定为0.15或以上。今天,大部分州在血液酒精浓度为0.10时就认定司机在醉酒状态下驾驶。然而,对研究者而言,采用这一标准来证明酒精与交通事故的因果关系并不一定合适。为了制定安全的驾驶标准和确保公路安全,要求所有司机遵守安全标准可能是合理的,这些标准体现了可能造成危险的车速和醉酒程度的一般标准。然而,研究者假定每一起涉及超速的事故都与醉酒有关是不恰当的,就像我们假定超速司机会引起交通事故也是不合适的一样。换言之,一些造成事故的司机血液酒精浓度超过 0.10,事故的发生却与他们喝酒无关。反之亦然,尽管一些司机的血液酒精浓度在 0.10 以下,但是司机却在酒精影响下发生交通事故。

(五)因果关系推理的问题

如果 40% 的致命事故涉及的过错司机处于醉酒状态,我们能否得出这 40% 的致命事故是由醉驾所导致的结论?在缺乏有关醉驾者百分比信息的情况下,答案是否定的。倘若所有过错司机中有 60% 的司机醉酒,而在同一道路上的所有司机中有 90% 的司机也醉酒,我们将不得不得出这样的结论,在交通事故死亡人数中醉驾者比例较小。在这样假定的事实中,醉驾并非致命事故的原因,反而似乎对致命事故有着抑制作用。因此,正确地推理因果关系,必须要有与发生车祸的司机在同一时间同一道路上的司机血液酒精浓度的良好数据(伯肯斯坦等人,1974)。

(六)评估酒精在交通事故中所起作用的有效策略

国家公路交通安全管理局研究员詹姆斯·C.菲勒博士和西格玛斯特有限公司的特里·克莱因博士最近利用判别分析的方法估算涉及酒精交通事故死亡人数的比例,这一方法与早期的其他方法相比更有前途。

菲勒和克莱因从已知致命事故中司机的血液酒精浓度着手,寻找司机及其事故中最能预测司机血液酒精浓度的特征。将这些自变量输入判别函数,用于预测任何致命事故中司机血液酒精浓度的可能性:(1)BAC=0.00;(2)BAC=0.01~0.09;(3)BAC=

0.10或以上。他们以1982年致命事故报告系统中十五个州的良好报告已知的所有致命事故司机的血液酒精浓度为样本。自变量包括性别、年龄、日期和事故时间、道路类型、驾驶记录、伤害的严重性以及安全驾驶措施的使用。针对汽车、摩托车、轻型卡车和货车、中型和重型卡车以及专用车辆,他们分别开发了独立的判别函数。研究人员通过适用判别函数来预测1984年致命事故报告系统中已知的所有致命事故司机的血液酒精浓度并验证了他们的模型。预测结果非常准确,与实际的血液酒精浓度的误差在1%以内,下一步就是使用判别分析的方法预测未知司机的血液酒精浓度。

当菲勒和克莱因的模式适用于1982—1984年间与致命事故相关的所有司机的死亡数时,结果就如表3.1所示。这些数据显示,大约30%涉及致命事故司机的血液酒精浓度超过了法律限制的0.10。这些"醉驾者"中的一部分司机导致了自身死亡,一部分司机导致了他人死亡,还有一部分司机没有造成人员死亡。这些数据强有力地表明在大量的交通事故中酒精是一个重要的因素。然而,即使是菲勒和克莱因的研究也没有告诉我们归因于醉驾者的所有致命事故的比例。

表3.1 与致命事故相关的所有司机

酒精含量	司机血液酒精浓度百分比		
	1982年	1983年	1984年
0.00	61	62	64
0.01~0.09	9	8	9
>0.10	30	29	28

(七)密歇根州大急流城事故研究

至今为止,20世纪60年代早期,由印第安纳大学罗伯特·伯肯斯坦教授和其同事所作的关于酒精在交通事故中的因果作用的实验研究是最令人印象深刻的研究。这一研究一直被评论为关于血液酒精浓度和事故概率二者关系的权威论述(伯肯斯坦等人,1974)。

伯肯斯坦和其同事在大急流城事故现场获取了大量事故司机的血液酒精浓度和其他信息的样本。他们将该组事故司机与随机抽取的非事故司机作对比,后者是从过去三年内大量事故现场的司机中随机抽取的。通过大量的样本来研究事故组司机和对照组司机在血液酒精浓度或社会人口特征方面是否有所不同。

最终,伯肯斯坦获取了大约6000名事故组司机和7500名对照组司机的血液酒精浓度。两个小组拒绝接受血液酒精浓度检测的比率极低。16%的事故组司机酒精检测结果呈阳性,而对照组仅有11%。6.3%的事故组司机以及低于1%的对照组司机血液酒精浓度等于或者高于0.10。这得出了令人信服的结论,在事故组司机中醉驾的比例明显较大。此外,血液酒精浓度越高,司机在事故组的概率越高。因此,伯肯斯坦等人谨慎地总结道:"血液酒精浓度超过0.04确实会增加事故的发生率。血液酒精浓度在0.15以上会大大增加事故发生的可能性(见图3.1)。当事故司机的血液酒精浓度超过0.08时,比起清醒的司机,他们更可能导致单车事故、更严重的伤害和损失事故以及代价更高的事故。血

液酒精浓度在 0.04 及以下显然与交通安全并不矛盾。"(1974, p.16)

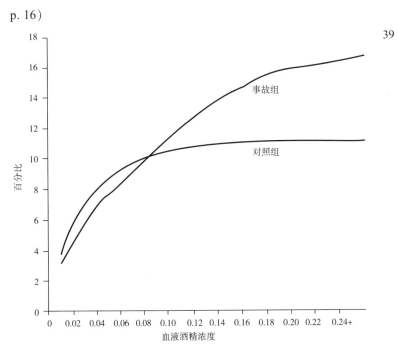

图 3.1　特定(或以下)血液酒精浓度事故组和对照组累积百分比
来源:伯肯斯坦等人[1964]1974

伯肯斯坦等人的研究令人信服地表明,**醉驾者有更大的可能性导致事故的发生**。但是研究没有证明酒精引起了事故,因为除酒精之外的其他因素(精神病理学或痛苦的生活事件)也可能导致饮酒和车祸。此外,酒精显然并不总与事故相关。对大急流城事故的研究并非旨在表明不同的血液酒精浓度有多大的概率引起车祸。需要强调的是,大急流城约90%的事故司机酒精检测结果呈阴性。显然,尽管大量饮酒会增加事故发生的概率,但是醉酒并不是大多数事故发生的原因,尤其不是引起轻微事故的原因。

三、结论

历史上,关于醉驾的舆论与公共政策更容易被观念和形象所塑造,而不是被事实所左右。例如,美国交通部1968年《酒精与公路安全》报告指出,50%的交通事故死亡人数,也就是说,2.5万的死亡人数,归因于"司机和行人的饮酒",从而使醉驾成为全国性问题,为公共资金的支出铺平了道路并促进了反醉驾运动。尽管在随后的几十年里交通事故死亡人数已经下降,但是,这些相同的数据(甚至更多的数据)被反复用来证明醉驾的严重性以及阐述资金和政治关注的合理性。[10] 美国社会的铁律就是在把一项问题提上社会问题议程以前,这一问题必须是足够引起轰动的,甚至要达到夸张的程度。醉驾问题越大,要求投入的打击醉驾的精力和资源就越多。问题越大,严厉惩罚和侵入式警察执法就越合理(确实必要)。

本章的目的是说明:(1)评估归因于醉驾的交通事故伤亡百分比的复杂性,以及(2)评估醉驾导致交通事故的困难程度。在评估由醉驾者引起的交通事故伤亡百分比时,我们知道的低于我们所预期的。评估仅仅能给我们提供一个真实百分比可能的范围。正如我们将会看到的那样,大多数有关醉驾和醉驾者的实证问题可能得出相同的结论。政策的分析和制定必须以最有利用价值的信息为基础,但是,有时最好的信息还没有收集到。这要求我们提高在进行政策分析时对价值观和判断的敏感性,以及在对政策进行选择时应该保持谦逊的态度。

虽然我们不能准确评估由醉驾者导致的无辜死亡人数，但是数目很大则毋庸置疑，确切地说有数千位。菲勒和克莱因已经令人信服地表明，致命事故中大约有30%的司机血液酒精浓度超过了法律上限。死亡者大部分是醉驾者本身，而且这些醉驾者大部分又死于单车事故。因此，肆无忌惮地醉驾死亡的类别包括类似于自杀和杀人的行为。此外，在死亡的乘客中，有很大一部分是醉驾者的饮酒同伴。另外，有约10%的死于交通事故的行人的血液酒精浓度很高。他们并不是醉驾问题的一部分，但是，他们是酒精问题的一部分。

伯肯斯坦等人别具匠心的研究发现，大急流城事故中血液酒精浓度等于或者超过0.10的司机大约占7%。显然，醉驾并不是普通事故的主要原因。然而，血液酒精浓度超过0.08的司机发生事故的可能性大大增加。不幸的是，我们无法说可能性有多大。然而事故越严重，涉及酒精的可能性就越大。

第四章 犯罪模式

关于醉驾的大量研究中,很少有关注醉驾者的特点及其犯罪模式的研究。一项研究恰如其分地认为:"对有关醉驾者的特点缺乏深入的研究,相关文献仅提供了一些不完整的、零散的、往往无法比较的研究,这些研究只是模糊表明,而无法识别这些高危的司机人群。"(辛普森,1985,p. 36)另一学者认为:"我们已经做了一些浅显的研究,有倾向性、不客观,支离破碎且不统一、随波逐流且经常缺乏科学性。"(海特,1985,p. 14)

尽管数据缺乏,但是本章试图解开一些关于醉驾者的谜团,并且试图对已知的信息进行反思。应该强调的是,如果要设计和贯彻更多有效的政策倡议,增加对醉驾者的了解是我们需要优先考虑的事项。

一、普遍违法的荒诞说法

关于醉驾有许多荒诞的说法,最常见的一种是,它是几乎每个人都会实施的一种犯罪。也许这种说法仅表示,大部分美国人在一生中的某些场合都会大量饮酒,而且会在酒精的影响下驾车。如果是这样的话,该说法并不具有争议性,也很无趣,甚至看起来不像是关于醉驾的说法。

即使相当一部分人一生中在少数的场合醉酒驾车,这也不意味着醉驾是每个人都会实施的犯罪,这只是暗示了醉驾是一种日常性或习惯性行为。如果一个司机曾经醉酒,其不应该被贴上醉驾者的标签,而且也不应认为是同情醉驾者,就像一个曾经偷杂志的人不应被贴上同情商店扒窃者和强盗的小偷的标签一样。

大部分美国人的饮酒方式至少使他们不可能经常醉驾。1983年,美国卫生及公共服务部的《酒精与健康》报告显示,79%的人口有饮酒习惯,这就使他们不太可能习惯性地在酒精的影响下驾驶。四分之三的美国人要么一点酒也不喝,要么非常节制地饮酒,很少有血液酒精浓度超过法律规定的司机在道路上驾驶。此外,也许有15%的司机,包括重度饮酒者,当血液酒精浓度超过法律规定上限时,可能会在道路上驾驶。10%的司机是问题饮酒者,他们的饮酒习惯可能导致他们频繁违反与醉驾相关的法律。[1]

关于醉驾普遍存在夸大的说法,主要原因是人们习惯将所有的饮酒驾驶与醉驾相等同。尽管几乎每个饮酒开车的人都会涉及饮酒驾驶行为,但是,这与醉驾有着实质上的不同,醉驾不仅是饮酒和驾驶行为的结合,还关乎驾驶能力的退化和削弱,判断力和控制力的严重下降,会危及司机本人的生命以及乘客、其他道路使用者和行人的生命。区分醉驾和饮酒驾驶十分有必要。区别越模糊,被贴上犯罪标签的"正常"和"非危险"饮酒驾驶人员的数量就越多,从而削弱了将醉驾作为突出问题进行认定和区分所作出的努力。

二、犯罪的频率

醉驾的总量(每年醉驾的数量或者每十万人口的年醉驾率)或者犯罪分子的数量目前还未进行估算,这一"黑数"是未知的,也可能无法知晓。关于受害人的调查并不可行,尽管醉驾是一个有受害人的犯罪,但是它通常不会产生受害人,除非考虑到那些被有意或无意地置于危险之中的汽车驾驶员、骑自行车的人和行人。

几项抽样调查通过询问人们是否醉驾来确定醉驾的数量(参见盖洛普1977年的问卷)。然而,醉驾最奇怪的一点是,受访者很难知道自己是否实施了违法行为。因为对该犯罪的定义较为模糊或技术性较强(血液酒精浓度在0.10以上时驾驶),大多数人不能确定某种驾驶行为是否违反了法律。被调查对象对其行为正当性或合法性的判断也存在很大差异,有些人可能以高标准来要求自己负责任地驾驶,而有些人可能以低标准要求自己。

例如,1977年盖洛普问卷的问题:"你曾经在你认为大量饮酒后而不能安全驾驶的情况下驾驶过吗?"37%的被调查对象作出了肯定性的回答。不过请注意,这个问题看起来是要求受访者回想他过去人生中饮酒或驾驶的片段,如果能回忆起来,还要回忆他当时的想法。即使一个受访者能够准确完成这一任务,我们又能够推断出什么呢?也许受访者在那一刻的判断力很差。也许喝了一打啤酒后,他已经感知不到任何危险了,或者,喝了两瓶啤酒后,就杞人忧天了。

许多人在他们生命的某个时刻都曾醉驾,他们甚至不会记得这件事情(正如他们不会记住盗窃之类的事情),要么是因为他们喝多了,要么是因为醉驾这件事太平淡无奇了。另外一些人可能会承认因醉驾而受到了现场清醒度或者血液酒精浓度的检测。尽管过去一些年醉驾引起了广泛关注,但是我发现几乎没有任何朋友或学生知道醉驾的法律标准或者饮用多少酒会达到法律所禁止的血液酒精浓度。当我问起法科专业的学生,一个人饮用多少酒会达到法律所禁止的血液酒精浓度时,大部分人会回答两杯或者三杯,这只是实际数量的一半。

最近罗柏组织应保险业全行业咨询委员会 1985 年的要求,询问随机抽取的年龄在 18 岁以上的 1491 名成年人:"过去一年你有饮酒驾驶的经历吗?"仅仅有 37% 的受访者作出肯定性回答。肯定性回答与男性、高学历、高收入[2]和居住在中北部地区这些因素呈正相关。年龄在 18 岁到 34 岁之间的受访者比年龄更大的受访者更可能作出肯定性的回答。

在我看来,这个调查与之前的调查一样,本质上存有缺陷。此外,像许多其他调查一样,它的设计似乎夸大了醉驾问题。罗柏的问题问及的是"饮酒"驾驶,而不是"醉酒"驾驶。它没有界定"醉酒"或"饮酒"。不可思议的是,它既没有给出饮酒量的暗示,也没有给出酒后立即开车的暗示,这些是作出肯定回答所需要的问题。如果一个人回忆起几年前午餐时喝了一杯啤酒或者红酒几小时后开车回家,他应该如何回答呢?这个人没有"饮酒驾驶"吗?同时,因为调查的问题没有问到饮酒驾驶的频率,所以不可能推断出犯罪率。一个更好的问题是,过去一个月你有多少次喝了一杯、两杯、三杯、四杯、五杯或者更多的酒后一小时内驾驶(这可能涉及醉酒或者非醉酒,取决于受访者的身高和体重)?然而,调查的准确性仍然依赖受访者准确回答问题的能力和意愿。

在不依赖受访者回忆真实性的情况下,以另外一种方式获取醉驾数量的方法,是通过路障拦下所有的司机或者随机抽取道路使用者进行路旁呼吸检测,以及司机自愿接受呼吸检测和访谈来确定其血液酒精浓度(帕尔默和蒂克斯,1985)。理论上,路旁调

第四章 犯罪模式　053

查能够统计出白天和夜间不同时段饮酒司机比例的准确数据(不同年龄、性别、收入档次等)。不幸的是,路旁调查开展的成本太高,而且很难贯彻执行,以至于许多调查未能获取太多的社会人口统计信息。

合理的路旁调查设计应包括所有类型的司机,即他们应该来自不同类型的社区以及白天和夜间所有时段。醉驾的频率可能因地而异,这取决于宗教、种族、饮酒习惯、人口结构、人口年龄结构以及居住在城市地区的人口比例。

在设计路旁调查时,重要的是不要扭曲结果,选择特别种类司机(如大学生、蓝领工人或者去教堂的人)人数过多的道路或者选择一天或一周中醉驾者在或不在路上的时段都不可取。由于费用和后勤方面的原因,没有研究能够获得真正随机的样本。甚至许多路旁调查都没有这样做过,而将路旁调查设计在饮酒或者驾驶最普遍的周末晚上以认定醉驾的频率(参见帕尔默和蒂克斯,1985)。[3] 看来很多研究的设计好像是为了对醉酒驾驶频率作出最高的估算,这并不令人感到惊奇,因为进行此类研究的研究人员通常与该问题的严重性有利害关系。

获得普遍的合作对路旁调查无疑至关重要。我们几乎可以肯定,在醉驾者中拒绝提供呼吸样本的司机比例要比自愿合作的司机比例大得多。因此,路旁调查一定低估了醉驾的数量,尽管具体多少并不清楚。如果大量的司机拒绝停车或者拒绝接受血液酒精浓度检测的话,那么调查的结果将毫无价值。当司机被允诺匿名及免予起诉时(瓦尔韦里乌斯,1982),合作率有时会达到90%以上。

在文献中执行良好的少量路旁调查构成了关于醉驾的有价

值的信息来源,此类调查中最为著名的当属罗伯特·伯肯斯坦教授等人(1974)的"大急流城事故研究"。该研究在过去三年间,在大急流城事故发生地对司机进行了全天候的检测。检测结果显示,仅仅有0.75%的司机体内的血液酒精浓度超过0.10,另外2.47%的司机的血液酒精浓度在0.05到0.09之间。所有接受测试的司机中,有10%的司机的酒精检测结果显示为阳性。

1973年,密歇根大学公路安全研究所进行了一项全国性(18个州样本)路旁调查(乌尔夫,1974)。这项研究在185个站点,共于周末深夜拦下了3698名司机,这些人更可能醉酒,获取了超过90%驾驶者的合作。研究者发现,晚上10点到午夜时分有3.2%的司机的血液酒精浓度达到或者超过0.10,6.3%的司机的血液酒精浓度在0.05到0.09之间。凌晨2点到3点,检测出11.1%的司机的血液酒精浓度超过0.10,13.5%的司机的血液酒精浓度在0.05至0.09之间(乌尔夫,1974)。

在酒精安全专项行动项目实施之前,19个指定社区在夜间实施了随机的路旁呼吸检测,5.2%的司机的血液酒精浓度在0.10以上(沃尔斯,1981)。从1970年到1974年,35个酒精安全专项行动项目中有28个实施了各种路旁调查。当这些结果与密歇根大学的调查结果相结合时,我们发现周末及工作日的晚上有6%的司机的血液酒精浓度达到或者超过0.10(戈德斯坦和索斯米尔希,1982)。

1985年,明尼苏达州的一项路旁调查(帕尔默和蒂克斯,1985)显示,晚上8点到凌晨3点,在道路上驾驶的838名司机中,82.3%的司机酒精检测结果呈阴性,6.0%的司机被检测出血液酒精浓度在0.05到0.09之间(在一些州属于较轻的醉驾罪行),只有2.4%的司机的血液酒精浓度超过法律规定的0.10。我们在看这些研究结果时要特别谨慎,因为被拦下的司机中几乎有25%的司机拒绝合作。

最近,公路安全研究所报告了1973年全国路旁调查的结果。[4] 周五和周六夜间11点到凌晨3点,有3100名司机被拦下,91.9%的司机提供了呼吸样本。1986年,司机血液酒精浓度超过法律规定上限的比例较1973年要低得多。提供呼吸样本的司机中仅仅有3.1%的司机的血液酒精浓度在0.10或以上。1986年,路旁调查的被拒绝率为9.9%,而1973年则为13.7%。由于拒绝检测的司机的血液酒精浓度超过法律规定上限的可能性更高,似乎可以得出以下结论:(1)1986年,被调查的司机的血液酒精浓度达到或者超过0.10的实际百分比要高于3.1%;(2)1973年和1986年调查结果之间的差异至少从某种程度上而言,是由1973年拒绝酒精检测的司机所占的比例更高造成的。

这些路旁调查对发生在任何一天(或者更准确地说,在周末的深夜)的醉驾违法行为作出了粗略估计。周五和周六夜间10点到凌晨3点是违法醉驾的高峰期,全美国道路上的司机大约有3%到4%的人体内血液酒精浓度在法律规定的范围外。在非法和合法毒品影响下驾驶的司机比例则未知,其无法通过路旁血液酒精浓度检测程序认定。

三、谁是醉驾者

如果知道所有醉驾违法分子的信息,根据其犯罪率就可以进行有序的分类。不幸的是,我们既不知道高犯罪率和低犯罪率罪犯的犯罪率,也不知道长期、偶尔或不经常醉驾者是否是最危险的。

美国醉驾者的社会人口特征尚未被充分研究。然而,我们可以从警察提供的数据、醉驾治疗项目研究、路旁调查以及致命事故报告系统的数据中了解一二。

关于醉驾者年龄的分布存在很大的困惑,存在困惑的主要原因是年龄分类的结构。对于"年轻的司机"没有标准或统一的定义,一些研究将年龄在16岁到24岁之间的司机与年龄在25岁到44岁之间的司机和年龄在45岁以上的司机作比较,每个年龄范畴中都包括许多年龄不同的人,最年轻一组从少年新手司机延伸到20多岁的成年人。

尽管警察搜集的数据不能代表真实的犯罪率,但是,加州大学的研究可以作为醉驾者年龄分布的数据来源。[5] 根据加州大学的研究,1984年,青少年司机中饮酒驾驶的逮捕率低于平均数,尽管他们极易引起警察的注意,驾驶技能较差、驾驶经验缺乏以及经常在周末驾车。珀赖因(1974)对佛蒙特州与之前因致命事故受伤的司机在同一时间、同一地点上路的司机进行研究,发现年龄在20岁以下的司机中有9.0%的司机饮酒,相比而言,年龄超过20岁的司机中有14.0%的司机饮酒。1973年,密歇根大学公路安全研究所的呼吸检测研究发现夜间10点到凌晨3点,年龄在16岁到17岁之间的司机中有88.4%的司机血液酒精浓度处于最低水平,即0.01或更低,而年龄在18岁至20岁的青少年司机的血液酒精浓度低于0.01的占81.5%。16岁至17岁和18岁至20岁的青年中,分别只有8.2%和11.2%的司机的血液酒精浓度超过0.05(乌尔夫,1974,p.48)。尽管有更少的年轻司机饮酒,但是饮酒驾驶的那些年轻司机更危险,而且在交通事故死亡人数中比例也很高(瓦赫纳尔,1983,第二章)。[6]

醉驾是一个由男性主导的活动,大约有90%的被逮捕者都是男性。不像其他犯罪,醉驾不是一个城市现象。在受致命伤的司机中,血液酒精浓度在0.15以上死于乡间道路的司机较死于城市道路的司机数量要多。醉驾者偏离了少数族裔群体的典型模式,1984年,被逮捕的人中有89.8%的人是白人。这是在加州大学研究的所有犯罪中白人违法分子比例最高的犯罪类别。也许,少数族裔的汽车拥有率较低,以及少数族裔居住比例较高的地区的开车率较低,可以部分解释因种族而异的醉驾逮捕率。这也在一定程度上反映出大城市警察对酒后驾驶不太重视。虽然常说醉驾者是"白领"罪犯,但是大部分试图确认社会阶级的研究表明,社会经济地位较低的群体在醉驾中所占比例较高(乌尔夫,1975)。

四、社交饮酒者,问题饮酒者,酗酒者

与醉驾者饮酒习惯有关的最重要的研究问题却无答案:我们很想知道归因于酗酒、酒精滥用、狂欢饮酒以及社交饮酒而醉驾的司机比例。由于酗酒者和酒精滥用者比轻度和中度饮酒者的醉酒更频繁,可能会更频繁地在酒精影响下驾驶。然而,轻度和适度饮酒者人数更多,他们可能占醉酒事件的很大一部分(穆尔和格斯坦,1981)。即使没有酗酒者和酒精滥用者,醉驾仍然是一个社会问题。

实际上,我们对最危险的醉驾者的饮酒习惯一无所知,长期酗酒者可能并不是最危险的醉驾者,重度饮酒者形成了对酒精的耐受性以及代偿性机制。赫斯特(1973)表明,无论血液酒精浓度

水平如何,不经常饮酒的人更有可能引起交通事故。这是有道理的,那些不习惯在酒精影响下驾驶的司机,在驾驶时可能无法处理酒精反应。根据定义,轻度饮酒者很少在醉酒时驾驶,可以合理地假设某种特殊情况和生活事件引起醉酒驾驶。费尔金斯等人(1970)研究了1247名住院酗酒司机的驾驶记录,在过去的六年时间,仅仅有17%的司机受到醉驾指控或者"不止一次的驾驶定罪"。因此,似乎并不是所有的酗酒者都醉驾,而且,醉驾者中仅仅有少部分司机的危险驾驶足够引起警察注意。牢记这一点也是非常重要的,最危险的醉驾者是那些看起来已经完全失控或者对危险毫不在意的司机。

研究人员为了将醉驾者分为酒精滥用者和社交饮酒者,使用了各种酒精检测工具[如密歇根酒精检测试验(MAST)和莫提默-费尔金斯试验]。埃尔利希和泽尔策(1967)、沃勒(1967)、泽尔策(1969,1971)以及约德和穆尔(1973)都得出结论,在他们各自的样本中,超过50%被逮捕的醉驾者是酒精滥用者或者酗酒者。酒精安全专项行动项目评估者将一半的被逮捕者归为问题饮酒者,三分之一的被逮捕者归为社交饮酒者,剩下的人归为介于二者之间的饮酒者。在约德和穆尔(1973)的研究中,26%的初犯和48%的惯犯对以下问题给出了确切的答案:"你认为你曾经有饮酒问题吗?"由于类别的可塑性,"酗酒者"或"酒精滥用者"的标准存在争议,但是毫无疑问,因醉驾被逮捕的司机中有很大一部分是重度饮酒者。事实上,需要大量饮酒才能达到血液酒精浓度0.10的水平,而且需要特别大量的饮酒才能达到许多被逮捕者所达到的更高水平。然而,我们仍然不知道,不同种类的饮酒者可能的醉驾频率或者不同种类的司机是否可能成为不同种类的醉驾者。

五、累犯和其他犯罪前科记录

加州大学的研究并没有告诉我们多少个人构成了180万次的逮捕。显然,在某些年份,很少有违法分子由于醉驾而超过一次地被逮捕。根据国家公路交通安全管理局的《现状评论》(1978),93%的被逮捕者从来没有因为醉驾被逮捕过。同样,致命事故报告系统数据显示,大约7%的受致命伤的司机酒精检测结果呈阳性,并且在过去三年间有因为醉驾而被定罪的记录。像所有初犯的统计数据一样,该数据必须被小心处理。醉驾被逮捕的可能性很低,而且对于更轻的交通违法行为而言,醉驾者通常会认罪。大多数研究利用机动车记录来统计累犯,因此,先前的醉驾逮捕和定罪情况没有被披露。的确,我们不应该假设第一次被逮捕的人就是初犯。

明尼苏达州最近的一项研究(犯罪控制研究所,1986)提供了一幅更为详细的画面。自1982年以来,明尼苏达州已经有了自己的行政法律。这就意味着任何血液酒精浓度超过法律上限或者拒绝接受血液酒精浓度检测的醉驾者将会被自动吊销驾照。因为被逮捕的醉驾者很少能够避免被吊销驾照,因此,已确定的先前被吊销驾照的饮酒司机数量将会相当完整。明尼苏达州关于引起致命事故司机的研究发现,在过去三年,有7%的司机因为醉驾被定罪。造成致命事故的饮酒司机中,在过去三年,有13%的司机因醉驾被定罪,25%的司机在过去八年内被吊销驾照。戈德斯坦和索斯米尔希(1982)发现,在威斯康星州麦迪逊市引起重伤的司机中有31%的醉驾者因"交通违法行为被定罪多次"。这些累犯数据并不表明存在大量犯罪人口,但这可能是低逮捕率的结果。

醉驾者的普遍形象就是白人、中产阶级以及遵纪守法的公民,他们醉驾是出于异常或无心。这个形象可能是不准确的。例如,马萨诸塞州的数据显示,在全州1300名醉驾被告人样本中,32.6%的(男性)司机之前因非醉驾刑事犯罪而被传讯,8.8%的人之前仅因醉驾而被传讯,20.1%的人曾因为醉驾和其他刑事犯罪而被传讯,只有38.7%的人从没被传讯过(即之前没有涉及刑事司法制度)。[7]这些结果相当惊人,如果该结果被推广到其他辖区,我们对醉驾者的印象将需要调整。然而,马萨诸塞州最近的研究显示,醉驾的累犯数据与其他研究中的发现相一致,这表明第一项研究需要重新进行分析(泰勒,1987)。

六、醉驾者的心理和社会心理

与其他大多数犯罪不同,醉驾对醉驾者本身及其朋友和家庭成员造成极大伤害。然而,为什么醉驾的现象却屡禁不止呢?对自身和他人而言,醉驾者是如何解释其行为的合理性的呢?

不幸的是,这个问题很少有人研究。很少有人对人格特征、新近的压力以及生活改变对人的作用进行充分的研究(里奇曼,1984)。要解释为什么人们会在受到酒精影响的情况下驾驶,首先需要注意的是男性与女性之间犯罪率的巨大不同。女性从小就比男性喝酒少,年龄在18岁到20岁之间男性重度饮酒者的数量是同龄女性的四倍(20%∶5%)(美国卫生及公共服务部,1983)。对男性和女性而言,饮酒有着不同的社会意义。一些男性社会群体将酗酒视为很光荣的事情,一个"真正的男人"能够饮用大量的酒精,并且能够控制酒量。向共同饮酒的同伴承认其不会驾驶,对男性尤其是年轻男性而言,是非常丢面子的事。对男性而言,饮酒通常是群体性的;对女性而言,饮酒通常可能发生在她们独处时。此外,男性驾车的次数要多于女性,男性拥有三分之二的驾照且90%的事故死亡司机是男性。

多项研究表明,典型的醉驾者不是在去酒馆或者餐厅的路上就是刚从酒馆或者餐厅出来。约德和穆尔(1973)发现,52%被逮捕的醉驾者在被逮捕前一直在酒吧或者台球厅饮酒(奥唐纳,1985)。帕尔默和蒂克斯(1985)发现,从酒吧或者餐厅出来的司机平均血液酒精浓度比从其他地方出来的司机要高得多,例如,其血液酒精浓度几乎是从朋友或亲戚家出来的司机血液酒精浓度的四倍。

在美国男性的社会生活中,去酒馆饮酒发挥着重要的作用,事实上酒馆饮酒造成了酒驾或醉驾。社会允许并提倡一些无法完全通过步行或公共交通工具到达的饮酒场所存在,必然产生大量的饮酒驾驶行为。古斯菲尔德和科塔巴(1984)发现,圣迭戈一些酒馆或酒吧的常客几乎从未提及他们的驾驶能力或者该州禁止醉驾的法律。显然,经常光顾酒吧需要饮酒者保持一种有能力的姿态,控制酒量,并处理好他们的出行方式(即饮酒和驾车)。挑战这种能力就是挑战一个人作为酒吧常客和真男人的地位,这种挑战很少发生。酒吧常客认为他们是有能力的饮酒者,而且酒友们也支持彼此的说法。毫无疑问,他们认为自己有能力的看法被之前许多的安全饮酒或者驾驶经历所强化。

尽管解释或理解酗酒者的醉驾行为看起来并不困难,但是社交饮酒者的行为存在更多的问题。社交饮酒者是如何醉驾的呢?

这既非社交饮酒,又非社交驾驶。对个人而言,这是否为一种极其反常的行为,也许是由痛苦的生活事件所触发的?

无论大部分被逮捕的醉驾者(推定为醉驾者)是否能够被准确地描述为酗酒者或酗酒者的同义词,酗酒者可能造成更多的交通事故和作出更多的交通违法行为(塞尔泽等人,1967)。致命事故报告系统估计,在致命事故中有43%的司机的血液酒精浓度超过0.10。对轻度或者适度饮酒者而言,即使他们狂欢,血液酒精浓度也不可能达到这个数值。这表明最危险的醉驾者要么是重度饮酒者,要么是适度饮酒者。

在酒精滥用研究领域,学者之间存在长期的争论。有的学者认为,酒精滥用是严重心理问题引发的症状;有的学者认为,心理问题是酒精滥用引发的症状。在醉驾和交通事故研究中同样存在这样的争论(参见蒂尔曼和霍布斯,1949)。例如,1973年,约德和穆尔在被逮捕的醉驾者样本中发现,"17%的人将问题或事件作为饮酒的原因"。(参见塞尔泽、罗格斯和克恩,1968)

一些研究者力图证明涉及严重交通事故的人们有意或无意地想自杀或者至少是极其抑郁、具有偏执性攻击倾向的,或有其他心理障碍的(塞尔泽等人,1967;塔巴尼克,1973)。

尽管对自杀和与酒精相关的交通事故死亡之间的联系还没有太多的研究,但是它也是一个要考虑的假设(参见塞尔泽和佩恩,1962;塞尔泽等人,1967;塞尔泽和巴顿,1977)。60%与酒精相关的交通伤亡事故是单车死亡事故,这些事故大都发生在月光明朗的夜晚,没有路障的道路上。这些事故中有多少是有意或者无意的自杀呢(参见塔巴尼克,1973)?这使我们很容易回忆起,美国三分之一的自杀事件中有酒精出现(格斯坦,1981)。据估计,酗酒者实施自杀的次数更频繁,是一般人群的 6 倍到 15 倍(美国卫生及公共服务部,1983)。因此,某些自杀者饮酒直到神情恍惚,然后开车撞向路基或者其他车辆,这似乎是可信的。对于那些不想让外界知道他们要自杀的人而言,这可能是自杀的理性形式。

七、结论

醉驾是一种常见的犯罪,尽管并不像宣称的那么普遍。绝大多数的美国人有饮酒习惯,这使他们不太可能经常醉驾。人们倾向将酒驾与醉驾等同看待,会使认定、谴责以及控制醉驾的努力变得困难。

醉驾的一些模式与美国其他大部分严重犯罪的模式相同,而有一些模式则是不同的。像其他犯罪一样,醉驾大都由男性实施且频繁发生在周末。像其他严重犯罪一样,醉驾是在酒精影响下作出的不负责任以及反社会的行为。但是,不同于其他严重犯罪,醉驾频繁发生在农村而不是主要的大都会,而且醉驾大多由白人男性实施,且跨越了更广泛的社会经济阶层。对醉驾没有唯一的解释,也没有单一类型的醉驾者。大部分因醉驾被逮捕的犯罪分子先前都没有因醉驾或其他严重犯罪被逮捕的前科。尽管少数醉驾违法分子因非醉驾刑事犯罪而被逮捕和定罪,但是我们处理的不是底层刑事犯。很大一部分醉驾犯罪是由少数的重度饮酒者和酒精滥用者实施的。

准确查明醉驾的数量以及准确认定醉驾者是不可能的,我们处理的行为因地域、州、县的不同而存在差异,也可能因为年份的不同,且可能在某种程度上,因为月份的不同而不同。归根结底,像其他犯罪一样,醉驾也是一种地域现象,如果要实施更多合理的对策,需要对不同社区中不同的醉驾模式进行检查和分析(参见戈德斯坦和索斯米尔希,1982)。

尽管年轻人实施醉驾行为的比例并不高,但是他们是更危险的司机,无论是醉酒时还是清醒时。数据没有揭示出的醉驾累犯的比例很高,但是这可能是执法不严和辩诉交易的结果。酒精滥用者比社交饮酒者更可能醉驾,但是还不清楚哪种醉驾者是最危险的。

第二部分
刑法和刑事诉讼程序

犯罪是一个法律概念。犯罪是刑法,包括立法和司法解释所定义的行为。为了充分理解醉驾现象,我们很有必要了解与"醉驾"相关的法律。第二部分的四个章节中,我们将会看到界定醉驾及其执行的刑法异常复杂。第五章至第七章探讨醉驾的法学理论,我们将会看到醉驾法律引起了严重的法理问题,而这些问题却被法院和法律评论员所忽略,也许是因为在传统意义上醉驾被视为一种交通违法行为而不是"真正的犯罪"。

第五章重点讨论刑事责任的门槛。为什么醉驾被视为一种特定的犯罪行为而不归入交通法规之下管控?为什么醉驾被定义为一种刑事违法行为而不是一种行政违法行为?第六章介绍了醉驾作为一种刑事犯罪行为的构成。其中有许多令人困惑的地方,甚至犯罪构成要素都不清晰。醉驾的法学理论仍然处于初级阶段,许多重要问题尚未被正视,更不用说解决了。随着醉驾处罚的加重,一些问题变得日益重要。第七章阐述了醉驾的加重情形,包括惯犯实施的醉驾行为以及导致伤害或死亡的醉驾行为。与醉驾相关的法律并没有很好地区分最应受惩罚的、最危险的醉驾事故和普通的醉驾事故,基本的分级模式非常粗糙。此外,对醉驾杀人案件的分级工作也缺乏连贯性。

第八章阐述了醉驾法律执行过程中出现的一些刑事诉讼问题。与前三章关于醉驾的实体法律规定一样,我们将看到,传统的刑事诉讼原则和价值被发挥到极致,以使对醉驾者的逮捕和惩罚更加高效和自动化。

第五章 醉酒驾驶罪

一、为什么存在醉酒驾驶罪

要问为什么存在醉酒驾驶罪看起来似乎会很奇怪,醉驾显然是由不负责任的和反社会的行为引起的一种严重社会问题。自从汽车出现后,在大部分司法管辖地区,醉驾就成为一种犯罪。[1]然而,这一问题非常有用,因为对令人满意的答案的探寻,既能表明醉驾是何种不同寻常的违法行为,又能够迫使我们考虑采用多种模式来指责、惩罚和控制醉驾行为。从政策的角度看,普通的醉驾案件是在交通法庭上处理,还是在适用全部刑事诉讼程序的刑事法庭上审判是有区别的。

二、醉驾和交通法规

交通法规具体规定了:(1)一套完整的交通违法行为(如超速、越过中线、追尾、不开信号灯以及鲁莽驾驶),这些违反交通法规的行为可能是危险的;(2)对交通违法行为的处罚。除了醉酒,其他引起司机违反交通法规的原因在法律上都无关痛痒。交通法规并未规定,由于"嗜睡或注意力不集中"而未能在交通信号灯变换前停车,司机未能停车这就足够了。除受酒精损害影响外,交通法规并不试图处罚那些因为生理、心理或者情绪障碍而不停车的司机。

为什么醉驾受到特殊对待,因为交通法规是根据损害而不是驾驶来定义的?为什么醉驾者不是因为实际违反交通法规规定的具体条款而受到处罚,而是由于违反交通法规的可能性受到处罚?难道超速或不遵守交通信号灯的醉驾者比因嗜睡、愤怒或注意力不集中而超速或者违反交通信号灯的司机更危险或更应当受到处罚吗?

罗伯特·福斯教授(1979)主张废除将醉驾作为一项独立的、明显的犯罪行为的规定,并起诉醉驾者所实施的交通违法行为,尽管其认为应根据酒精这一加重因素加大对醉驾行为的处罚力度。这一提议将使任何没有违反交通法规的醉驾者免于刑事制裁。

对醉驾进行特殊处理的一个论点——用于反对福斯教授的提议——是醉驾是一种比单纯违反交通法规的行为更应受到处罚或更危险的不法行为。醉驾者实施了一种异乎寻常的反社会行为,并通过自愿将自己置于一种状态之下。在这种状态下,他们的驾驶反应变得迟钝,(更糟糕的是)对危险的认知和态度发生扭曲。尽管嗜睡和注意力不集中的司机也可能对其被削弱的驾驶能力负责,但是我们倾向于将他们的行为视为无心之过。此外,尽管嗜睡或注意力不集中的司机的反应、协调和一般警惕能力受到削弱,但是与醉驾者相比,其看错、忽略或者招致危险的可能性更低。

认为醉驾者罪责更重和更危险的论点貌似有道理,但是其涉及一些假设和泛泛之论。事实上,并不是所有的醉驾者都蓄意制造危险,一些醉驾者可能竭力避免危险。并非所有的醉驾者都由于驾驶能力被削弱而比嗜睡或注意力不集中的司机罪责更重。

一些嗜睡或注意力不集中的司机的违规行为很容易被归咎于他们的驾驶能力受损。一些醉驾者可能因醉酒是无意发生的或者酒精成瘾而声称自己的罪责很小。

对醉驾行为进行特殊处理的一种普遍解释认为，醉驾行为不像注意力不集中的驾驶行为那样微妙而难以识别或证明起来比较困难。一旦面对警察的逮捕，注意力不集中的司机就不再注意力不集中，而醉驾者尽管尽了最大努力也可能无法被认定为清醒。醉酒状态能够通过化学检测设备检测出来，而注意力不集中的状态则不能。血液酒精浓度检测的利用使定义和执行相关的醉驾法律更为可能，尽管毫不费劲的检测给我们提供了将醉驾行为犯罪化的手段，然而，它并不能充分解释这样做的动机。

另外，有两个原因能够帮助我们解释对醉驾行为的特殊处理。第一个涉及司机能力的双重标准：(1)绝对驾照标准，为了机动性和允许广泛的使用，颁发驾照的标准相当低；(2)相对标准，这种标准也许具有补偿性，要求每个司机在其能力范围内或者接近的能力范围内驾驶。因此，正如菲利普·库克教授指出的：允许只有一只眼睛的人驾驶，但是一个只有一只眼睛且近视的人在没有带矫正视力的眼镜的情形下驾车将会被开罚单。

基于这一原因，我们不能被那些试图以醉驾者比新手或老年司机更能胜任驾驶而为司机醉酒状态辩护的理由所说服。

司机往往通过这种极其过分的自我诱导并产生损伤的方式严重违反尽可能安全驾驶的义务。当我们驾驶时，尽管我们能够很好地控制我们的疲乏、注意力不集中以及烦躁，但是人体机能中的警觉、注意力和情绪变化是与生俱来的。相比之下，醉酒似乎故意注入了一种人为的、无端的障碍。

特殊对待醉酒状态的另一个原因是它造成的风险加剧。不像未戴眼镜驾驶或者没有制动刹车系统而驾驶，醉酒状态不仅会影响司机对车辆的感知能力，而且会影响司机的判断力和冒险意愿。纽约州驾驶员手册上的一个例子很好地呈现了一种由驾驶技能削弱和判断力扭曲结合而成的严重的复合危险形式。

> 你刚刚在停车标志前停车，你会看到另外一辆车从远处向十字路口开来，你们之间的距离要求你迅速作出决定：现在通过十字路口安全吗？或者你应该等待吗？
>
> 在酒精的影响下，你更可能作出一个错误的判断而选择冒险。由于你的反应迟缓，可能无法和清醒时一样迅速有效地通过十字路口。如果糟糕的驾驶和迟钝的反应使你陷入困境，酒精的影响也会使你丧失逃离困境的机会（p. 65）。

归根结底，单独对醉驾行为依法予以特殊的惩处，最有力的理由是，从危险性程度来讲，它比其他形式的受损害驾驶更具危险性。仅仅因为醉者违反了一项具体规则而对其予以处罚是不够的，应该由于其对道路使用者造成严重的伤害或死亡危险而予以处罚。事实上，根据这一原理，一名醉驾者甚至无须违反交通法规，仅仅因为醉驾对其他道路使用者造成一种严重的伤害危险就应该受到处罚。法律将醉驾者定性为一枚定时炸弹。

然而，将醉驾者比作定时炸弹存有缺陷，醉驾者并不一定会爆炸，甚至不会经常爆炸。尽管与非醉驾群体相比，醉驾群体对道路使用者造成的危险更大，但是大部分醉驾并不会导致车祸或者伤害。其他因素，诸如天气、路况、其他司机、骑自行车的人、行人的行为，以及司机本人的性格、意图、态度和情感，都决定了醉驾是否以及在多大程度上会导致伤害。此外,不是所有的醉驾者都具有同等的危险性。最危险的是那些严重醉酒的司机以及在违法过程中违反了多项交通法规的司机。第六章我们将探讨为了对加重型醉酒驾驶行为处以比普通醉酒驾驶行为更严厉的处罚,是否应该重新修订醉驾法律。

三、作为一项未完成犯罪的醉酒驾驶罪

与犯罪未遂和犯罪共谋一样,醉酒驾驶罪也是一种未完成犯罪,它的实施不依赖任何伤害的发生。一个人无论是否对他人造成伤害或者造成危险,只要实施了醉驾行为就构成犯罪。正如在犯罪未遂中,由醉驾行为引起的伤害可能还需要犯罪分子实施另外的行为。从这一方面来说,醉驾违法行为更像非法持枪。具体的持枪者可能不会造成危险,但是立法已经选择对该行为予以规制,而不是等待致命威胁出现。同样,在任何伤害、具体危险以及违法驾驶发生前运用刑事司法制度打击醉驾者是一种预防性的策略:为什么要等到危害发生后,才对危险驾驶者进行社会控制呢?

显然,社会是想预防危险驾驶行为的发生。醉驾法律的存在反映了一种判断,即禁止各种危险驾驶行为的交通法规使刑法出现的时间太晚了。禁止醉驾是为了禁止可能引起危险驾驶的行为。在这一先发制人策略的实施下,饮酒司机在停车的那一刻是否危险驾驶并不重要。[2] 事实上,如果司机危险驾驶,那么就不需要先发制人的法律了。司机可以因鲁莽驾驶或违反具体的交通法规而被逮捕。预防性法律的特殊价值在于在危险出现前就禁止该行为。

不像持有武器的犯罪,醉驾违法行为需要通过测试来确定嫌疑人是否违反了法律的规定。测试是为了确定嫌疑人是否因为饮酒而成为潜在的危险司机。传统的用来识别醉驾者的方法被称为"现场清醒测试",如果一名司机不能摸到鼻子或不能从十倒数到一或不能走直线,那么他就越过了被禁止的醉酒门槛。现场清醒测试受到了两种批评:(1)它与危险驾驶没有足够紧密的相关性;(2)对于结果的解释充满主观性,可能被滥用。

久而久之,醉驾法律变得越来越先发制人。无论司机能否通过现场清醒测试或是否能胜任驾驶,只要司机驾驶时血液酒精浓度超过具体的水平都将会受到法律的制裁。实际上,法律规定,有着某种心理特征的司机驾驶构成违法,这一心理特征与不能通过检测有关,心理特征本身又与不能安全驾驶有关。

将醉驾行为作为一种刑事犯罪来认定,意味着警察可以采取先发制人的行动,也就是说,在交通事故发生前采取行动。理论上,可以使用同样的逻辑和策略用来打击嗜睡、注意力不集中或者沮丧的司机的驾驶行为,但是这些潜在的危险驾驶形式难以侦查,很难证明以及很难进行立法和司法裁决。这些行为也不同于人们对醉驾的消极刻板印象。

四、醉驾是轻率行为的一种无法辩驳的推定

尽管对醉驾进行先发制人的处罚可能是合理的,但问题仍然存在,为什么对醉驾行为的处理与对其他形式疏忽大意行为的处理不同,对于后者,需要在个案中证明风险的重大性和不正当性。

20世纪60年代通过的《模范刑法典》将一种新的违法行为

引入其中：轻率危害罪（sec. 211.2）。对此罪的定义如下："如果一个人因疏忽大意实施了某种使他人或可能使他人死亡或受到严重身体伤害的行为，那么该人就实施了轻罪行为。"根据《模范刑法典》（sec. 2.02），当"涉及一种犯罪的实质要件时……一个人有意地忽视实质要件中存在的实质的和无法辩护的危险"，那么这个人就实施了一种疏忽大意的行为。毋庸置疑，根据《模范刑法典》，许多醉酒事件可能被以轻率危害罪起诉。但是其没有推定任何种类的不法行为总是且必然构成轻率危害罪。相比之下，醉驾违法行为建立在一个结论性的推论上，即所有的醉驾事件及司机血液酒精浓度超过 0.10 的驾驶行为都被视为疏忽大意的行为，也就是说，该行为大大危及其他道路使用者的安全。即使其被规定为实质性犯罪，对个人、活动及行为整体范畴的结论性推论也与强调个人责任的刑法理论相矛盾。

醉驾的不同模式将要求检察官证明醉驾被告人有主观上危及其他道路使用者的疏忽大意。如果被告人的行为显然存在疏忽大意，那么检察官应该不难举证。此外，将疏忽大意作为认定醉驾行为的一项确定要素，至少在恰当的情形下有可能宣告被告人无罪。在大多数案件中，醉驾者有意地忽视了对其他道路使用者造成伤害的重大且不合理的危险，但可能在一些特殊的案件中，被告人的行为不是这样的。也许被告人进入车子以后瞬间感到喝醉了，把车停在路边然后在车里睡觉或者极其小心地驾驶而没有违反任何交通法规。

五、醉酒作为醉驾的一项"辩护事由"

如果醉驾被公认为一种轻率犯罪且需要有意识地承担风

险,那么人们可能会认为,醉酒状态致使司机对其所冒的任何风险都没意识,一些被告人将会被无罪释放。如果这一论点被接受,不是根据醉酒状态确立责任,而是将它作为否定责任的事由,那么整个关于危险饮酒的法理学将会被颠覆。

醉酒对刑事责任的影响大大困扰着现代美国刑法学的缔造者霍尔(1944)(瓦尔德,1974;拉菲夫和斯科特,1985;罗宾逊,1985)。由于许多的犯罪与醉酒有关,将醉酒作为一项辩护事由将会对执法和社会控制造成沉重的打击。另外,信仰犯罪意图的法理学很难无视被告人非故意、非明知或非疏忽大意行事的证据。[3]

《模范刑法典》的起草者们仅作出了实用性的(非原则性的)妥协,允许将醉酒作为要求证明故意或者明知罪行的一项辩护事由,但是不能作为罪责标准较低、轻率、疏忽犯罪的辩护事由。[4]《模范刑法典》的妥协方案得到了广泛遵守,至少在某种程度上,没有哪个州在将醉酒认定为一项辩护事由时比《模范刑法典》更宽容,一些州在这一问题上甚至更保守。[5] 根据《模范刑法典》的规定,倘若醉驾要求主观要素,那么就不要求一种比轻率状态更应受处罚的心理状态,醉酒状态也就不能作为一项辩护事由。

如果被告人因为疏忽大意或轻率而醉酒,这可能不是一个不公正的结果,但是根据《模范刑法典》的规定,被告人无权辩称其醉酒是无意且无过错的。尽管这可能是英美刑法中的一个普遍问题,但是在醉驾的背景下,这一问题非常突出,即醉酒行为是犯罪的本质,在个案中,责任往往是推定的而不是要求将其作为一种证明要件。

六、刑事模式 vs 行政模式

既然醉驾与刑法难以匹配,那么就值得考虑是否应将日常发生的醉驾当作行政违法行为而不是轻微犯罪行为来处理。这种做法并不是史无前例的。尽管大部分州将醉驾认定为可在刑事法庭裁判的轻罪行为,但是一些州,如威斯康星州,将首次醉驾的行为认定为一种不会被判处监禁刑的交通违法行为。[6]

当醉驾被认定为一种行政违法行为时,就会导致以下后果:警察在调查时有更大的自由权。无论什么时候拦停车辆,他们都能对司机实施呼吸检测,正如他们现在能够检查司机的驾照、车辆注册以及保险证明是否有效一样。他们能够将血液酒精浓度超过法律规定范围的司机的车辆立即移出道路,并立即吊销其驾照和扣留其车辆。正当程序仅要求举行一次行政听证会,没有陪审团审判的权利、指定律师的权利和排除合理怀疑的举证标准。该模式不会出现将醉驾认定为一种犯罪时法理上的紧张情况(第六章讨论)。这一行政模式比起大多数州现在使用的每年处理几乎两百万起诉讼案件的刑事诉讼程序可能更为有效。

反对这一行政模式的人认为,醉驾如此危险并应受到处罚,仅将它规定为一种行政违法行为将会降低违法行为的严重性,并可能削弱法律的威慑作用。这种说法几乎不可能说得通,没有理由认为行政制裁就一定不"严厉"。尽管对违反行政法规的行为人确实不能施以监禁刑,但是能够撤销或者吊销驾照、扣留或者没收车辆以及处以巨额罚金。由于监禁不是传统打击醉驾的一种手段,我们将不会失去重要的制裁手段。

行政模式并不意味着将加重型的醉驾行为或导致伤害或死亡的醉驾行为非罪化。例如,一个人在血液酒精浓度超过 0.15 或者 0.20 时驾驶车辆可以视为刑事犯罪。极其危险的醉酒驾驶可以以轻率危害罪进行刑事起诉,如果造成伤害将可以以加重伤害罪进行起诉或者根据将危险驾驶或醉酒驾驶规定为犯罪的特殊法规进行起诉。在有人死亡的情况下,可以适用现在所使用的杀人罪法规。

从这一点来看,足以说明,尽管醉驾是一种危险行为,但不仅仅是对危险性的关注推动了法律制定。醉驾也是一种违反道德、礼仪和颠覆守法公民形象的行为。为了理解为什么存在专门打击醉驾者的法律,必须将违法行为置于社会对酒精和酒精滥用的态度这一背景下来看待(古斯菲尔德,1981)。历史上,醉酒被视为一种道德沦丧的行为,醉驾让人联想到社会恶棍形象。

七、结论

醉驾是一种既违反交通法规又违反刑法的违法行为。其与刑法匹配起来非常不易。如果将它定义为一种行政违法行为而不是一种刑事违法行为的话,那么许多法理学问题就可以避免。人们没有必要担心法律本身的公正性,也不用担心处罚的与危险驾驶紧密相关的犯罪行为本身是一种未完成的犯罪行为。如果将醉驾定义为一种犯罪,并且将受到越来越严厉的制裁,那么就有理由关注传统刑法标准的不断回避和降低,以使犯罪更容易、更便捷地被证明。

第六章 醉酒驾驶罪的定义与分级

本章我们将探讨两种醉驾犯罪的构成要素,分别是传统型醉驾犯罪及新型犯罪,即司机体内血液酒精浓度超过 0.10 的驾驶行为。看起来特别简单、明了的被禁止行为,却涉及未解决的分歧甚至造成宪法上的紧张关系。

一、醉驾犯罪的构成要素

必须清晰规定刑事犯罪的构成要素,使公民准确了解哪种行为是被禁止的并以此为依据管理他们自己的行为。此外,明确地定义犯罪能够防止警察权力和检察权力的滥用。[1] 执法人员不能逮捕实施了其认为是违法行为的行为人,仅仅能够逮捕和指控那些有理由相信实施了法律明文规定的犯罪行为的行为人。刑法规定,犯罪应根据犯罪行为和犯罪意图来定义。检察机关必须证明这两点,才能确定被告人成立犯罪。

二、醉驾犯罪的行为要件

醉驾最没有疑问的地方就是驾驶[2],驾驶看起来是一个明确的术语。然而,正如醉驾法理学的其他方面一样,此处存在的问题比在眼前呈现的问题要多。法院经常斟酌这样的问题,司机离开小酒馆,进入汽车内并打开点火装置是否构成"驾驶"。同样,也有许多案件涉及一个人瘫坐在停至路旁的汽车的方向盘后面是否属于"驾驶"的问题,许多法院根据汽车的发动机是开着还是关着来解决这一问题(更全面的讨论,参见 7A Am Jur 2d 481-484)。尽管针对这些问题的回答并非显而易见,但这些问题不会消耗我们很长时间。虽然所有刑法问题的界定都具有不确定性,但是一旦给出答案,那么其对随后的案件将具有指引作用。不幸的是,一个更深奥的问题困扰着醉驾行为的另一方面,那就是醉态。

在酒精的影响下或者醉态意味着什么?我们是否关注生理或者心理状态,某种精神和身体能力的削弱,或判断力和冒险意愿的扭曲?这种削弱或者扭曲到底需要何种程度的变化?任何酒精的摄取都会产生生理和心理影响,即使其影响很轻以至于饮酒者或观察者都不能识别。无论是否醉酒,饮酒行为本身都能够引起情绪的变化,使人们抑制和规避风险的欲望减弱。[3]

刑法并不禁止所有的饮酒驾驶行为,其允许人们在轻度或者适度饮酒后驾驶,不允许过量地饮酒、不负责任地饮酒以及酗酒后驾驶。但是,这些形容词界定起来非常困难,对一个人来说,其"正常"和"适度"饮酒可能对另一个人而言就是过量或不正常的。鉴于个体的身高、体型、年龄、成熟度、饮酒经历及饮酒场合的不同,如何才能将这一法律禁令制定为中立客观的标准,以便进行常规、可预测、统一的执行?

"醉态"没有一个科学的定义。它就像"漂亮"或"很好"一样,是一个社会性的判断,对不同个人和群体意义不同。这并不是否认人们对极端醉酒行为有着高度的共识,我们所有人都有对醉酒的刻板印象。然而,在真实的世界里,大部分饮酒者甚至重度饮酒者都无法与这一讽刺画面相符。

因此，在确定醉态的法律概念时，存在一个语言学上难以避免的不精确问题。[4] 不幸的是，法院通常会回避这一问题，天真地认为，当法官和陪审员见到这一行为时就能够识别它。当然，事实的审理者没有目击据称的醉酒状态，而通常仅从警察的陈述中听取。纽约州上诉法院审理的一起重要的醉驾案件中的以下措辞否定了对醉驾法律不明确而无效的质疑[5]："尽管立法没有在法规中规定醉态的定义，但这并不意味着该术语没有明确或可查明的含义……界定醉态的标准是不变的。也就是说，例如，个人饮用酒精饮料是否会使其不能运用所需的身心能力来形成特定的意图，理解合同的性质和效力或者如实准确地作证。"（People v. Cruz, 339 N.E. 2d 513 [1979]）

这显然不足以解释醉酒驾驶罪中"醉酒"的含义。第一，人们可能想知道理解一份合同或者在法庭上作证的最低标准与驾驶一辆汽车的最低标准之间存在什么样的关系。第二，法院的表述仅仅是重申了这个问题：理解一份合同的性质和效力所必需的最低清醒程度是什么？第三，这是一般警察或陪审员能够识别和适用的标准吗？纽约州上诉法院进一步阐述："总之，醉态就是一种……当司机自愿饮酒致使其不能运用应具备的身体和精神能力来驾车时，这种身体和精神能力是一个理性谨慎的司机所必须具备的，这种程度的损害就是醉态。"[6]

法院对这一部分的解释更令人满意，尽管法院没有提供支持依据，用以识别"（一名司机）需要具备何种身体和精神能力才能作为一名理性谨慎的司机驾驶车辆"。事实上，法院是考虑了客观标准还是主观标准不是很清楚。只要司机在某种被接受的最低标准下能够驾驶，是否受损害的状态就不被禁止，或者如果在某种程度上司机的正常判断和操作能力降低了,这种受损害状态就被禁止?

一些法院似乎认为,醉驾所需的醉态必须能证明醉驾者的驾驶技能被削弱到安全阈值之下,这是我们可能考虑的"客观"标准。另外一些法院"以一种更轻的程度"来定义必要的醉态,也就是说,当个人的精神、心理或生理能力有轻微的退化时,无论个人是否能够超过安全阈值驾驶,都构成醉态。这是我们可能考虑的"相对"标准。下述法律百科全书(7A American Jurisprudence 2d, sec. 301〔1980〕)中的"解释"证明了法理上的困惑:

> 几个司法辖区法院认为,关于醉酒驾驶罪,即使最轻微的醉态都足以支持定罪,以及醉态并不需要达到能够干扰正常操作车辆的程度。其他法院认为,根据法规,在酒精影响下驾驶,被指控的人必须无法像一个拥有完全能力且谨慎小心的普通司机一样,履行合理注意义务并操作车辆。另外一种观点认为,根据法规,与未受酒精影响的司机相比,醉态是指一个人在酒精影响下驾车的安全程度更低。已经出现身体和精神的失控,也被认为是确定一个人是否在这些法规含义范围内受到酒精影响的适当测试。

无可否认,在法学领域,这不是没有定义标准的唯一例子。例如,侵权法要求我们遵守一个理性人的标准,但并没有详细说明一个理性的人在具体情形下应该怎样做。刑法通常会强调告知性和特殊性,但是也存在例外。少数刑法规定了过失(甚至严格责任),但是这些刑法受到了严厉批评。例如,伟大的英国法哲学家哈特(1968)反对在刑法中使用过失标准,因为过失可能导致运气不好的人被诱捕,而不是邪恶的人被诱捕,且该标准太过主观以至于不同的法官和陪审员会作出不同的解释。

三、模糊性问题

法律禁止公民醉驾或者一些州禁止公民在酒精影响下驾驶,但是法律并没有告知公民这些标准意味着什么。为了安全起见,一个人在驾驶前可能尽量不喝任何酒精饮料,但是很明显那并不是法律的本意;鉴于人们驾驶前很可能饮用酒精饮料的各种情况,这也不现实。在法学领域,坚决反对模糊不明确的刑法。事实上,根据正当程序条款中的模糊无效原则,这些刑法可能违宪。

美国联邦最高法院一再对模糊或宽泛的法律表示担忧,事实上这会使警察在成为法律的制定者的同时又是法律的执行者。例如,在 Lewis v. City of New Orleans(415 U.S. 130 [1974])一案中,法院驳回了新奥尔良市的一项法令,该法令禁止使用"淫秽或无礼的语言"。路易斯·鲍威尔大法官在他的同意意见中解释道:"这一法令……事实上授予警察逮捕和指控违法行为人不受限制的权力。许多逮捕都发生在'一对一'的场合,唯一的证人是实施逮捕的警察和被指控的行为人。定罪所需要的只是法院采纳警察的证词。"(p. 135)

同样的担忧可能适用于醉驾犯罪。警察、检察官、法官和陪审团来自饮酒习惯有着很大差异的社会。至少有30%的美国成年人不饮酒,另外30%的人宣称他们每个月的饮酒量不超过几杯。其余30%是重度饮酒者,他们消耗了所有酒精饮料的95%。

10%的极度饮酒者的饮酒量占据了饮酒总量的50%(穆尔和格斯坦,1981)。饮酒习惯差异如此巨大的人们一定对"在酒精影响下""醉态"或"受损害"的含义有着非常不同的理解,并且会据此来评判他人的行为。

此外,当判断一个被控诉的醉驾者的醉酒程度或能力受损程度时,无论是法官还是陪审团都不会审查第一手证据。"事实"通常是警察对被告人状态和行为的主观评价。在许多司法辖区,警察有权作为专家证人就醉态进行作证,他们的意见主要基于被告人呆滞的目光、口齿不清、呼吸检测结果以及未通过警察对其的现场清醒测试(走直线、摸鼻子或者做加减法)。[7]在审判中,案件必然演变成警察和被告人之间的一场誓言比赛。最近怀俄明州最高法院的观点呈现了这种判决的怪异(Crum v. City of Rock Springs, 652 P. 2d 27〔1982〕)。在这一案件中,法院以证据不足为由推翻了对一起醉驾案件的定罪:

> 不需要用血液酒精浓度检测来证明一个人是否在酒精影响下,警察提供了关于上诉人的外貌和行为的唯一证词。警察证实上诉人的脸色发红、口齿不清、不倚靠汽车很难保持平衡以及不能"很好地"做现场清醒测试。
>
> 警察关于上诉人在现场清醒测试中表现不好的证词不足以让事实的审理者得出醉酒的合理推断。我们将采用一项规则,允许从进行醉酒测试的决定中得出醉酒的推论……
>
> 一个人可能因为多种与酒精无关的原因而无法"很好地"做现场清醒测试。

法庭的讨论呈现出标准的模糊性以及警察评估司机在现场清醒测试中表现的主观性。

认定一名司机是否"醉酒"或者"在酒精影响下"缺乏客观的指引,因此人们不断努力以更加科学明确地定义犯罪。随着20世纪40年代早期呼吸检测方法的出现,法律开始将某些血液酒精浓度水平作为醉驾的推定证据来对待。例如,在许多州,司机的血液酒精浓度超过0.15就被推定为醉酒,司机的血液酒精浓度在0.05~0.15之间就会被推定为能力受损(较轻的违法行为),司机的血液酒精浓度低于0.05会被推定为无罪。今天,在所有的司法辖区内,相关的醉驾法律仍然保留着,但是它们被各自的州法律所补充,这些法律将司机的血液酒精浓度超过0.10时的驾驶行为规定为犯罪。然而,当没有血液酒精浓度检测结果可以利用(例如,被告人拒绝进行检测)时,必须根据传统的醉驾和在酒精影响下的规定对被告人进行起诉。

四、醉驾法律和告知的问题

根据1985年1月国家公路交通安全管理局的一项调查(美国交通部,1985),除八个州外,其余州将一个人体内血液酒精浓度超过0.10而操作汽车的行为规定为犯罪。这些法律并不要求证明被告人醉酒、能力受损或者不能安全驾车,检察官只需要证明被告人在驾驶时体内血液酒精浓度超过法律禁止的标准即可。正如我们即将看到的,血液酒精浓度和事实呈现出的不匹配引起了高度重视。

正如我们在第五章所指出的,这些州法律与传统的醉驾法律相比,将更加无法处理真实危险的产生。后者需要一些驾驶能力受损的证据,前者并不需要。前者根据血液酒精浓度与驾驶能力受损之间的关联性来推定这种受损状态。必须强调的是,关联性只是统计学上的概率,它表明一种普遍的关系,但是并非在每种情况下都成立。

五、血液酒精浓度 0.10 标准

今天,大部分的醉驾定罪是借助血液酒精浓度检测作出的。血液酒精浓度指依据一定体积血液中的酒精重量来衡量重量与体积(或者呼吸)的比例,即百分比。因此,实践中,"醉酒"驾驶通常意味着一个人驾驶时体内的血液酒精浓度超过 0.10。如果法律将禁止门槛降低到 0.05,那么将会有更多的"犯罪"。同样,如果将血液酒精浓度门槛提高到 0.15,那么"犯罪"将会更少。没有比这更清楚的例子来说明本章开头提出的观点,犯罪首先是一种法律概念。

如果以 0.10 的血液酒精浓度来确认美国最普遍犯罪的定义如此重要,人们可能会问为什么是这一标准而不是其他标准?事实上,血液酒精浓度标准为 0.10 并没有任何神奇的地方。[8] 根据美国医学会医疗法律问题委员会的一项法医学问题调查(1970),血液酒精浓度达到 0.10 的人中大约有一半都会出现醉态。这就意味着有一半的人不会出现醉态,并且能够很好地通过现场清醒测试,因此能够规避根据醉驾或在酒精影响下驾驶作出的法律定罪。

尽管血液酒精浓度 0.10 标准看起来是任意的或不公平的,但为公路安全设定一个通用标准是合理的,而不一定要追踪每名司机的驾驶能力。预防性的安全标准在行政法中更为普遍,但现在

也是保卫刑法的滩头堡。我们已经习惯了交通法规将超速规定为违法或违规行为,即使一个特定的超速司机可能并不会引起危险(与90%的以法律规定车速驾驶车辆的非专业赛车司机相比,专业的赛车手在超速行驶时的表现可能一直更好)。

最近存在降低醉驾行为标准门槛的压力,可能在某一天,反醉驾公民群体的努力会成功将被禁止的血液酒精浓度标准降低到0.08甚至0.05。[9]虽然对醉驾行为的这一重新定义将会把更多与饮酒有关的醉驾行为定为刑事犯罪,但是,这可能会损害减少危险驾驶行为的努力,尤其是危险饮酒驾驶行为的努力。

如果人们认为醉驾法律只将严重的、不负责任的和越轨的饮酒驾驶行为定为犯罪,那么这些法律可能会很好地获得公民在情感上的支持。然而,如果降低被禁止的血液酒精浓度标准,将更多适度饮酒者的行为纳入刑法规制的网络,那么公民的支持将会减少。另外,刑事司法系统也将无法迅速而严厉地惩罚大量醉酒驾驶的被告人。如果醉驾法律打击低程度的饮酒行为,将可能遭遇与禁酒令相同的命运。此外,罗伯特·伯肯斯坦教授等人(1974)在大急流城进行的经典研究发现,0.04以下的血液酒精浓度"并不与安全驾驶相矛盾",血液酒精浓度在0.08时,发生车祸的概率开始显著增加。[10]当禁止的血液酒精浓度标准被固定在0.10时,体内血液酒精浓度低于这一标准但驾驶能力受损的司机可能会因醉驾而被起诉。[11]

六、血液酒精浓度检测技术

各州法律本质上使用机器来测试司机是否犯罪(参见尼克尔斯,1983),正如雷达已成为确定速度的确凿证据。在醉驾的情境下,对设备的依赖显得更加不恰当,因为该违法行为并不是一种交通违法行为而是一种轻罪,在累犯情形下,则成为重罪。

关于血液酒精浓度检测有大量的科学文献和法律文献(参见尼克尔斯,1983)。美国最普遍的血液酒精浓度检测就是呼吸检测,要求被逮捕的司机对着多种检测设备中的一种进行深度呼气(通常在警察局)。20世纪40年代晚期,最普遍的设备就是呼气酒精检测仪(参见伯肯斯坦,1960)。但是其他设备也在使用,包括测醉仪。华盛顿州上诉法院对呼气酒精检测仪的使用作了如下描述(355 P. 2d 806 [1960]):

> 呼气酒精检测仪是一种用来测量肺泡呼吸中酒精含量的设备,它的工作原理是血液中的酒精含量与肺泡中呼出的酒精含量的比例恒定为2100∶1。换言之,就是通过该设备分析呼吸样本用以认定血液中的酒精含量。
>
> 操作设备时,受试者通过一个吹口将气呼入设备直到他一口气将肺中的空气排空。这种设备的设计使其仅仅能截留呼出气体最后的52.5立方厘米。然后使这些气体通过活塞的重力注入一个装有硫磺酸和重铬酸钾液体的安瓿瓶。这种检测液体呈黄色,当检测样本在检测液体中冒泡时,硫磺酸会萃取酒精,如果酒精多的话,重铬酸钾就会与酒精转化为乙酸,然后就会使液体失去它原有的一部分黄色。呼吸样本中的酒精含量越多,检测液体中失去的颜色就会越多。让光线穿过检测安瓿瓶和装有相同液体的标准安瓿瓶(没有注入呼吸样本),可通过连接电流针的光电池测量出发生颜色变化的量。通过平衡电流针,就能够从计量器上获取经过校正的血液酒精含量(p. 809)。

呼气酒精检测仪的操作者仅仅需要启动设备,插入安瓿瓶,利用雾化器球管或打气筒清零读数,最后读取显示的数值。几乎难以想象还有比这更简单的刑事案件了。操作者必须被证明其能够完全胜任操作设备这一工作。在审判中,引入血液酒精浓度数值前,州政府必须证明设备是根据标准程序进行管理和操作的。然而,少数有能力进行充分辩护的刑事案件被告人,仍然对呼吸检测技术提出质疑。[12]

呼吸检测设备假定呼吸中的酒精浓度与血液酒精浓度的比例是恒定的。[13]该比例以大量人口的比例为基础,个体之间存在差异(琼斯,1978)。最近内布拉斯加州最高法院依据被告人实际呼吸中的酒精浓度与血液酒精浓度比例低于2100∶1得出司机体内血液酒精浓度低于被禁止的水平的结论,推翻了一起醉驾案件的定罪(State v. Burling, 224 Neb 725, 400 N. W. 2d 872[1987])。因此,法院宣布愿意在所有基于呼吸检测设备起诉的案件中给予被告人疑点利益。如果使用对被告人最有利的酒精呼气,血液酒精浓度的比例未达到被禁止的血液酒精浓度的话,那么检察官提起公诉的案件将会败诉。

还有其他对呼吸检测技术的批评。例如,每个设备自身都会有微小误差。一些研究者声称,血液酒精浓度会随着空气温度、湿度、呼吸模式和身体温度的变化而变化(哈斯塔拉,1985)。如果受试者对着设备呼气时呕吐或者嘴里有杂质,那么设备检测结果可能失真。化学试剂可能存有缺陷或者设备校对存在不准确的情况。20世纪80年代早期,人们发现一些史密斯和威森的呼气酒精检测仪模型在受到无线电频率干扰时,血液酒精浓度检测结果会出现偏差,因此,当警察的无线电广播设备出现时,会造成不准确的数值。在调整并纠正这些设备问题前,许多定罪被推翻(参见 Durand v. City of Woosocket, 82-4808［Super. Ct. R.I. 1982］;凯丽和塔伦蒂诺,1983)。然而,这些涉及呼吸检测程序准确性的限制并未导致人们拒绝这种机械检测,对各州法律的否定声音就更少了。

近些年,辩护律师声称,州有义务保存安瓿瓶,当被告人要求时,能够交给独立的检测机构检测。在美国联邦最高法院认为正当程序原则不提供这样的权利前(California v. Trombetta, 467 U.S. 479［1984］),州法院采取了两种方式来处理这一问题(比较 Municipality of Anchorage v. Serrano, 649 P. 2d 256［1982］、People v. Hitch［California］,1974、State v. Shutt, 363 A. 2d 406［1976］和 State v. Cantu, 569 P. 2d 298［1977］)。随后,一些州的最高法院为了增强对程序准确性的信心,根据州宪法重申,州有保存使用过的安瓿瓶的义务或有义务向被告人提供二次检测。

七、告知的问题

尽管依据血液酒精浓度比依据醉态来定义醉驾行为更准确,但是,这也让饮酒者更少地了解法律禁止哪些行为。饮酒者可以监测他们自己的感觉、行为和言语以发现醉酒迹象,但是不能期待他们随身携带呼吸或血液检测设备。如果血液酒精浓度一直与醉态的外在表现紧密相连的话,这将不是个问题,但是事实并非如此。有些重度饮酒者血液酒精浓度达到 0.10 时,并不会出现精神或身体醉酒的迹象。一些饮酒者认为,酒精的作用已经消散到一个安全的水平,即使其血液酒精浓度达到一个不合法的数值也可能感觉不到醉酒。

否定关于告知这一质疑的法院认为,被告人醉酒时应该能够自己辨别出来。血液酒精浓度 0.10 要求饮酒达到"相当的量",并且"任何有常识的人都会知道酒精的量何时接近一个有意义的量。此时,饮酒者自担风险"。(State v. Muhlenberg, 347 N.W. 2d 914 [Wis. App. 1984])与醉驾或受损害的驾驶规定相比,那些担忧刑法中模糊性问题和告知问题的人不会对这一表述更加满意。如果个人对一个人是否"醉酒"或者"在酒精影响下"的认识差异很大的话,那么他们对何时饮酒量"正在接近一个有意义的量"也很难达成一致。

一个对告知论点更现实的回应是,强调司机对其潜在的刑事责任有推定的知情。要求饮酒者随身携带能够显示喝几杯酒会超过法律限制量的转换表格并随时查阅是合理的。然而,不幸的是,这些表格既不一致也不可靠。因为固定体重范围的人体内血液酒精浓度超过法律禁止的水平所需的饮酒量不同,因此估算也必然是粗略的平均值。对平均值的选择在本质上是政治性的。表格的制造者具有很强的动机,低估产生非法的血液酒精浓度所需的饮酒量。事实上,对一个尽管依靠表格的指引,体内血液酒精浓度仍然达到禁止水平的被告人而言,高估了其饮酒量将会为他们提供一个貌似可靠的辩护理由。[14]

八、醉酒驾驶罪的主观方面

主观罪责是现代英美刑法的基石。定罪通常必须要证明被告人故意、明知或者轻率地实施了法律禁止的行为。一些刑法仅仅要求对过失的证明(例如,被告人应当知道),但是,这通常作为例外情形来考虑且不会适用于定义严重犯罪。

刑法也规定了少量严格责任犯罪,严格责任犯罪不要求任何特定的犯罪意图甚至过失。有罪责是因为实施了被禁止的行为。然而,这样的法律很少且充满争议(比较瓦瑟斯特罗姆,1960 和哈特,1968)。因为交通犯罪通常都规定了责任并将施以处罚,而无论违法者是否故意、明知或者有理由知道他正在违反交通法规中的某一具体条款,所以交通犯罪可以被认为是一个完整类型的严格责任犯罪。然而,由于它们不是真正的犯罪而是一种不太严重的行政"违法行为"或"违规行为",因此也不是真正的例外情形,不会被打上耻辱的烙印或者被处以严重的处罚。

在 20 世纪早期,人们倾向于将醉驾行为区别于其他交通违法行为对待,并且给醉驾者贴上罪犯的标签。大部分州将醉驾的初犯定为轻罪,在相当长时期内第二次醉驾的司机被定为重罪(例如,纽约州为十年,宾夕法尼亚州为七年)。在许多州,初犯面临着强制监禁,而累犯面临着重罪判决。显然,严格责任适用于这样一种严重的犯罪并不恰当。

尽管醉驾是刑事法庭普遍起诉的犯罪,但是很少有相关的案例法规定,如果有的话,需要什么样的犯罪意图才能证明醉驾,即当司机开车时,是否必须故意、明知或者有理由知道其驾驶能力受损或者醉酒?法院对该问题避而不谈。大部分法院,比如怀俄明州最高法院似乎认为,醉驾是一种严格责任犯罪。[15] "犯罪的构成要素是被告人:(1)驾驶或者实际控制车辆;(2)从某种程度而言在酒精影响下无法安全驾驶车辆;(3)驾驶时在石泉城范围内。"

轻率或者疏忽是犯罪行为固有的特征,因此我们可能认为,不要求控方证明犯罪意图不是一个严重的问题。一名醉驾者难道不总是有意识地忽视醉驾带来的风险吗？或者说，对于处于醉驾者这种境况的人来说，其难道不是一直作出不理智的行为吗（例如，疏忽）？这两个问题的答案都不是必然的。也许被告人并不知道所饮用的是酒精，也许被告人已经明确且理智地自我确信那不是酒精（尽管是错觉）。也许被告人没有意识到已经喝了很多的酒，要么是因为并不知道杯子被重新倒满，要么是因为无意中算错。也许被告人意识到可能要喝醉，采取合理措施来确保不会驾驶。尽管这些情境不会经常出现，但是醉驾法律拒绝承认这些情境。当违法行为被定义为一种轻罪甚至是重罪，且处罚包括强制监禁时，这种做法是不可接受的。

九、较轻的犯罪

一些州，如纽约州的法规除了禁止在车上饮酒（甚至是在车上携带已开瓶的酒精饮料）[16]，还规定了较轻的交通违法行为（违规），称为"能力受损情形下的驾驶"（DWAI），血液酒精浓度0.08~0.10是能力受损的初步证据[17]。在纽约州，DWAI的最高处罚比醉驾（DWI）的处罚要轻，并处250美元的罚金或单处十五天拘禁，相比而言，DWI将会被并处最高5000美元的罚金或单处一年监禁。DWAI第二次定罪将被并处300美元的罚金或单处三十天拘禁。

DWAI的创造是为了填补一个漏洞，即允许醉驾的被告人为其与饮酒无关的违法行为进行辩诉交易，如轻率驾驶或者超速。反醉驾的支持者控诉，辩诉交易意味着一个醉驾累犯似乎是初犯，因此，检察官和法官不知道被告人先前的醉驾行为，可能会让被告人再次进行辩诉交易。故而，DWAI旨在促成辩诉交易。第一次饮酒驾驶的违法分子将被允许以较轻的犯罪认罪,但是如果被告人被再次逮捕,将会以醉驾定罪。

DWAI 也可以作为一种预防性措施。如果司机知道其即便醉酒程度很轻,也可能会因交通违法行为受到指控,他们将有更大的动力在驾驶前不饮酒。因此,该论点认为,饮酒的人会越来越少,而且饮酒量达到法规所规定的醉酒程度的人也会越来越少。虽然这种观点符合逻辑,但是 DWAI 的积极贡献已被其对醉驾规范的消极影响所抵消。

最轻微的 DWAI 可以用来对大部分的安全驾驶司机定罪。伯肯斯坦教授等人(1974)关于大急流城进行的研究表明,与血液中没有酒精含量的司机相比,体内血液酒精浓度含量很低的司机(例如 0.04 及以下)发生车祸的概率并没有增加。此外,如果 DWAI 的使用实际降低了醉驾的门槛,其执法将会受到影响,公民会将醉驾行为视为一种正常的和可接受的行为而不是异常的行为。

尽管在司法中规定较轻的醉酒驾驶罪具有一定的逻辑性,但是 DWAI 的存在混淆了醉驾的实体法。在纽约州,如果一个被逮捕的司机的驾驶能力被酒精影响,"甚至是最轻的影响程度"(这很显然是负责任的驾驶的纯主观标准),或者如果被逮捕者体内的血液酒精浓度在 0.08~0.10 之间,都可能被以 DWAI 起诉。因此,刑事责任网覆盖了更大比例的醉驾行为。[18]

三项实质性醉驾违法行为(两种轻罪和一种违规行为)赋予检察官、法官、陪审团很大的自由裁量权。醉驾和能力受损情形下驾驶的定义基本重叠,纽约州上诉法院的解释说明了这一点:"'DWAI 并不模糊。'案件中的问题是,具体的被告人是否在某种程度上因自愿饮酒而导致其操作机动车的身体和精神能力在事实上受损,而这正是一名理智谨慎的司机所应该拥有的能力。"

DWI要求更大程度的能力受损,即要求司机在某种程度上自愿饮酒导致其无法使用应具备的身体和精神能力驾车,该能力是作为一名理智谨慎的司机应当具备的能力(People v. Cruz, 399 N. E. 2d 513［1979］)。

十、结论

醉驾不能很好地与一般刑法学理论相匹配。有两种标准用来定义醉驾:一种是"醉态"标准,另一种是"醉酒驾驶罪"标准。传统法规要求证明醉态,该模糊的标准将使大量的实际权力被赋予实施逮捕和负责现场清醒测试的警察以及适用模糊标准的法官或陪审团。此外,大部分司法辖区并没有清晰地界定犯罪的构成要素。大多数法院将醉驾作为一种严格责任犯罪,导致被告人无意醉酒,甚至"合理地"醉酒,也难以逃脱法律的制裁。

与传统的醉驾犯罪相比,醉酒驾驶罪更受质疑。它是一种实行严格责任的预防性刑法,不考虑主观罪责或者危险性。如果一名司机的呼吸检测结果显示其血液酒精浓度达到0.10以上,那么即使他操控车辆没有瑕疵或者能够通过现场清醒测试,其仍然构成醉酒驾驶罪。

第七章 醉酒驾驶犯罪的加重情形

像其他罪犯一样,醉驾者存在一系列的罪责和危险性。具有最严重罪责和危险性的醉驾者应受到最严格的控制和最严厉的处罚。本章将探讨醉驾法律如何处理或未能处理严重醉驾者、醉驾累犯以及造成人员伤亡的醉驾者。

一、加重型醉驾犯罪

醉驾者的危险性取决于其年龄、性格、饮酒经历、驾驶技能、能力受损程度以及实际行为。一些醉驾者在限速规定标准下非常小心地驾驶,过于谨慎地紧靠路肩行驶。一些醉驾者则高速鲁莽通行。一些醉驾者体内的血液酒精浓度达到 0.10,一些醉驾者体内的血液酒精浓度甚至达到 0.25 以上。体内血液酒精浓度达到 0.10 的一些司机能够运用合理的驾驶技能和判断力操控车辆,而体内血液酒精浓度达到 0.20 时,即便是重度饮酒者,其驾驶能力也严重受损,对其他道路使用者的安全构成了严重威胁。

醉驾者也有一系列罪责。最应受处罚的是那些蓄意醉酒并明知其酒后驾驶的司机。事实上,一些违法分子故意在开车时喝醉。尽管其是曾受到警告和处罚的累犯也还持续违法,因此累犯也属于罪责最严重的群体之一。另外一类是那些无意中过量饮酒但没有意识到醉酒的人或者饮酒后不打算开车的人。

醉驾的法律定义中包含了如此广泛的危险性和罪责,因此,有人可能会问,单一的犯罪种类是否会将本应该区分开来的罪犯混合在一起。针对最应受处罚和最危险的违法者制定一种加重型醉酒驾驶罪难道没有意义吗?加重型的醉酒驾驶可以定义为刑事犯罪,而普通的醉驾行为可以被定义为一种交通违法行为,这解决了第五章讨论的一些问题。有趣的是,虽然许多州都规定了较轻的醉酒驾驶形式,但没有一个州规定加重型醉酒驾驶形式,以涵盖血液酒精浓度极高的罪犯、酒后驾车者以及鲁莽驾驶的人。

我们经常寻找斯堪的纳维亚人在这一领域的智慧,他们将血液酒精浓度高于 0.15 定义为醉驾犯罪的一种加重形式。瑞典将不清醒时的驾车和血液酒精浓度超过 0.15 的醉驾区别对待,前者可处以罚金,后者可处以监禁刑。令人惊讶的是,鉴于我们对刑事犯罪分级的倾向(例如,白天入室盗窃和夜间入室盗窃、抢劫和持枪抢劫、盗窃和重大盗窃以及在有死刑的州,谋杀和加重型的谋杀,纽约州将毒品贩卖和持有毒品的行为分为七个等级),美国并没有采取相类似的方式。对最危险的和最应受处罚的醉驾者进行谴责和惩罚,并以加重型醉酒驾驶罪定罪的确很有意义。

美国的司法辖区也利用量刑来区分犯罪的严重性。除了少数例外情形,量刑法律适用于那些已被判犯有具体罪名的人。例如,如果对醉驾犯罪的初犯最高处以三十天监禁刑并处 1000 美元罚金和吊销驾照六个月,那么罪行最严重的犯罪行为人可被判处最严厉的刑罚,而最轻微的违法者可被判处缓刑、适度的罚金和更短时间的吊销驾照。

尽管我们的量刑法律富有弹性,但是仍然有很好的理由考虑根据一般形式和加重形式对醉驾犯罪进行分级。最重要的原因可能是象征性的。正如犯有持枪抢劫罪的抢劫犯比普通抢劫犯更危险和更应受处罚一样,对所有驾驶能力严重受损以及驾驶时饮酒和轻率驾驶的司机予以谴责也是合适的。此外,与普通醉酒驾驶犯罪相比,加重型醉酒驾驶犯罪的量刑范围更广,最高的量刑可能包括长期甚至是强制监禁、更高数额的罚金、撤销驾照,还可能包括没收车辆。

二、累犯:轻罪/重罪模式

美国刑法对累犯的处罚一般要比初犯更严厉,通常在量刑阶段予以区分,但是有时也会在犯罪本身的定义上予以区分。[1]大多司法辖区将醉驾犯罪的初犯作为轻罪处理,将在一个具体年限内的再犯作为重罪来处理(纽约州是十年)。

对醉驾犯罪行为人分级的立法策略与严厉处理累犯的一般实践有一样的优点和缺点,同时其本身也有一些优缺点。有关累犯的法规力图对累犯提出更严厉的刑罚,将其适用于那些难以受到不严厉处罚威慑的人。因此,许多州的刑法规定,将先前数次被定罪的(通常是重罪)罪犯按照"多次犯""危险犯"或者"惯犯"来定罪。

一个更严重的问题是,与先前的定罪处罚相比到底应该确定多少额外处罚。这一问题产生了大量的文献(冯·赫希,1985)。我坚持认为,应该允许先前的犯罪记录适当加重当前的量刑。然而,当前的量刑原则上应基于被告人的罪责以及已证明的犯罪危险性决定。

然而,这种方式的缺点是,界定"长期性"或"习惯性"罪犯的概念比较困难。一些观察者认为,惯犯法规适用于入店行窃、用空头支票骗取财物以及实施盗窃的小混混,或在二十年内犯有三次伤害罪的人,这是不正常的。[2] 在详细审查后,我们发现社会对"长期性"或"习惯性"罪犯意味着什么并不确定。

关于醉驾问题,我们确信累犯会对社会构成更大的威胁,与偶犯相比,其对一般的处罚和威慑更具抵抗力。此外,屡次醉驾者能够注意到饮酒可能导致醉驾,其罪责比初犯更重。然而,如何识别并不明显的危险累犯,这也是其他惯犯所面临的问题。纽约州将十年内两次醉驾定义为重罪。这可能存在过度概括问题,将许多既不特别活跃又不特别危险的普通罪犯纳入其中。十年内两次被逮捕和"长期性"的关系似乎相当薄弱。有人可能会反驳,考虑到醉驾者被逮捕的概率很小,将一个被两次定为醉酒驾驶罪的人推定为一名活跃的犯罪分子可能也是稳妥的。不幸的是,我们对不同类型的醉驾违法分子的酒后驾驶频率知之甚少。

在醉驾背景下,对惯犯保留更严厉的处罚也提出了一个特殊的问题。醉驾累犯是最不能够控制自己饮酒的罪犯,比普通初犯罪责要轻。然而,在刑事案件中,"饮酒问题"不是一个普遍的借口或者减轻因素,鉴于饮酒与犯罪之间紧密的关系,几乎不会也不可能如此定义。此外,依据醉酒驾车将醉驾定义为特殊轻率犯罪,然后又以被告人的饮酒问题来减轻处罚,这令人困扰且互相矛盾。

如果一个州确实对惯犯规定了严厉的刑罚,也许是不明智的,那么醉驾犯罪的定罪是否可以作为适用此类法规的前提条件?考虑这样一个案件:犯有两次重罪的被告人被起诉入室盗窃罪,两次重罪分别是因为袭击、殴打与醉驾。如果该州规定了三次重罪定罪的惯犯法规,将被告人作为惯犯起诉是合适的吗?看起来似乎没有理由不这么做,除非重罪醉驾在某种意义上不同于其他的重罪定罪。在使多次醉驾成为重罪时,立法机构认为其严重性与袭击、盗窃、入室盗窃或许多其他重罪相当。

在现代刑法中,某些重罪与其他重罪严重性不等的观点没有依据。许多重罪因不同的理由受到批判,认为其并未达到"重罪"术语所暗示的严重程度。然而,当适用惯犯类型的法规时,大多已经在考虑该问题的法院拒绝考虑以重罪定罪。因为如此将会导致加倍判定醉驾罪行:违法分子由于先前的轻罪行为被定以重罪,行为人因为之前的重罪醉驾被作为惯犯处理。该立场反映了对醉驾违法分子不合时宜的同情,或不愿适用惯犯法规。废除或者重新定义惯犯法规将是解决这些问题更为合适的方法。

三、加重型醉驾和重罪醉驾在程序方面的影响

美国宪法性刑事程序区分轻微犯罪和严重犯罪。在宪法上,一个被控轻微犯罪的贫困被告人不享有聘请指定辩护人的权利,或者不享有陪审团审判的权利,而被告人被指控严重犯罪时则享有以上两种权利。对这两种权利,重罪和轻罪之间的分界线是不同的。

就指定辩护人而言,严重犯罪是指有可能被判处监禁刑的所有犯罪(Scott v. Illinois, 440 U.S. 367 [1979])。因此,如果一种犯罪可能被判处一天监禁刑,一个贫困的被告人就享有聘请指定辩护人的权利。对联邦宪法规定的陪审团审判的权利而言,严重犯罪是指被判处超过六个月监禁刑的犯罪(Baldwin v. New York,

399 U.S. 66［1970］)。一些州对陪审团审判权利的界定更为宽松。

这些原则从不同方面影响着醉驾法律。如果某些州希望严厉处理醉驾初犯,那么将不得不为他们提供指定辩护人(这对于较小的县而言将是一笔巨大的开销)。如果规定加重型醉驾犯罪最高将处以六个月以上的监禁刑,那么将不得不赋予被告人陪审团审判的权利。最近美国上诉法院的一项判决表明,即使最高监禁刑少于六个月,也可能必须有陪审团参与审判。在 Landry v. Hoepfner(818 F. 2d 1169［1987］)一案中,法院认为,根据第六修正案,醉驾是一种"严重的犯罪",醉驾犯罪被告人享有接受陪审团审判的权利,无论他们是否被判处六个月以上的监禁刑。Landry 一案的判决将是美国第五巡回上诉法院区域各州的管辖法律,除非判决被美国联邦最高法院推翻,但其他巡回上诉法院是否会遵循这一判决尚未可知。

涉及重罪醉驾的法律更为复杂。重罪醉驾的最高刑罚通常高于六个月监禁刑,因此要求有陪审团的审判。然而,如果将初犯定义为一种不能判处监禁刑的轻罪的话,不提供指定辩护人,那么就会出现一个问题。因为在轻罪/重罪分级的第一阶段没有为其提供指定辩护人,一个面临重罪醉驾指控的被告人将会提出,其不能被判处监禁刑。尽管有些法院已经接受了这一辩护事由(参见,例如 State v. Novak, 107 Wis. 2d 31, 318 N.W. 2d 364［1982］),但更好的观点则正好相反,认为被告人必须有辩护人的犯罪是当前的犯罪,不是作为加重因素的之前的犯罪。不存在"复合"犯罪,仅有因过去的犯罪而加重的当前的犯罪。

四、导致伤害的醉驾犯罪

醉驾者甚至那些体内血液酒精浓度超过法定禁止标准的司机或者先前有醉驾记录的违法分子很少引起公众的担忧,除非他们卷入导致伤亡的车祸中。媒体频繁报道这种事件,并引起公众的广泛关注。直觉告诉我们导致严重伤害或死亡的醉驾行为比没有造成明显伤害的醉驾行为更糟糕,应该更严厉地处罚这些犯罪者。

我们再次碰到了刑法学中的一个重要问题:为什么造成伤害的违法行为应比未造成伤害的违法行为处罚更重?尽管这一问题涉及面太广难以在这里详细探讨,但是我们的刑法的确在进行分级处罚时考虑了造成的伤害(舒尔霍夫,1974)。例如,犯罪既遂的处罚要比犯罪未遂重,杀人罪的处罚要比袭击罪重。举个具体的例子,《模范刑法典》规定的过失伤害罪的处罚比过失杀人罪要轻。之所以这样规定是因为造成伤害表明危险性更大或者罪责更严重。

将伤害视为加重型刑事犯罪,至少有两个基本理由:(1)更大危险性的推定;(2)风险的假定。[3] 在醉驾犯罪背景下,这两个基本理由似乎都能获得很好的支持。引起严重伤害的醉驾者并不仅仅是所有醉驾者的随机样本,他们构成了一个拥有更高风险的群体。与那些未造成伤害或死亡的司机相比,造成严重伤害或死亡的司机实施了更危险的行为。

正如第五章所述,醉驾行为经常是有意识的鲁莽行为。在许多车祸、伤害事件中,醉驾者的确有意识地忽视了由于醉酒和驾驶能力受损而可能引起的伤害或死亡风险。当被告人有意识地选择这样的冒险时,根据刑法学理论,让他们对由其引起的伤害承担责任的观点是完全公平的。[4]

五、引起死亡的醉驾犯罪

在那些死于与酒精相关的车祸的人中,大约有60%的人是醉驾者本人。这导致了八千多的死亡人数,这些人要么是醉驾者车里的乘客,要么是"无辜的"司机、乘客、骑自行车的人或者行人。刑法如何处理这些死亡事件呢?是否都应该被作为一种特殊的杀人案件对待?是否应该被分为不同种类的杀人案件?还是应该在现存的杀人罪种类中处理这些问题?

汽车的出现引发了杀人罪法规中一个特殊的问题。车祸很快成为死亡的主要原因,在大量案件中,司机因为粗心大意和违反交通法规受到谴责。检察官首先必须决定是否对全部或部分致命交通事故进行刑事起诉,如果决定起诉,那么应该指控什么。由于没有一个具体的法规来规制致命交通事故,检察官很可能根据一般的过失杀人法规来处理(《内布拉斯加州法律评论》,1962),该法规要求证明轻率或重大过失。[5]

人们常说,传统的杀人罪法规不能满足处理醉驾伤亡案件的需要(从起诉方的角度),因为陪审团将会宣告一个"喝太多酒"的可靠公民无罪(而不是定以过失杀人罪)。据我所知,没有实证数据来支持这一观点,而且鉴于那一时期高涨的反饮酒情绪,这种说法也不太可能。此外,大多数醉驾被告人是"可靠公民"的观点可能也是不正确的。也许关于陪审团无效审判的民间传言更多地反映了检察官和法官的观点,而不是普通公民的观点。或者说,也许反映出控方对诉讼案件结果不确定的厌恶(阿尔伯尼提,1987)。不管怎样,鉴于美国人依赖辩诉交易,仅仅有少量的醉驾杀人案件进入审判程序。

无论基于何种原因,20世纪20年代初,各州开始通过具体的车辆杀人法规,对于行为人而言,适用这些法规比适用一般过失杀人法规会背负更少的污名和受到更轻的处罚。[6] 以下内布拉斯加州法规就是最早的法规之一:"如果任何人违反本法规定驾驶汽车造成他人严重残废、毁容或者引起他人死亡的,那么将被判处200美元以上500美元以下的罚金或者被判处一年以上十年以下的监禁刑。"(Neb. Laws c. 222 sec. 32［1919］)后来,也许仍然不满由醉驾导致的杀人罪起诉的不确定性,内布拉斯加州和其他州通过了更具体的杀人罪法规,以此来规制导致死亡的醉驾行为[7],相关刑罚也再次减少。

新法规的出台并没有排除控方根据旧法规进行控诉的可能性。因此,需要对他人死亡负责的醉驾者可能被指控车辆杀人罪、疏忽大意的杀人罪、轻率杀人罪、过失杀人罪、疏忽驾驶机动车罪以及驾驶致人死亡罪。车辆杀人的刑罚比过失杀人的刑罚要低。对犯有杀人罪的司机,包括醉驾者,缓刑或短期监禁刑是典型的刑罚。然而,如果事实能够被证明,车辆杀人罪法规并不阻止控方以一种更高级别的杀人罪来起诉。

六、当前醉驾杀人罪指控的升级

如果直到最近因为感情用事或不现实地害怕陪审团的无效裁决导致对醉驾杀人案件的贬低,那么当前对醉驾杀手的敌意已经催生了一些非凡的努力,用以放宽对醉驾杀人案定罪的起诉途径,并将这些定罪从车辆过失杀人升级到过失杀人,甚至到谋杀。

一些法规和法院的判决甚至将严格责任的概念扩展到杀人案件中。例如,佛罗里达州最近的一项法规规定:

> 任何人在醉酒状态下或酒精饮料、模型胶水……或其他在某种程度上剥夺了他们正常驾驶能力的管制物质的影响下,在佛罗里达州的公路、街道或者大道上驾驶或操作任何汽车、卡车、摩托车或者其他车辆都是违法的。
>
> ……并且,如果醉驾司机导致他人死亡,那么该司机则构成过失杀人罪,根据过失杀人罪相关的法律定罪处罚。

换句话说,根据该法规的规定,如果以过失杀人罪定罪,控方仅需要证明:(1)死亡的发生;(2)死亡由被告人驾驶车辆所致;(3)被告人醉酒。既不用证明主观意图也不用证明司机的醉态及被告人与被害人死亡之间的关系。佛罗里达州最高法院在 Baker v. State(377 So. 2d. 17[1979])一案中解释到,立法机关将其视为一种严格责任犯罪!由于醉驾问题的严重性,这一立法判断是合理的。像其他法院一样,佛罗里达州最高法院认为,被告人饮酒的决定具有罪责性:

> 疏忽发生在司机醉酒至法规规定的程度,进入车辆并着手操作车辆,直至车祸发生时,被告人因为该种致人死亡的行为被审判。当在指控中提到"车祸"时,没有必要证明在车祸发生时存在额外的疏忽,也没有必要证明法院没有犯任何错误,更无须要求法院承担在定罪之前通过排除合理怀疑证明被告人存在其他过错行为的举证责任。

如果醉酒或醉酒后进入车辆的行为本身就满足了过失杀人罪所需的过失要求,那么几乎就不存在任何诉讼了。在致命交通事故案件中,所有"醉酒"的司机都将构成过失杀人罪,无论他们是否应该对醉酒负责,是否有意识地进入车辆或在开车时履行了合理的注意义务。

为了更容易地抓捕和处罚醉驾杀手,佛罗里达州并不是唯一一个弱化杀人法律的州。最近,科罗拉多州最高法院在 People v. Rostad(669 P. 2d. 126 [1983])一案中,借机就一项新的杀人罪法规进行了解释:"如果一个人在任何药品的影响下或醉酒状态下操作或驾驶车辆并且这一行为是引起他人死亡的直接原因,那么他就实施了车辆杀人行为。这是一种严格责任犯罪。"这可能意味着什么?很显然,控方不必证明被告人在醉酒、操作车辆及驾驶方面存在重大过失,或者任何过失。司机的醉酒状态就已被推定为过失,起诉方仅仅需要证明被告人醉酒并引起了被害人死亡。是否要求司机醉酒是造成死亡的行为的一部分,或者是否如佛罗里达州一样不需要证明因果关系,仍然不清晰。

七、谋杀罪

有十三个州至少都有一次使用了默示恶意原则来支持将引起死亡的醉驾犯罪作为谋杀罪定罪。恶意要么通过蓄意、故意及预谋杀人(通常是一级谋杀)来确定,要么通过肆意、极端轻率、漠不关心(通常是二级谋杀)来确定。对上诉法院而言,裁决具体的醉驾案件符合这些标准并不困难。这些案件中的大部分判决是在禁酒时期作出的(格拉斯,1984;21 A.L.R. 3d 150)。20 世纪 70 年代,被报道的赞成将醉驾者以谋杀罪定罪的上诉案件不超过 12 起。到 20 世纪 80 年代早期,仅剩下亚拉巴马州和田纳西州继续将醉驾致人死亡的行为作为可能的谋杀行为来处理(《坎伯兰法律评论》,1978;格拉斯,1984)。

20世纪80年代,反醉驾改革运动再次要求将醉驾杀人案件定为谋杀罪。醉驾者杀人形象已成为人们恐惧醉驾行为的象征。醉驾杀手受到的处罚应该要比其他犯杀人罪的罪犯受到的处罚轻,这样的假定对反醉驾母亲协会、消除醉驾者协会这些组织来说就是个诅咒。在这些协会的刺激以及强烈的反醉驾情绪氛围下,全国范围内的检察官都对醉驾者提起谋杀指控。[8] 在我看来,这种趋势应该受到质疑(参见《坎伯兰法律评论》,1978;《加利福尼亚法律评论》,1983;施泰因博克,1985)。历史上谋杀罪只适用于最严重的杀人形式。在普通法中,谋杀要求证明恶意。根据《模范刑法典》(sec. 210.1),谋杀要求证明杀人的蓄意或者"证明对人类生命价值严重漠视的"疏忽大意(例如,极端轻率)。

最近一些维持谋杀罪名的法院通过分析,将每一起可归因于醉驾者杀人行为的案件以谋杀罪定罪。这些法院趋向将醉驾杀人罪作为一种单一的犯罪来分析,而不是根据其罪责程度、种类或者犯罪的具体情况来分析。加利福尼亚州最高法院在 People v. Watson(637 P. 2d 279［1981］)一案中作出如下阐述:

> 被告人大量饮酒以至于体内酒精含量达到了法律意义上的醉态标准。他驾驶汽车去了饮酒的地方,他肯定知道在饮酒后会开车。此外,还可以推定被告人明知醉驾的危险。正如我们在 Taylor v. Superior Court(598 P. 2d 854［1979］)一案中所陈述的:"故意饮用酒精饮料达到醉酒状态的人明知酒后一定会操作车辆,依旧使身体和精神能力严重受损,还要驾驶力量和速度巨大的车辆,可以合理地认为这种行为对他人的安全表现出一种有意识的漠视。"被告人

驾车超速通过城市街道,这种行为存在极大的致人伤害或死亡危险。

审理 Watson 案的法院忽略了被告人的驾驶行为而过度关注醉酒行为。Watson 以每小时超过 80 英里的速度驾车通过村庄的街道,在差点与一辆车发生碰撞后又撞到了第二辆车并造成三人死亡。他的体内血液酒精浓度达到 0.25。一个正确的分析应该关注导致致命事故的具体行为。法院的判决应该建立在 Watson 的具体行为是否存在疏忽过失以及是否对人类生命存在重大漠视的基础上。他心存恶意并放纵自己实施了这种行为吗?他故意忽视了严重交通事故的风险吗?根据该标准,起诉方很容易在 Watson 案中承担证明谋杀的举证责任。法院不必要的宽泛措辞为将所有引起死亡的醉驾者定为谋杀罪铺平道路。这可能满足利益群体对醉驾进行强烈的象征性谴责的愿望,但是它对于杀人罪的法学理论造成了极大的冲击。

美国第四巡回上诉法院在 United States v. Fleming(739 F. 2d 945 [1984])一案的判决中展示了一个更好的——虽然不是完全令人满意的——努力。在判决中,法院更关注具体的杀人罪而不是整个醉驾杀人罪。被告人 Fleming 在时速 45 英里的限速区以 70~100 英里的时速沿着弗吉尼亚州的乔治·华盛顿纪念公园人道驾车向南前进。尽管他在途中被警察追赶,但是他为了超越向南行驶的车辆越界进入(分隔公路的)向北的道路。最终,车辆失控撞到了向北的路牙,然后迎面撞到一辆向北行驶的汽车,导致该车司机死亡,其体内血液酒精浓度高达 0.315。

联邦法规遵循普通法,将谋杀定义为预谋的非法杀人行为。起诉方认为,有预谋的恶意仅仅要求证明被告人的行为是漠视他人生命和安全的行为。被告人辩称,在这样的定义下所有醉驾杀人行为都将被定为谋杀罪。美国第四巡回上诉法院企图区分存在重大过失的醉驾行为(从而适用于过失杀人罪的起诉)与表现出(1)无情漠视生命和安全的醉驾行为,以及(2)极端轻率的驾驶行为。

根据 Fleming 案的判决,一名典型的醉驾者试图正常驾驶车辆但其驾驶能力受损,因为当他尝试安全驾驶时会作出错误的判断并执行,所以是危险的。Fleming 和 Watson 这种肆无忌惮驾驶的心存恶意的司机,看起来并不在意自己和他人的生命。根据法院的判决,这种被告人是以谋杀罪起诉的最合适人选。事实上,审理 Fleming 案的法院建立了两种醉驾杀人案件类型。这种做法比建立单一类型要好得多,但不如放弃"类型"并根据每起杀人事件本身的事实来处理。

八、结论

本章详细探讨了刑法在处理最严重、最危险和最应受到谴责的醉驾者方面作出的努力。美国司法辖区并没有定义醉驾犯罪的加重形式,这将对最恶劣的醉驾行为进行谴责和惩罚。因此,酒后驾驶行为包含了非常广泛的违法行为和违法者,也确实值得考虑定义醉驾犯罪的加重形式,用以规范:(1)体内血液酒精浓度过高的司机;(2)轻率驾驶的醉驾者;(3)驾驶时饮酒的醉驾者。

法律对第一次被定罪的被告人和在数十年时间内被二次或多次定罪的被告人作出了区分。后者被作为重罪来处理并处以一年或更长时间的监禁刑。人们可能会问这种轻罪/重罪的分级模式是否太粗糙,并企图在轻微犯罪和严重犯罪之间划出一条界线。

当醉驾行为导致伤害或者死亡时,可以适用一系列的刑事法规。历史上,醉驾致死行为被当作轻型杀人罪来处理,但是现在这些案件却面临被作为谋杀罪起诉的压力。由于司法趋向将所有醉驾杀人行为作为单一类型的犯罪来处理,所以出现了一系列问题。更好的对策是,根据每个案件的具体事实来起诉,正如检察官对其他形式的杀人罪所做的那样。最肆无忌惮和最轻率的醉驾者应该以谋杀罪起诉,其他醉驾者应该以过失杀人罪起诉。我认为没有理由设立一种具体的车辆杀人罪,更不用说为醉驾者量身定做一个罪名了。

第八章　刑事诉讼程序和醉酒驾驶犯罪

醉驾犯罪的法律史以"长期致力于科学地界定醉态标准与提供客观证据以证明有罪或无罪"为特点(金和蒂珀曼,1975)。这段历史的另一个特点是坚持不懈地简化执法程序,剥夺避免被逮捕和定罪的机会。最后,就形成了一个由刑事实体法和刑事程序法及行政法构成的综合性网络,以促进对醉驾者的逮捕和定罪。在刑法和刑事诉讼法发展过程中占据突出地位的法理价值和宪法价值,在醉驾案件中却被忽视或忽略。

刑事诉讼程序收紧了由实体刑法围绕醉驾者编织的网络,由于合理事由的标准被削弱,警察有着更广泛的拦车检查和调查醉驾的权力。最近大部分州的最高法院都同意在警察拦车检查的地方设立清醒度检查站,完全不需要合理理由。根据默示同意法律,当司机被拦车检查时,他们必须配合进行呼吸检测,否则将面临强制没收驾照的处罚。一旦提起醉驾指控,定罪几乎难以避免。整个刑事案件的程序已经变得越来越自动化,这是刑事司法系统大规模处理刑事案件的典型例子。

在本章,我们将会看到,以更有效的执行为名,刑事诉讼程序如何被推至宪法极限甚至偶尔超越宪法限制。我们将首先处理合理根据问题和路障问题,然后讨论律师辩护权的获得、默示同意法律以及逮捕后程序。

一、车辆拦截和调查

因醉驾行为被逮捕通常发生在警察拦截违反交通法规的车辆(或者警察出现在事故现场),并发现有合理根据认为司机醉酒的情形下。在 Delaware v. Prouse (440 U.S. 648 [1979]) 一案中,最高法院认为不能随机拦截车辆以期查出无证驾驶的司机。然而,道路拦截并不需要有充分的合理根据。法院认为,如果警察明确怀疑有人实施交通违法行为,就允许进行道路拦截。因此,如果警察观察到车辆在路上左右摇摆、速度异常或者不能正确地操作指示灯,他就可以拦下车辆。缅因州最高法院在 State v. Griffin(459 A.2d 1086 [1983]) 一案中解释了恰当的标准,为警察在何种幅度内行使自由裁量权提供了一个很好的范例。进行非正式逮捕的调查时,执法人员必须在具体、明确的事实基础上开展行动,这些事实与从事实中作出的合理推断相结合,合理地证明侵犯的正当性。然而,调查性拦截的依据不一定总是逮捕所需的合理根据,事实上使警察产生怀疑的刑事行为,可能"本身是完全合法的"。

这些法律标准给予警察非常大的拦车检查权力。鉴于交通法规数量庞大且复杂,有力的怀疑普遍存在。此外,一些法院认为交通违法行为可能不是必需的。例如,在 State v. Goetaski(507 A.2d 751 [1986]) 一案中,一名新泽西州巡警在日常巡逻中发现被告人凌晨 4 点在乡村时速 50 英里的限速区域打着左转灯在向北的公路路肩上缓慢地驾驶车辆,巡警观察了车辆十分之一英里后拦下司机。法院支持了拦车检查行为,随后判定司机触犯醉酒驾驶罪,并阐述道:"执法人员清晰地观察到被告人没有具体的违法行为,诸如不规则转向或者驾驶故障车辆,但是巡警有权询问是否出现了什么状况……我非常确信,在夜间,车辆反常的运行方式以及在路肩上行驶足以让一名理性的警察有理由拦下该车辆进行适当的调查。"

因此,一名将权力极力保持在法律边界范围内又愿意将其发挥到极致的警察有很大的机会实施拦车检查。此外,警察不会感到受法律标准拘束,不管什么车都可以拦下进行检查,可以自信地认为,如果需要的话总能制造合理怀疑。谁能反驳车辆超速、摇摆或者不规则腾挪引起的拦车检查呢?

一旦车辆被拦下,警察就有权命令司机下车,并对司机搜身以检查其是否携带武器(Pennsylvania v. Mimms, 434 U.S. 106[1977])。执法人员可观察司机的举止行为并记录其一般状况和语言。如果执法人员进一步怀疑司机醉酒,那么他可以要求司机接受现场清醒测试[包括水平凝视眼球震颤测试(HGN)]或者对一种便携式呼吸检测设备呼气,即酒精传感器,这种设备可以准确地读取司机的血液酒精浓度。如果在执法人员看来,司机不能通过现场清醒测试或者酒精传感器上的数值超过禁止的上限,执法人员将有合理根据以醉驾为由逮捕他。一些州已经通过了初步呼吸检测法律(PBT),这些法律授予了警察权力,即可要求所有因为交通违法或交通事故被合法拦车检查的司机进行初步呼吸检测(参见,例如《纽约车辆和交通法》,sec. 1193a)。在我看来,根据第四修正案,这些法律的合宪性是值得怀疑的,因为其构成了没有合理根据或明确怀疑而实施的搜查行为。

二、路障

20世纪80年代早期,反醉驾运动和反醉驾总统委员会(1983)促成了清醒度检查站的设立,即在固定路段拦下所有的司机并让他们接受简短的醉酒调查。如果有理由怀疑司机醉酒,那么执法人员就命令司机靠边停车接受调查并进行现场清醒测试或酒精传感器测试。到1984年,至少有二十一个州实施了路障措施(全国交通安全委员会,1984)。

路障措施引出了关于宪法和警察适当作用的重要问题(《乔治敦法律评论》,1983;雅各布斯和斯特罗斯森,1985)。第四修正案保护公民不受不合理的搜查和扣押,在传统意义上,没有合理根据的搜查本身就是不合理的(参见拉菲夫和伊斯雷尔,1985)。例如,警察不能拦下并搜查公园里的每一个人,看其是否吸毒,不能就恐怖活动盘问所有的汽车司机或者为了发现犯罪证据而搜查所有的房屋。这种拉网式搜查是权威政权的特点,与美国社会的法律价值和文化价值相悖。

然而,在过去的二十年,最高法院和下级联邦法院制定了限制性的例外情形来禁止没有合理根据的搜查和扣押,并根据"一般合理"原则支持一些警察实施行为。最高法院在 Camara v. Municipal Court(387 U.S. 523[1967])一案中首次承认了这一例外情形,该案中,在马里兰州巴尔的摩市开展全区域建筑检查这一行为的合宪性受到了质疑。尽管没有合理理由怀疑有任何特定场所存在违法行为,最高法院认为这些检查是合理的,因为它们不是针对个人的行为并且有着很悠久的被公众接受的历史,它们主要出于行政目的,而且没有其他有效的方式确保遵守法律规定。然而,法院要求在着手实施检查前,建筑检查者必须获得法院的"全区域"搜查令。

在接下来的十年间,法院支持在国家边界或国家边界附近设置永久性的路障来检测非法移民(United States v. Martinez-Fuerte, 428 U.S. 543 [1976])。这些路障拦下了路上的每一个(或每 n 个)汽车司机,以便对非法移民进行短暂搜查,这一行为显然没有合理根据支持。法院支持这些行为的理由与 Camara 案中的原理相似,既有先例又有权衡。在随后的一些年,法院也承认了一些其他限制性的例外情形,特别是对受政府严格管辖的行业实施检查的行为,如 Donovan v. Dewey(452 U.S. 594 [1981])一案。在 Delaware v. Prouse 一案中,法院拒绝允许通过缺乏合理根据的拦车检查来界定司机是否有合格的驾驶证及车辆是否注册。然而,法院的判词表明,为达到相同目的而设置路障是被允许的:"这一判决并不妨碍特拉华州或其他州创设其他的抽查手段,这些抽查手段很少侵入或者不涉及不受限制的警察自由裁量权。面对所有迎面而来的车辆,设置路障进行拦车检查是一种可能的选择。"(440 U.S. 648 [1979], p. 663)

这是一些州所需要的所有鼓励。然而,国家公路交通安全管理局增加了一项经济激励措施。它将醉驾路障的设置列为一系列对策之一,这些对策赋予各州增加联邦公路基金的资格。[1] 反醉驾总统委员会表示了支持,不久后,路障设施出现在美国各州。

这些日益增多的路障设施受到第四修正案和各州类似宪法性规定的挑战。大部分州的法院批准设置路障(例如,参见 State v. Deskins, 673 P. 2d 1174 [Kan. 1983]; Little v. State, 479 A. 2d 903 [Md. 1984]; People v. Scott, 473 N.E. 2d 1 [N.Y. 1984]; State

v. Martin, 496 A. 2d 442 [Vt. 1985];City of Las Cruces v. Betancourt, 735 P. 2d 1161 [N.M. 1987]),前提是这些路障必须依据部门标准而不是根据个别官员的喜好设置。[2] 这些法院声称要平衡路障设置的必要性、侵犯性与公路安全利益之间的关系,正如最高法院在 Camara 案和 Martinez-Fuerte 案中平衡了类似的关系一样。像最高法院一样,大多数州的法院认为,必要性比侵犯性更重要。

作出相反推断的法院强调路障的设置与传统的第四修正案价值观不相容,并质疑与传统的警察对策相比,路障是一种更有效的威慑醉驾行为的手段这一阐述(参见 State v. Bartley, 466 N.E. 2d 346 [Ill. 1984];State v. Smith, 674 P. 2d 562 [Okla. 1984];Nelson v. Lane County, 720 P. 2d 1291 [Ore. 1986];State v. Crom, 383 N.W. 2d 461 [Neb. 1986])。(第九章讨论多种醉驾对策的威慑作用。)如果路障设置支持者有举证责任,那么这些法院就是对的。没有现存的可靠数据来支持这一阐述,即清醒度检查站有着重要的边缘威慑作用,或者说它们具有的任何效果都是投入同等资源的其他执法对策无法匹敌的。

像 Camara 案和 Martinez-Fuerte 案支持的行政搜查一样,醉驾路障设置明显背离了国家权力和个人自主权之间的传统平衡。汽车司机被拘留和调查,却没有任何理由认为其违反了任何法律。清醒度检查站并不把受到合理怀疑实施犯罪行为的个人作为目标。相反,警察会调查所有通过清醒度检查站的汽车司机,为的是寻找违反刑法的人。警方的此种做法看似"合乎逻辑""必要"和"恰当",反映出作为社会问题的醉驾的突出性和人们倾向将醉驾行为置于交通违法行为情境下考虑的趋势,在交通违法行为情境下基本权利和自由似乎不会受到威胁。

事实上,与建筑检查或国家边界检查相比,清醒度检查站的设置更背离传统限制。不像Camara案和Martinez-Fuerte案支持的程序那样,醉驾路障的设置并不是一种行政监管形式而是一种刑法执行策略。不仅个人自由受到威胁的程度比在行政搜查中更大,而且正当性也更弱。从全国收集的数据来看,传统执法手段导致醉驾犯罪的逮捕数量比其他犯罪要多,而且打击行动增加了警方可用的资源,导致更多的逮捕人数。路障的设置充其量作为已经存在的大量反醉驾措施的一个边缘补充措施。

此外,大范围地接受清醒度检查站的设立可能对美国警察执法产生深远影响,为其他大规模搜查、清扫行动和拉网式行动铺平道路。[3]因此,应该牢记俄克拉何马州最高法院在State v. Smith(674 P. 2d 562 [1984])一案中的警告:"法院认为醉酒(驾驶路障)……危险地向警察国家靠拢。本案中,州政府已经忽视了无罪推定原则,而假定刑事行为一定发生在道路上和高速公路上,并采取'为达目的而不择手段'的方式……美国法学一个基本的原则就是在进行拦车检查时政府不能假定存在犯罪行为……如果允许当局继续此类活动……那么将允许采取相似措施来搜查其他类型的刑事犯罪。"

三、获得律师辩护的权利

在一些司法辖区内,醉驾者在被要求进行呼吸检测前就被逮捕了。而在其他地方,必须给予犯罪嫌疑人在被逮捕前进行呼吸检测的机会。然而,无论正式逮捕发生在什么时候,一旦司机被拘留,他就必须被告知米兰达规则,即告知他有权保持沉默。他所说的一切都可能在刑事诉讼程序中对他不利,他有权聘请一位律师。如果他付不起律师费的话,将为他指定一位律师(Berkemer v. McCarty, 104 S. Ct. 3138 [1984])。他同时被告知必须进行呼吸检测,以及如果拒绝进行呼吸检测,那么将自动吊销其驾照。在刑事审判中允许拒绝接受呼吸检测的州,必须将此情况告知犯罪嫌疑人。

大多数法院认为,在决定进行呼吸检测前,犯罪嫌疑人没有咨询律师的权利。[4] 米兰达规则并不适用,因为警察要求提取血液酒精浓度样本的行为并不是为了搜集证人证言而进行的讯问。第六修正案规定的律师辩护权不适用是因为血液酒精浓度检测不是刑事诉讼程序的关键阶段(参见 Davis v. Pope, 197 S.E. 2d 861 [Ga. 1973];Newman v. Hacker, 530 S.W. 2d 376 [Ky. 1975];Dunn v. Petit, 388 A. 2d 809 [R.I. 1978])。根据法律原则,被告人被起诉前不启动刑事诉讼程序。[5] 然而,外行人可能会惊讶地发现,关于是否进行呼吸检测的决定并不被视为对抗醉驾者的刑事诉讼程序的关键阶段,尤其是因为实际上该州所有的案件都是由检测引起的。

如果在决定是否配合进行血液酒精浓度检测程序前被告人要求咨询律师的话,一个有着细微差别的问题就会出现。尽管拒绝可能并不违反宪法,但是法院显然会对允许警察拒绝这样的要求感到不安。因此,纽约州上诉法院在 People v. Craft(28 N.Y. 2d 274 [1971], p. 279)一案中认为:"未能告知或提醒被告人权利……与在被告人请求律师协助后直接拒绝……给予其'获得律师帮助'的机会之间存在巨大差异。"法院将直接拒绝聘请律师的请求的行为评价为"太具冒犯性以至于腐蚀了随后的刑事审判",但是重申了其观点,即没有必要告知被告人其有权联系辩护律师并进行咨询。

四、默示同意法律

要求被逮捕的醉驾者提供血液、尿液或呼吸样本,违者吊销驾照的法律被称为"默示同意"法律。[6]纽约州在1953年通过了第一部这样的法律。每个州随后都通过了类似的法律。[7]它们被称为"默示同意"法律,因为这些规定建立在这样一个假设的基础上,即在申请驾驶执照时,如果警察依据合理根据原则怀疑某人醉驾,则该人默示同意配合血液酒精浓度检测程序。讽刺的是,没有真实的同意,以及因为各州发放驾照以服从执法程序为条件,所以没有什么是默示的。各州要求检测的权力在车辆和交通法中有明确规定(参见莱布兰斯,1978)。

一些默示同意法律(如纽约州的默示同意法律)给予被告人选择的权利,即进行检测或拒绝进行检测而被吊销驾照。其他州的法律则要求被告人进行检测,并说明拒绝检测的处罚,但没有说明关于选择的问题。这样的沉默可能意味着,如果警察有合理根据,就有权强制执行检测,通常是抽血。最高法院在 Schmerber v. California 一案中支持这一做法(384 U.S. 757 [1966])。事实上,除了事故被告人碰巧在接受医疗服务,警察很少执行这一选择。

如果被告人拒绝接受血液酒精浓度检测,那么将会吊销其驾照。被告人有权要求举行行政听证会,以确定某些问题(参见 Bell v. Burson, 402 U.S. 535 [1971]; Mackey v. Montrym, 443 U.S. 1 [1979]; Illinois v. Batchelder, 463 U.S. 1112 [1983]),诸如警察

要求进行呼吸检测是否有合理根据以及被告人是否在实际上拒绝检测。在吊销驾照前不需要举行听证会。

自动吊销驾照的威胁使大多数醉驾者配合进行检测程序,从而确保州根据自身的法律能够获得指控被告人刑事犯罪所需的证据。然而,随着对醉驾行为进行的刑事处罚的增加,会有更多被告人拒绝使用呼吸样本自证其罪。因此,各州提高了对拒绝行为的处罚力度。一些州允许将被告人的拒绝行为在刑事审判中作为证据使用。一些州甚至将拒绝检测行为定为一项独立的罪行。[8]许多州最近通过了行政法,在被逮捕者未通过血液酒精浓度检测时立即自动吊销其驾照(参见全国交通安全委员会,1984)。警察可以在警察局扣押被告人的驾照,被告人唯一的做法就是要求举行后续听证会来确定他事实上是否没有通过检测。

最高法院驳回了大量对默示同意程序的挑战。法院认为,司机不享有吊销或撤销驾照前的听证权利(Dixon v. Love, 431 U.S. 105〔1977〕;Mackey v. Montrym, 443 U.S. 1〔1979〕)。也许更重要的是,法院认为,鼓励或迫使被逮捕者进行血液、尿液或呼吸检测并不违反第五修正案规定的禁止强迫自证其罪的权利,因为修正案旨在防止被逮捕者被迫提供有罪的证词,而不是不得强迫提供物证,如尿液、唾液、血液或呼吸样本(Schmerber v. California, 384 U.S. 757〔1966〕)。

1983年,法院面临着一个有些微妙的问题,当时南达科他州的一名醉驾被告人对州法律提出挑战,该州法律允许起诉方在刑事审判中将被告人拒绝进行血液酒精浓度检测作为证据。被告人辩称,这构成强迫证词。最高法院否定了这一观点(South Dakota v. Neville, 459 U.S. 553〔1983〕)。最高法院认为,此举并没有违反第五修正案,因为无论该证据是否可定性为证词证据,都没有强迫提取。法院解释到,南达科他州并没有强迫因为醉驾被逮捕的人拒绝进行血液酒精浓度检测。相反,根据法院的阐述,南达科他州执法机关为了提供有关血液酒精浓度的物证(非证言),试图迫使因醉驾被逮捕的人进行检测,以至于能够在刑事审判中使用这些证据来对抗被逮捕的人。因此,血液酒精浓度的检测结果是可以被采纳的,因为其并非证言,而拒绝接受检测虽然可以认为是证词,但其不是被强迫的。

五、逮捕后程序

一旦被告人被以醉酒驾驶罪起诉,逃避定罪的机会就非常小。在这方面醉驾与一般犯罪的处理方式相似,这并不令人惊讶。绝大多数的醉驾被告人像其他大部分刑事犯罪被告人一样都认罪。约瑟夫·利特尔(1973)在关于醉驾案件司法管理的实证研究中发现,被逮捕的醉驾犯罪行为人被判犯有指控罪名的占58.5%,被判犯有原指控罪名或作出较轻判决的占89.2%。在威斯康星州麦迪逊市关于醉驾的研究中,戈德斯坦和索斯米尔希(1982)发现,88%的醉驾被告人在受到指控后被定罪,在一整年的案例样本中没有无罪释放的案件。联邦调查局的《统一犯罪报告》显示醉驾定罪率超过90%。

美国陪审团通过定期无罪释放醉驾者使法律变得无效,这一说法很荒诞。醉驾案件涉及陪审团审判的非常少。根据第六修正案,陪审团审判的权利仅仅在犯罪行为人有可能被判处六个月以上监禁刑的案件中才会出现。对醉驾犯罪的初犯,最高监禁刑不超过六个月的州,犯罪行为人就没有获得陪审团审判的权利。[9]当可以进行陪审团审判时,醉驾被告人几乎很少行使该权利。一般而言,陪审团审判只是例外情形而不是刑事司法的常态,通常占不到所有刑事处置案件的5%。要求陪审团审判的最大障碍是定罪后可能被判处更严厉的处罚。此外,还存在较高的法律费用以及要长年累月地经受未决刑事案件的煎熬。

绝大多数醉驾案件的起诉是通过辩诉交易来解决的。在辩诉交易以指控交易为基础的司法辖区,对醉驾犯罪的指控通常都降低为更轻的交通违法行为,除非存在特殊较轻的与酒精相关的犯罪,如驾驶能力受损的醉驾行为。最近国家公路交通安全管理局赞助的一项研究显示,即使强制禁止在醉驾案件中进行辩诉交易的州,也有很大比例的案件被减刑。通过量刑谈判来实施辩诉交易的司法辖区,醉驾者通常都认罪以获得一个比法定最高刑更宽大的量刑。[10]

对被定罪的醉驾被告人可处以罚金,吊销或撤销驾照,也可处以短期监禁刑。吊销驾照的严重性可能被临时驾照或职业驾照的颁发所缓解,因为该类驾照允许被告人为了工作而开车。监禁刑的严重性可以通过安排周末的时间(从周五午夜前开始到周六午夜后结束,算作两天服刑时间)缓解。事实上,如果不能足额缴纳罚金的话可能也会打折扣,这是许多法院所面临的一个严重问题。另外,被告人的经济花费可能因治疗项目的花费、律师费以及保险附加费而增加。

六、结论

醉驾案件的执法和司法管理非常常规化。对醉驾者进行逮捕、调查、拘留和定罪的障碍已被移除。尽管警察不能随机拦下司机检查醉驾,但是他们能够因怀疑司机违反交通法规而拦车检查或者在恰当建立的清醒度检查站拦停他们,即使没有嫌疑也可以。一旦司机被拦下,可能会因涉嫌轻微的饮酒而被迫进行现场清醒测试,或者(根据初步呼吸检测法律)在没有被怀疑时被要求进行初步呼吸检测。如果这些调查中出现合理根据,就可以逮捕司机。通过对司机拒绝提供呼吸样本的行为进行威胁(吊销驾照),"鼓励"司机配合提供可以用于日后刑事起诉的呼吸样本。如果他通过了呼吸检测,很可能会被释放。如果他不能通过呼吸检测,那么就可能当场扣押驾照,并且面临醉驾犯罪的指控。总之,每年有大约180万的美国人因醉驾而被逮捕,接近90%的人被定罪。

与人们的普遍看法不同,作为被告人的醉驾者很少对其罪行提出抗辩。部分原因是大多数处罚措施可以通过行政手段实施,无论他们是否被定罪。许多州现在限制在醉驾案件中适用辩诉交易,无论是检察官还是辩护律师都没有太多的选择。"诉讼费"是众所周知的,也是可预测的。偶尔也会有富有的被告人对指控提出异议,并聘请专家证人来质疑呼吸检测技术或其执行,但是这样的案件数量很少。在处理醉驾案件时,刑事司法系统基本上扮演了一个定罪机器的角色。

第三部分
醉驾社会控制的制度建设

有迹象显示过去十年间醉驾发生的频率有所下降。最有说服力的证据就是,1986年,亚瑟·C.伍尔夫指导美国中部研究机构作出的路旁调查,他也是1973年全国路旁调查的主要调查员。调查人员通过对全国三十二个聚居地从晚上11点到凌晨3点之间进行的拦车检查发现,司机体内血液酒精浓度超过0.10的比例从1973年的4.9%下降到1986年的3.1%,血液酒精浓度超过0.05的比例从13.2%下降到8.2%。如果这些结果反映了现实,那么就证明过去十年间饮酒/驾驶行为发生了真正的变化。司机要么减少饮酒,要么更有效地将饮酒行为和驾驶行为分开。令人感到有趣和些许令人惊讶的是,研究者发现了对第一种假设强有力的支撑。1986年,整体饮酒量显著下降,有31.5%的司机戒酒,而1973年戒酒的司机仅有17.5%。这部分反映出1986年的样本中有更多的女司机,但是剩下的变化就很难解释,因为据我所知,没有其他研究显示美国人的饮酒量变少或者戒酒人数增多。过去几十年,更多的研究发现大约有三分之一的美国成年人不饮酒,所以1973年的道路使用者样本可能存在异样。

根据第三章所论菲勒和克莱因的研究估算,1981年,醉驾者的死亡比例为30%,而1984年为28%。尽管仅下降了两个百分点,但人数却减少了9%。对那些寻找反醉驾斗争进步迹象的人而言,这也表明了20世纪80年代中期道路上危险的醉驾者减少的趋势。不幸的是,很难接受从这些数据中得出的推断。作者的研究方法无法说明这种下降是统计学意义上的重大变化还是偶然变化。为了进行纵向分析,拥有比三年时间更长的趋势数据非常重要,并且作者希望对1982年之前的司机死亡数以及1984年以后的数据进行判别分析。关于与饮酒相关的司机死亡数的统计年份越多,我们对这些结论就越有信心。[1]

最近有关饮酒死亡的数据对醉驾事故数正在下降的说法提出了更大的质疑。1986年,十五个"良好报告的州"的致命事故报告系统数据显示,与1985年相比,涉及饮酒的司机死亡数增加了7%。年轻司机增长数甚至更多,涉及饮酒的司机死亡数上升到17%。这些全国性数据的波动再次提醒我们,不要过早地就"成功""失败"和政策影响下结论。在我看来,我们根本无法对20世纪80年代反醉驾措施对醉驾事故发生率的影响作出一个明确的判断。

无论醉驾数量是否下降,现在都在部署或提出许多反醉驾对策。在第三部分我们将分别探讨主要的反醉驾对策,阐明它们假定的基础,回顾最完善的评估以及尝试确定它们可能产生的任何成本。

第九章将探讨处理醉驾和其他社会有害问题的主要社会控

制对策:通过法律进行威慑。我们将会看到逮捕的可能性以及预期成本都有所增加。

第十章探讨通过扩大民事责任和对醉驾者征收保险附加费来实现威慑效果。

第十一章分析打击醉驾者可能的剥夺资格对策,包括监禁、软禁、吊销或撤销驾照以及扣留或没收车辆。

第十二章转向公众教育对策,该对策与威慑紧密相关,但又比威慑更具包容性。我们将会探究用来说服公众停止饮酒/驾驶以及防止他人醉驾的各种努力。

第十三章讨论阻断酒后驾车机会的对策,这些措施旨在重建减少饮酒/驾驶发生可能性的环境。21岁法定饮酒年龄、使酒吧和酒馆更早打烊以及使醉酒的人无法驾车的机械设备,都是目前正在使用的阻断醉驾机会的方法。

第十四章分析了治疗对策,该对策旨在改变那些因醉驾被逮捕者未来的行为。这些对策要么试图治愈受试者病理学上的饮酒行为,要么试图说服受试者更有效地将饮酒行为和驾驶行为分开。

第九章　威慑

醉驾公共政策和立法是通过对问题的性质和各种干预对策有效性的背景假设而形成的。假设的问题越严重，干预措施越有效，制定新政策、强化旧政策和拒绝可能阻碍进步的限制的意愿就越强烈。

最普遍的反醉驾政策，即威胁和实施刑事制裁，便基于难以用经验证明的假设。这些困难并不意味着刑法对策没有作用。刑法当然影响态度，并在一定程度上影响人们有意识地进行决策。然而，要牢记在制定醉驾政策的过程中，我们并不是要决定是否将先前合法的行为定为犯罪，相反，问题在于对一种长期犯罪行为加大预期惩罚力度是否能够产生威慑。不夸大法律威胁对醉驾的影响非常重要，加大预期惩罚力度并不能根除醉驾行为。现实的目标是微量减少醉驾行为，即便最终达到这个目标，也要付出代价。

一、简单威慑

最近，大部分减少醉驾行为的努力都建立在明确或隐含的简单威慑理论基础上。该理论认为，如果增加实施不良行为的代价，那么该行为的发生率将会减少。也就是说，醉驾行为的成本增加将会减少其发生率。成本包括预期可能发生的逮捕、定罪和惩罚力度（齐姆林和霍金斯，1973；布卢姆斯坦、科恩和尼根，

1978;蒂特尔,1980)。如果这些变量中的任何一个增加,目标行为将会减少。有时会分针对一般公众的法律威胁(一般威慑)和针对因醉驾被逮捕者的法律威胁(特殊威慑),尽管这种区别与第十二章和第十三章讨论的话题相关,但是本章并不关注这一问题。[1]

本章大部分内容都关注简单威慑,但是重点在于,法律威胁的升级和扩大可能间接或长期地影响人们的态度和价值观,这种影响与法律威胁所产生的对处罚的恐惧无关。当公众政策将醉驾定义为一种更严重的犯罪和一个更应该优先考虑的问题时,公民可能对醉驾行为形成一个更负面的看法,可能会积极抵制醉驾的诱惑以及谴责醉驾的那些人。换句话说,随着时间的推移,关于醉驾的新价值观、标准和态度可能会发生演变。我们将会在本章的结论中回到这一主题。然而,首要任务是探究使醉驾政策朝着法律威胁方向发展的推定。

醉驾政策的制定并不是空穴来风,美国人经常借助颁布或修正刑法来回应不良行为和社会问题。当这一行为继续存在时,通常的回应是制定更严厉的刑法以及要求加大执法力度。这些动态在美国社会处多样问题的过程中非常明显,如街头犯罪、毒品和政治腐败。

理解为什么增加法律威胁和加大执法力度具有吸引力并不困难。第一,如果成本增加人们将会减少"实施"这种行为的次数,这是一个与我们社会经济生活产生共鸣且符合内在逻辑的见解。第二,这种想法反映了人们对理性和政府管理社会生活的能力的信心。美国人似乎特别相信,理性的政策干预能够解决社会问题。如果不相信威慑,社会问题看起来可能难以解决,人们怀疑，无论是美国政客还是美国公民都很难接受这一结论。第三，简单威慑的有效性不能轻易地被否定。如果某一受谴责行为的发生率没有减少，就可以仅仅作为需要进一步升级法律威胁的证据。一个具体的犯罪问题持续了一年又一年，执法力度也未使其产生很大的波动，这似乎并没有动摇人们普遍的信念，即更加强大的威胁会使其改变。第四，正如涂尔干(1947)在一个世纪之前指出的，谴责恶行和为恶者对谴责者而言是有用的，它允许在谴责者与"犯罪分子"之间划清界限，从而加强社区间的联系。这一观察似乎特别适用于以一种强有力的道德术语定义犯罪问题和社会问题的美国人。针对醉驾者的法律威胁的升级，呈现了美国人对社会问题的常见回应。

二、对醉驾行为的威慑

美国社会一直使用法律威胁来打击醉驾行为。汽车发明后不久就出现了醉驾犯罪。熟悉的初犯/轻罪和二次犯罪/重罪法定公式是20世纪30年代法律格局的基本特征（金和蒂珀曼，1975）。因此，目前用于打击醉驾行为的威慑模式并不新鲜。目前的努力并不试图通过法律威胁来打击先前的合法行为，而是试图通过更严格和更有效地实行传统社会控制模式实现显著的边缘威慑。

从20世纪70年代早期开始，所有主要的反醉驾对策都有威慑的特点。通过升级法律威胁和加大执法力度进行威慑是20世纪70年代初的酒精安全专项行动项目、20世纪80年代初的反醉驾总统委员会和公民反醉驾组织、20世纪80年代中期的州反醉驾任务小组的主要立法举措。近些年全国大部分司法辖区寻求通过设立专门的反醉驾任务小组、设置路障或者设立醉驾逮捕优先权来增加逮捕的可能性。他们通过限制辩诉交易和审前分流的机会来增加定罪的确定性。在这些努力中,公民反醉驾组织支持了这些举措,并组织实施了"法庭监督"计划、写信运动(写给法官),以及对不合理的宽大量刑的公开谴责。

三、简单威慑可能面临的障碍

尽管大幅度增加实施某种行为的成本将会降低该行为的发生率似乎符合逻辑,但是醉驾的一些特点可能会使法律威胁难以实现。第一,如果要达到边缘威慑效果,目标受众必须意识到逮捕可能性及量刑严重性的增加。对逮捕风险和处罚严重程度的洞察是一个复杂的研究领域,本书不针对该问题进行研究(参见库克,1980)。波士顿大学公共卫生学院的拉尔夫·欣森博士(1987)研究了严厉的反醉驾立法在缅因州(1981)和马萨诸塞州(1982)通过之前及通过之后的公众态度。他发现公众逐渐认识到醉驾预期成本有所增加。然而,对马萨诸塞州的受访者而言,"法律通过后,认为法律被充分执行的人口数量在增长,但是有一半人还是持怀疑态度。仅有四分之一的人认为醉驾者可能会被警察拦车检查,法律对这种看法没有影响。如果被拦车检查,更多的受访者认为,司机将会受到指控(59%~74%)、被带到法庭(72%~80%)以及被定罪(54%~68%)"。(p.595)约翰·斯诺特姆(1988)的比较研究发现,与美国人相比,挪威人对醉驾法律及相关的处罚措施更了解。我的印象也证实了斯诺特姆的观点,多年来,我一直问纽约大学法学院的学生是否知道纽约州规定的血液酒精浓度达到多少是非法的。一直以来,仅有10%的学生能给出正确的数值。学生对处罚措施也缺乏认识[2],尽管他们似乎认为醉驾被逮捕的可能性很大,而且几乎所有人都知道针对醉驾的路障措施。

第二个妨碍进一步威慑醉驾的原因就是非刑法成本已经很高且可能会掩盖法律威胁的逐步升级。当了解逮捕可能性的增加及预期的刑罚加重时,一个对自身、朋友或家庭成员受伤或被杀害的可能性加大毫不畏惧的人会改变他的行为吗?为什么一名司机会低估与酒精相关的车祸发生的可能性而不是低估涉及酒精的逮捕率呢?一种可能的答案(尽管只是推测)是,一些司机无法或不愿承认饮酒会损害驾驶能力并增加车祸风险,但当他们被告知酒后驾车有遭到政府谴责和惩罚的风险时,他们的态度和行为可能会改变。换句话说,刑法可能会给他们一个理由,让他们无论如何都按照自己希望的方式行事。另一种解释是,人们否认或低估车祸风险的程度甚至比否认或低估被逮捕风险的程度还要深。然而,事实是,刑法必须大声咆哮,才能在风险的嘈杂声中被听到。

威慑醉驾特别困难的第三个原因是,司机醉酒时,会立即作出醉驾的决定而不是在仔细考虑风险和事故发生可能性后作出决定。一个醉酒的人可能并不能:(1)鉴别自身驾驶能力受酒精削弱的程度;(2)评估自身的驾驶能力;(3)考虑逮捕可能性或预期处罚。然而,这些阻碍威慑的要素可能并不起作用,如果(1)清醒时作出是否醉驾的决定,或(2)清醒时的决定影响了喝酒之后关于是否开车的决定。[3]

第四个和第五个质疑不断升级的边缘威慑作用的原因是,对一些醉驾违法分子而言,醉驾是偶然和越轨的行为,然而,对其他醉驾违法分子而言则是长期和习惯性的行为,两组都呈现出特殊的威慑问题。第一组的人可能对醉驾违法行为产生了戒心,或以其他方式控制了醉驾行为,但可能偶尔因为压力或危机去狂欢,非故意醉酒或作出与自己性格不符的行为。改变公共政策可能难以根除个人偶然和异常的行为。

长期实施违法行为者已经被认为是最难阻止的。他们遭受着高发的酗酒问题、酒精滥用问题和精神病理问题。一些人还是毒品的经常使用者和其他刑法禁止行为的违反者。当他们被告知醉驾被逮捕的可能性已经增长到10%、20%或50%,或者可能面临的处罚已经从罚金和吊销驾照加重到短期监禁、巨额罚金及长期吊销驾照时,有酒瘾、把饮酒作为一种心理支撑或生活方式的人不太可能愿意或彻底改变其饮酒习惯。

四、增加威慑力的策略

必须探讨从醉驾的逮捕到处罚的每一个阶段以使我们能够界定当前付出的代价以及代价增加的可能性。

(一)逮捕的概率

人们常说,提高逮捕的概率可以对醉驾行为起到显著的边缘威慑作用。[4] 毋庸置疑,在美国,醉驾被逮捕的风险很低,甚至可能低于入室盗窃、偷车、儿童性虐待、逃税以及非法毒品的使用和交易等犯罪行为的风险。然而,这些犯罪也因无法容忍的高发生率而被批评,尽管可能被逮捕的风险更高(以及面临更严重的处罚威胁)。

一名醉驾者被逮捕的可能性由执法资源、优先事项及警察的技能决定。由于被害人经常不举报醉驾者,尽管最近警方努力要求公民协助在醉驾者的视线内拨打热线[5],只有在事故现场、路障处或日常交通拦车检查中或被发现轻率驾驶时,醉驾者才被巡逻人员识别出来。

逮捕醉驾者会耗费一定的警察资源。对醉驾者的逮捕可能要花费执法人员四个小时甚至更多的时间,也许是整个轮班的大部分时间,从最初的拦车检查到完成登记程序。[6]因此,即使是积极性很高的警察部门来完成这些任务也存在一定的限制。尽管如此,警察能够通过拦截更多的车辆,并在发生车祸的司机中识别出更多的醉驾者来提高效率。如果立法授权警察对每一个涉事司机进行血液酒精浓度检测的话,显然会提高逮捕率。然而,这种立法的合宪性受到怀疑。[7]

地方和州的警察部门可能投入更多的资源来应对交通巡逻(如巡逻车)。它们可以建立专门的反醉驾任务小组。日常和特殊巡逻都可能对超速司机,哪怕是每小时几英里的超速司机进行拦车检查,巡逻关注有酒馆和酒吧的道路,或者对酒馆和酒吧的停车场进行监视。[8]例如,洛杉矶最近建立了这种反醉驾项目,涉及十二个司法辖区的警察部门。被分配到这些专门小组的人员接受了识别醉驾者的特殊训练,同时会被派到指定区域,即过去醉驾逮捕率非常高的区域。项目的管理者宣称,第一个月逮捕率增加了26%,此后每个月增加了20%。

特殊的反醉驾项目,如洛杉矶反醉驾项目显然需要成本,要么从其他的警察优先事项中转移资源,要么直接增加资源。在繁忙的晚班时段,警察可能被呼叫处理涉嫌入室盗窃、抢劫以及家庭暴力的案件。醉驾执法固然重要,但也不能忽视或轻视这些任务。此外,大幅增加拦车检查次数可能并不受公民欢迎,尽管他们支持严厉的反醉驾措施,但可能会对因稍稍超速或轻微违法行为而被拦车检查感到反感(参见克雷西,1974)。

(二)路障设置和其他警察措施

我们已经提到拦截大量车辆的路障设置作为醉驾对策的普及性。在检查站,警察拦下在特定路段的每一个司机(或每 n 个)进行简单的询问和检查。这意味着少量的警察仅仅在一个夜晚就可以拦截检查成千上万的车辆。然而,在识别醉驾者方面路障设置并没有起到多大的作用。因为拦车检查的时间很短,仅有醉态明显的司机才会被逮捕。[9]

理论上,路障设置对威慑的主要贡献并非对已被逮捕的那些人产生影响(特殊威慑),而是对通过路障的行人及看到或听到有关路障设置报道的数千人产生一般威慑。这种对策大概有能力创造一种感觉,那就是被逮捕的可能性已经显著增加。然而,边缘威慑作用尚未被实证证明。1984 年,国家公路交通安全管理局的一项对清醒度检查站设置使公众舆论发生的变化的评估得出结论:"尽管路障设置有很高的可见性且会引起警觉,以及有证据显示增加了醉驾者被抓的可能性,但是源于自我报告行为的有限证据,并不能证明路障设置已经改变了受调查者的饮酒和驾驶行为。"

一些警察部门通过使用酒精传感器,一种便携式呼吸检测设备来替代现场清醒测试,提高了识别醉驾者的效率。这些设备能够给出相对准确的血液酒精浓度,一些州授权对因发生交通事故或违反交通法规而被拦车检查的司机进行初步的呼吸检测。正如上文指出的,该种法律的合宪性受到质疑。另外一种创新是水平凝视眼球震颤测试,该测试要求犯罪嫌疑人盯着面前举起的一个物体然后目光跟着物体移动到其视野之外的区域。[10] 水平凝视眼球震颤测试的工作原理是当目光跟随一个客体从视野中间向耳朵方向移动时,测量受试者眼球发生震颤(一种无意识的跳动)的角度。眼球震颤发生时离视野中心越近,血液酒精浓度就越高。水平凝视眼球震颤测试的训练大大提高了警察识别体内含有高血液酒精浓度司机的能力。随着酒精传感器和水平凝视眼球震颤测试的普遍使用,肯定会有更多的人被逮捕。[11]

所有这些举措已经用于打击醉驾,全国被逮捕的醉驾者数量在过去十年已经增长了50%。[12] 这些举措证明警察确实回应了来自各方的压力,确实根据公众的意愿调整了工作重点,利益集团和公众舆论已经成功使醉驾的执法成为一个优先级更高的事项。[13]

(三)评估"打击措施"的威慑力

单靠增加逮捕数并不能保证起到显著边缘威慑作用。酒精安全专项行动项目的经验表明,大量地增加逮捕数并不必然减少醉驾行为,更不用说最危险的和最不负责的醉驾者引起的严重致命交通事故了(泽尔曼,1978)。

威慑依赖于认知。大量的潜在饮酒司机是否能够认知到醉驾逮捕率呈现出10%、20%、50%甚至100%的增长仍然存在争论。事实上,即使在挪威,安德奈斯估计被逮捕的风险也仅仅只有4%。对逮捕可能性的认知很可能与实际概率无关。事实上,他们可能更依赖宣传和媒体的关注。因此,对醉驾犯罪处罚的有效宣传对以提高逮捕率为基础的威慑对策至关重要。

在很大程度上,威慑仍然是一个信念问题,尽管其得到了大量常识的支持(参见布卢姆斯坦、科恩和尼根,1978)。不幸的是,仅有少量可靠的反醉驾措施评估(参见克拉姆顿,1969;恩尼斯,1977;国家公路交通安全管理局,1978,1985;卡梅伦,1979;里德,1981),与反醉驾措施未被充分执行和被不负责任地执行的大量自私"评估"相比显得微不足道。[14] 然而,少量细致执行的评估也非常值得探讨。

当酒精安全专项行动项目顺利实施后,他们对其进行了精密评估。与在此前后的许多打击措施一样,评估工作很困难,因为项目包含了超过三十个地方计划,每个计划中又包括了许多反醉驾对策。尽管逮捕数大量增长,但是最终的评估仍不能证明醉驾行为显著减少(以单车夜间致命事故数衡量)(泽尔曼,1976;公路安全保险协会,1981)。

在欧洲,对醉驾的强制打击似乎取得了更大的成功,H.劳伦斯·罗斯教授已经对欧洲的这一问题进行了研究和分析。罗斯对1967年英国《道路安全法》的开创性研究显示,整体死亡率下降了25%,周末和夜间死亡人数(那些更可能与酒精相关的事故)下降了三分之二。1967年英国《道路安全法》规定,血液酒精浓度超过0.08时驾车就构成犯罪,并允许广泛地进行呼吸检测(没有合理根据)。然而,这种显著的威慑作用在两年内就散去,醉驾死亡数反弹至先前的水平。罗斯发现了一个相似的短期(几个月)威慑作用,如1978年法国的醉驾路障项目、加拿大和荷兰实施的一些举措,以及一些实施酒精安全专项行动项目的司法辖区。无论罗斯曾经在什么地方证实了威慑作用,该作用现在都已经慢慢消失了。因此,罗斯(1982,p.111)有些悲观地得出

结论[15]:

> 从长远看,以威慑为基础的政策是值得怀疑的,在任何司法辖区,随着时间的推移,没有科学证据证明这些政策能够长期有效。这一事实并不意味着这一政策毫无希望,而是意味着如果想要成功,可能需要采取一些不同于过去的措施(如果可以实现的话)。证据显示,如果认为挪威和瑞典有解决方案,仅将斯堪的纳维亚人的方法要素输入其他辖区是不够的。此外,从迄今为止的经验来看,仅仅选择加重对酒后驾驶的处罚已经失去了信任。最有希望进一步实现威慑的机会似乎在于增加逮捕数量和对醉驾者定罪的实际可能性。

罗斯之后的许多评估仅仅是强化了这些结论。例如,在英格兰一个郡进行的一项严厉打击行动,即"柴郡闪电行动",再次显示了致命事故数的短期减少可能是由于被逮捕风险认知的改变。不幸的是,在打击行动结束后,致命事故数再次回归到正常水平。[16]唯一没有遵循这一模式的举措就是澳大利亚新南威尔士州实施的打击行动。1982年,不合法的血液酒精浓度低至0.05,随机的呼吸检测获得授权,并投入了大量的执法资源。三十二个月后,致命事故数下降了26%。

尽管新南威尔士州可能是成功的,但是罗斯悲观的结论说服了我,即威慑(在迄今为止使用的执法和制裁措施范围内)不太可能为美国的醉驾提供一个成功的长期社会控制策略。拉尔夫·欣森(1987)分别对1981年和1982年缅因州和马萨诸塞州的严厉打击行动和加重措施展开仔细的研究,同样也支持了这一结论。欣森认为:"增加醉驾刑罚甚至额外增加定罪的司法措施都没有维持缅因州或马萨诸塞州醉驾行为和致命事故数的减少。"非常重要的是,要现实地看待刑事司法系统的能力,以维持一种长期的普遍观点,即醉驾风险已经增加。对警力和资源的需求量很大。因此,不可能长期保持对醉驾的优先执法。事实上,成功的说法本身会减轻行动上的压力。当警察厌倦了这种做法以及被其他犯罪转移注意力时,路障设置甚至可能会变得不受欢迎。欣森(1987)的发现具有启发意义:"在马萨诸塞州法律实施后期,尽管警察已经增加了对醉驾的逮捕数,但是由调查者作出的1000起醉酒开车的报告显示,平均每发生2.5起车祸,仅有1起车祸司机被逮捕。缅因州的逮捕率略高一些,在法律实施第三年后开始下降。"

人们对这些结论抱有适度的期望而不是悲观。罗斯的评估得出,惩罚至少能够在短期内产生一个边缘威慑作用。显然,短期的胜利远比没有胜利好。如果我们确信惩罚能够减少成年累月的严重事故发生的数量,我们将可能非常自信地推荐这样的惩罚,尽管我们会担心重复相同的策略可能导致效果递减。

(四)增加醉驾者的程序成本

醉驾的成本可以通过提升(认知上的)逮捕后的成本来增加。在很大程度上,我们谈论的是量刑的严重性,但是可能也增加了程序成本。例如,国家司法研究所(1986,p. 20)的报告称:"许多社区在醉驾者被逮捕后拘留他们4到8个小时,以确保他们在离开警察局拘留所时是清醒的。"经历过拘留的那些人认为这是醉驾的显著成本。如果犯罪嫌疑人经常被逮捕和传讯,而不是凭借出庭通知书或根据警察保释时间表被释放,那么这种成本甚至更高。[17] 由于马萨诸塞州最高法院支持了一项针对某镇的侵权判决,即警察未能拘留醉驾者以致其随后驾车撞伤原告,警察部门可能更趋向于拘留醉驾犯罪嫌疑人(Irwin v. Town of Ware, 467 N. E. 2d 1292 [Mass. 1984])。允许使用扣留设施拖走醉驾者车辆,而不是允许将车辆安全地放置在路边的政策,也可能会增加程序成本。[18] 尽管以处罚为目的的审判前的释放程序显然是错误的,但既没有理由以警方和处理程序给被逮捕的醉驾者带来不方便为由拒绝这些程序,也没有理由忽视高昂的程序费用附带的威慑作用。

(五)提高定罪的概率

根据法律本身和默示同意法律,醉驾犯罪并不是一种难以证明的犯罪。此外,像其他刑事犯罪一样,它很少被证明,因为绝大多数的被告人都认罪。尽管民间有相反的看法,但醉驾者的定罪率和其他犯罪的定罪率一样高甚至更高。[19] 事实上,戈德斯坦和索斯米尔希(1982)对威斯康星州麦迪逊市所有的醉驾被告人展开了研究,88%的醉驾被告人被定罪,没有一个醉驾被告人被无罪释放。约瑟夫·利特尔教授在对佛蒙特州的醉驾被告人进行分析后发现,58.5%的被逮捕的醉驾被告人起诉后被定罪,89.2%的醉驾被告人被定为指控的罪名或减轻的罪名。最近,马萨诸塞州的数据显示,因为1982年的严苛法律,仅仅有5%的醉驾被告人被无罪释放。

纽约州刑事司法机构1988年的一项研究发现,大约有90%的醉驾指控按轻罪定罪或移交州法院进行重罪指控,案件的驳回率低于10%。根据《统一犯罪报告》,对醉驾的起诉有90%会促成定罪,比其他任何犯罪的定罪率都高。因此,似乎并不可能通过增加定罪率来加强威慑力。因此,无论被告人是否被定罪,醉驾行为都增加了许多行政成本。例如,无论醉驾者是否被定罪,行政裁决都可能导致司机的驾照被吊销或撤销。

对醉驾行为的起诉必须放在美国刑事起诉的大背景下来看待。在美国司法辖区内,大部分被告人都通过认罪来获得宽大处罚或者避免更严重的量刑。对轻率驾驶和其他交通违法行为而言,历史上检察官都允许醉驾者认罪。然而,近些年,立法者和检察官都转而限制辩诉交易。在许多州(例如,纽约州),醉酒驾驶罪的指控被降低为驾驶能力受损而驾驶的轻罪。二十三个州已经有限制辩诉交易的立法,从一律禁止到要求检察官在法庭上公开解释为什么减轻醉驾的指控(参见美国交通部)。[20]

分流项目也已经变得不再受欢迎,许多年前,它还普遍给初犯提供一个参加治疗项目的机会,以此获得非刑事案件的处理或减轻指控至一个更轻的犯罪。一个很明显的趋势(正如反醉驾总统委员会所建议的)是将治疗作为缓刑的条件。

五、提高制裁的严厉性和多样性

(一)监禁

增加醉驾成本的一种方式就是加重对已被定罪的醉驾者的处罚,过去十年,我们见证了对醉驾者作出更严重处罚的主要努力。在一些公民组织、反醉驾总统委员会以及《公路安全法》第408节[21]的推动下,现在大约有二十五个州对醉驾犯罪规定了强

第九章 威慑

制监禁期限:初犯一般被处以24小时或者48小时的监禁刑,再犯面临着十天或两周的监禁刑。相信短期监禁刑有威慑作用的那些人认为,任何监禁刑带来的可靠威胁都会对人们决定是否醉驾起作用。这一观点更可能适用于那些从来没有经历过监禁的守法公民。对高频率犯罪的核心人员来说,他们中有很大一部分人之前被逮捕过或监禁过,24小时或48小时的监禁威胁不可能让他们产生恐惧。

人们通常认为,强制监禁刑不会得到执行,因此,这种威胁将被认为是不可靠的。这一异议并没有被最近的经验所支持。国家司法研究所对四个司法辖区的醉驾者被实施的强制监禁刑进行评估并发现:

> 在已执行强制监禁刑的司法辖区,被定罪的醉驾者的监禁率显著增加。这一发现明显包含了因初犯被定罪的醉驾者。在西雅图引入强制监禁刑前,被定罪判处监禁刑的司机仅仅占9%;引进后,监禁率达到97%。孟菲斯在有强制制裁前监禁率达到29%,有强制制裁后几乎达到了100%。辛辛那提和明尼阿波利斯出现了相似的增长。只有加利福尼亚州的法官对醉驾犯罪有自由裁量权,可以判处缓刑而不是监禁刑,因此监禁率并未持续上升。[22]

尽管更多地使用监禁刑的趋势很明显,但是强制监禁刑的执行并不是一成不变的。例如,宾夕法尼亚州法律规定,对醉驾者施以最低48小时的强制监禁刑,但是它被解释为允许法官在实施或不实施分流计划的情况下酌情判处缓刑。因此,几乎有60%的初犯从指控中被分流出来。1983年,在30918名被逮捕的醉驾者中,仅有2827人受到了监禁处罚。

对酒后驾驶的强制性处罚没有得到充分执行并不奇怪。起诉裁量权和减刑是我们法律文化的基本特征。许多研究显示强制量刑会被规避,马萨诸塞州《枪支法》和纽约州《洛克菲勒毒品法》就是两个最好的例子(菲利,1983)。因此,不需要寻找一种特殊的醉驾执法理论来解释规避处罚和减轻处罚的情况。相反,如果某些司法辖区一直实施强制的醉驾量刑,那将要求出台具体特殊的解释,这也许是基于反醉驾情绪的推动及公民组织政治权力的策略性实践。

如果所有被定罪的醉驾者都必须服监禁刑,那么更多的醉驾被告人很可能不会认罪,并会积极地对其罪过进行抗辩。这将使起诉资源和司法资源变得紧张,而且判处更多监禁刑也会给监狱设施带来沉重负担,何况监狱目前正经历着前所未有的拥挤(布尔杜克,1985)。一种办法是允许司机在周末服刑;另一种办法是让被告人从夜间11点服刑到凌晨12点01分,这样算被告人已经服刑了两天,以此来规避强制量刑法律的意图。另外一个问题是一些监狱人员担心将醉驾犯罪分子与主要的监狱犯罪人员混合关押(参见美国交通部,1986a),醉驾犯罪分子可能容易受到有经验的暴力罪犯的侵害。因此,一些司法辖区选择将醉驾犯罪分子单独关押在特殊的场所。[23]

(二)罚金

尽管毫无争议,我们需要监禁的替代措施,但是美国刑事司法制度并不重视罚金。监禁是主要刑罚,除了缓刑(如果有的话),其他刑罚都被冷漠对待,或者轻蔑对待。例如,纽约州规定,对初犯处以强制的最低 350 美元(最高 500 美元)罚金,对二次犯罪及多次犯罪处以 500 美元到 5000 美元罚金。[24] 自从 1910 年纽约州通过了第一部醉驾法律,这些法定的罚金额度几乎没有增加。在那时,对醉驾轻罪最高处以 500 美元的罚金,对二次犯罪处以 200 美元到 2000 美元的罚金(参见金和蒂珀曼,1975)。换言之,在这七十五年间,以固定美元计算的醉驾犯罪罚金数额显著下降。

罚金数额很低以至于其不是醉驾定罪最显著的成本。在大部分刑事案件中,包括醉驾案件,一个不贫困的被告人最大的开销是律师费。一个醉驾被告人将不得不支付至少 500 美元的律师费,如果案件进入审判程序甚至更高(也许,在某种意义上,我们已经授权刑事辩护律师实施经济处罚)。另外,近些年各种法庭费用和醉驾治疗成本都已经增加,这些成本合计起来超过了罚金数额。此外,被告人可能需要缴纳保险附加费。

除非罚金增长超过通常水平,否则它就不具有太多显著的边缘威慑作用。一个对伤害或死亡、失去驾照、民事诉讼、保险附加费、法律费用以及法院开销都漠不关心的人,也几乎不会在乎 350 美元或 500 美元的罚金。的确,低数额的罚金使醉驾犯罪显得不那么严重,且传播出一种关于醉驾行为的错误社会讯息。事实上,醉驾行为被定义为一种交通违法行为,而不是侵犯人身权的行为。为了起到现实的边缘威慑作用,一般应该显著增加醉驾犯罪的罚金数额,比如,2500 美元到 5000 美元的罚金甚至更高。这种程度的罚金将会恰当表明社会对醉驾行为的不认可,以及将会产生支持打击醉驾行为项目的资金。

征收更多罚金将要求公众态度和罚金收取机制的变化。历史上美国刑事法院一直都是收缴不力的机构。例如,1982年政府会计办公室报告称:"联邦法院仅仅成功收取到所有罚金的34%,且涉及的罚金数额比我提到的少很多。"辩护律师似乎比法院更擅长从被告人那里收钱。

罚金收取的问题不应该被忽视。许多人可能更愿意去蹲几天监狱而不是舍弃自己的存款。许多被告人将会竭力隐藏或挥霍其资产。没有很好的解决方案,但是我认为,刑事法庭显然不能执行这一任务。最有希望的方式就是将罚金的收取工作转交给有扣押权力的私人机构或将罚金的收取权力授予特定的国家机构(瑞典已经有实践)。如果收取罚金,一定是由有组织原因和动机从事该工作的机构来进行。检察机关和法院可能将罚金的收取作为一个次要的职责,一个分散它们办理真正业务注意力的职责。

许多醉驾被告人不能支付数千美元的罚金,至少如果我们继续以同样的方式思考有能力支付罚金的含义的话是如此。然而,这并不意味着他们不能被有效地判处罚金。在英格兰和其他欧洲国家,通常对贫穷的被告人判处和收取少量的罚金。维拉司法研究所目前正试图执行斯塔滕岛和欧洲的日罚金模式。欧洲人(尤其是德国人和瑞典人)对每个犯罪行为处以数天的罚金。个体日罚金数额取决于他的收入,参照分级所得税的方式执行。如果罚金在威慑兵工厂中成为一种重要的武器,那么这种制度可能就是必需的。

(三)吊销或撤销驾照

目前,失去驾驶权利是醉驾被定罪的主要代价。就金钱而言,这种制裁的经济成本可能要比其他种类的制裁高得多。失去驾照可能意味着失去工作、社会生活以及导致被告人整个生活方式的混乱。因此,这种制裁手段可能比监禁或罚金更令人恐惧。

近些年社会极力强调在定罪,甚至在逮捕时强制自动吊销或撤销驾照。尽管反醉驾母亲协会已经强调对醉驾者处以监禁刑,但是,消除醉驾者协会已经将吊销或撤销驾照放在首位。一些州已经强制吊销驾照,事实上,一些州通过了行政法律,规定如果醉驾者不能通过血液酒精浓度检测,则必须在警察局没收驾照。这些变化的剥夺资格的作用将在第十一章讨论,此处我们只关注潜在的威慑作用。

吊销或撤销驾照的威胁可能造成一种有效的威慑吗?思考这一问题的原因之一就是吊销驾照并不会让人太惧怕,它只是施加在那些不能支付交通罚单的司机身上。显然,对大多数人来说,失去驾照的可能性并不足以促使其立即全额支付交通罚单。[25]然而,无可否认的是这种类型的吊销仅仅是暂时的,因醉驾被吊销驾照可能只在某一时间段内有效。虽然如此,醉驾被吊销驾照的情况通过颁发一个临时驾照或职业驾照就能在一定程度上得到缓和。

正如我们考虑的其他制裁措施一样,吊销或撤销驾照存在相关的执行问题。反思监督吊销驾照的问题,就要考虑驾照许可制度本身的问题。为什么人们自愿参与到驾照许可制度中?也许最明显的答案就是遵守规定的成本相对较低。然而,如果获取或保留驾照变得困难,符合其规定需付出的代价将变得更大,那么避免或规避执行该制度的动机将会增加。

一项许可制度尤其是被设计用以发挥重要社会控制作用的

许可制度,必须以对违反许可规定的行为进行制裁的可靠威胁为后盾。没有有效驾照而驾驶是一种违法行为,一些司法辖区将驾照因为醉驾被吊销而仍然驾驶视为一种加重型犯罪。[26] 然而,没有有效驾照驾驶被抓到的可能性很小,仅仅因为交通违法行为受到严重处罚的可能性可以被忽略。的确,纽约市因为无证驾驶被逮捕的成千上万的人没有出现在法庭上,事实上其在刑事司法系统中被遗忘了。加利福尼亚州的一项研究发现,因为先前吊销或撤销驾照而不具有有效驾照的醉驾者仅有 20% 受到无证驾驶的指控。因此,无论自动吊销或撤销驾照的边缘威慑作用有多大,其都会因人们认为无法有效执行这种制裁而受到削弱。因而,当务之急应该是将涉及吊销或撤销驾照的醉驾违法行为作为严重犯罪对待。

(四) 社区服务

社区服务经常被认为是监禁的一种替代措施,一种缓解监狱拥挤危机的措施(参见麦克唐纳,1986)。也许它的支持者本来并不将其视为一种处罚,而是一种象征性的恢复性措施,以及一种让犯罪分子回归社区的方式。然而,实践中社区服务的初衷已被忘记,并且将其视为一种治疗过度依赖监狱和监禁刑的方法。许多刑事司法学者和规划人员现在将社区服务视为监禁的替代措施,且认为社区服务应该严格而繁重。另外一些人主张将社区服务作为一种能够提供某些处罚的替代措施,如果没有社区服务,被告人可能被处以缓刑。

反醉驾总统委员会(1983)以及最近的两部联邦法律提出,对采取具体反醉驾措施的州拨付激励奖助金,这一举措激发了对醉驾者使用社区服务刑的热情。例如,罗得岛州要求所有被定罪的醉驾者服10小时到60小时的社区服务刑,法官们趋向施以最低的量刑。每年为了给4000个到5000个违法分子提供位置,大约需要250个工作提供者,其中一半是公共机构。每一个违法分子都须自行与其中的参与组织作出安排。无论被告人和组织商定工作多少个小时(例如,仅在周末服务),计划都被项目管理者接受。罗得岛州将这一项目作为一种分流措施,即如果被告人不能成功地完成服务,将被命令返回法院接受量刑。项目管理者估算大约有15%的被告人会返回法院,尽管项目管理者并不知道这些被告人随后会发生什么。

在美国,社区服务刑尚未被证明是成功的。项目管理者的三大主要障碍是:(1)责任保险;(2)找到有用的工作;(3)管理和监督(参见美国交通部,1986)。社区服务的一些研究已经显示服务并不能经常被完成。当地社区仍然没有研究出能够管理和监督大量被判处社区服务刑的被告人的组织和管理制度。即使研究出这种制度,以必须从事少量无偿工作相威胁,似乎很难产生太多的边缘威慑作用,尽管从长远来看它可能有助于端正态度。

一个人可能会问,将社区服务作为醉驾的基本制裁措施是否会渐渐减损威慑作用。社区服务本身就是一种对醉驾的恰当回应,将醉驾定义为一种轻微违法行为。公众不会接受将社区服务作为一些侵犯人身权利犯罪的基本制裁措施,如袭击和抢劫,甚至入室盗窃也可能不行。

(五)公众谴责

一些有力的反醉驾措施支持者提出了旨在调动社区打击醉

驾者情绪的富有创造力的制裁措施。例如,经常有人建议报纸刊登因醉驾被逮捕的司机姓名,有时这种建议是成功的。同样,也有人建议应该通过在汽车上贴标签,公布醉驾者的不法行为来公开识别醉驾者(使其蒙羞)。推动这些提议的理论似乎如下:如果潜在的醉驾者知道,他们的不法行为将被公之于众,就可能不醉驾了。

调动非正式的公众谴责打击醉驾假定了存在潜在的谴责情绪,这种感觉的创造对长期威慑和公众教育来说本身就是一项工程。尽管人们普遍认为醉驾是错误的和不负责任的行为,但不能肯定地说美国人将避开因醉驾被定罪的朋友、熟人,或对其表达出愤怒、憎恨、轻蔑以及厌恶的情绪。此外,如果公共政策明确刺激和调动这种公民情绪的话,那么将可能产生一种相反的同情的反应。

另外,目前尚不清楚公众谴责的倡导者期望或希望公民对被定罪的醉驾者采取什么行动。他们是否希望朋友、熟人公然抨击和严厉谴责醉驾者,断绝和他的社会关系,限制对他的雇佣(或终止雇佣关系)或者轻蔑地对待他和他的家庭?提倡这种制裁措施的那些人希望团结社区意见打击醉驾者,这种渴望违反了使国家垄断制裁的公共政策。一般来说,我们并不想让社区本身掌握司法和非正式的制裁权力。这与我们的愿望恰恰相反,即应由政府的具体机构依据正当程序行使司法权力。

(六)扣留、没收车辆,监视居住以及电子监控

对醉驾者存在几种新的制裁或控制措施,基本都是剥夺资格的措施,我们将在第十一章探讨。但是其也需要很大的成本,因

此,应被视为更有效的威慑。扣留或没收车辆将会拖走违法分子的车辆,要么是暂时的要么是永久的,再施以巨额罚金以及某种程度的剥夺资格。监视居住,尤其是用电子监控支持的监视居住,将会剥夺违法分子活动的自由及其社会生活。

六、长期威慑

我们不应该期待通过升级法律威胁和加大执法力度产生显著的边缘威慑作用。除非进行了大肆宣传,人们可能要花费时间才能感知到一种特殊行为的代价显著增加。人们可能已经习惯具体的行为形式,不愿意也不能够迅速改变。顽固违法分子的违法行为已经发展了很多年甚至几十年,其可能对不断变化的法律威胁特别不重视且缺乏反应。短期内,刑事司法制度可能很难真正实施并保持高强度的执法和处罚力度。

基于这些原因和其他原因,将威慑作为一种长期的对策使其对一般公众和特定的潜在违法分子群体发挥作用更明智。从这一角度来看,威慑有着惩罚表达功能和教育功能。不断升级的法律威胁可能向公众表明,某一具体的行为比先前人们认知中的更糟糕和更严重。这时,公众可能将此种行为重新定义为更严重和更应受到谴责的行为。如果发生这种情况的话,通过更为严厉的法律将会获得普遍支持,选出执行这种严厉法律的警察、检察官和法官也会获得广泛支持。人们更倾向于对饮酒/驾驶行为表示反对,改变自己的行为,并与孩子、配偶、朋友以及同事一起采取行动。随着时间的推移,新的规范和行为模式可能出现。[27]

七、斯堪的纳维亚人的经验

许多反醉驾的支持者认为,斯堪的纳维亚国家已经形成和成功执行了一项打击醉驾行为的威慑计划,其迫使美国司法辖区也遵循这一典范。仅采纳斯堪的纳维亚人的政策,同等低水平的醉驾就可能会出现在美国司法辖区内的观点过于单纯。然而,斯堪的纳维亚国家关于文化、社会结构、公众态度、法律以及犯罪行为相互作用的经验有太多值得我们学习的地方。

尽管在斯堪的纳维亚国家之间还存在一些重要的不同,但是,斯堪的纳维亚国家打击醉驾的基本威慑模式有三种特征:(1)立法规定血液酒精浓度达到一定水平时的驾驶行为构成犯罪;(2)严格的执法,即大量进行呼吸检测和血液检测,同时还包括随机的路旁调查;(3)严厉的处罚,即大量使用监禁刑和暂时或永久吊销司机驾照(安德奈斯,1988)。

尽管已经证实斯堪的纳维亚人饮酒量很大,但是他们强烈禁止饮酒/驾驶行为,且饮酒/驾驶率比美国人低(参见安德奈斯,1988;斯诺特姆,1988)。[28] 他们强烈支持打击醉驾的严厉法律以及旨在预防醉驾行为发生的个人行为和群体行为模式。例如,对一对夫妻或一群朋友而言,在去参加提供酒精饮料的派对前,普遍都会指定某人不饮酒。同样,为了避免随后饮酒/驾驶的可能性通常都会选择乘坐公共交通工具。因此,斯堪的纳维亚人大概已经从以下三个层次内化了反醉驾规范:(1)政府和公民之间相互作用的正式层次;(2)个人在社会和职业角色间的非正式层次;(3)个人的态度、价值观以及个人控制的层次。

专门研究威慑作用的社会学家间存在激烈的争辩,即是斯堪的纳维亚人的法律和执法政策造就了醉驾行为的禁止,还是醉驾行为的禁止造就了严厉的法律和执法政策(参见罗斯,1975;沃提,1982;斯诺特姆,1988)。这种争辩不可能得到解决。然而,无论如何解释斯堪的纳维亚人的成功,几乎不可能存在一种可以成功引入美国并自信收获相似成果的法律模式。有关斯堪的纳维亚国家的研究表明,文化与社会结构、法律、公众态度以及社会准则之间存在紧密关系,因此成功移植的可能性微乎其微。

关键的问题是,升级法律威胁并使其超过当前水平是否能够使由醉驾者引起的车祸数量减少,减少撞车事故带来的收益是否大于成本。为了得出结论,应当切记美国和斯堪的纳维亚国家之间存在许多差异。同样,美国的五十个州之间也存在差异(更不用提州内的差异),美国人的交通方式、娱乐方式以及驾驶方式都与斯堪的纳维亚人不同,正如美国刑事司法制度的组织能力和缺陷也与其不同。此外,美国有许多严重的犯罪问题,这必然限制了醉驾的优先权和资源。

显然,斯堪的纳维亚国家醉驾行为的发生率比美国要低,其他严重犯罪的犯罪率也比美国低,如杀人罪、强奸罪、持枪抢劫罪及入室盗窃罪。这些社会成员普遍更负责任的行为并不是由于更严厉的刑法或更严格的执法,因为除了醉驾犯罪,按照美国标准,斯堪的纳维亚国家关于犯罪的刑事制裁相当宽缓。因此,似乎可以用深层次的文化因素来解释美国和斯堪的纳维亚国家醉驾率的不同。

必须关注的是,目前美国应对醉驾的方式与斯堪的纳维亚人的方式并不是完全不同。我们现在也普遍运用法律及广泛使用呼吸检测。尽管第四修正案不允许进行随机的呼吸检测,但是我们通常使用路障。在定罪时我们也普遍吊销或撤销驾照。最大的不同是斯堪的纳维亚国家对监禁刑的使用,不过这里也有一些注意事项。除了挪威,血液酒精浓度低于0.15的醉驾者通常不会被处以任何的监禁刑。[29] 此外,过去十年间,斯堪的纳维亚国家似乎出现了减少监禁刑使用和减轻监禁刑严厉性的趋势(安德奈斯,1988),而美国正在增加对监禁刑的使用。

最后,必须牢记的是,斯堪的纳维亚国家既没有消除醉驾也没有解决醉驾问题。安德奈斯最近计算出仅仅在挪威,每年可能就有四百万名违法分子,并且他认为挪威人的社会控制策略(1)在阻止社交饮酒者方面比阻止严重的酒精滥用者方面更成功;(2)在预防饮酒/驾驶方面比预防涉及酒精的严重致命事故方面更成功。斯堪的纳维亚人本身也在继续实施更有效的社会控制策略。

基于这些原因,我认为升级法律威胁并使其超过当前水平是不明智的,尽管我确实相信扣留车辆和监视居住措施(第十一章将讨论)是威慑力量的重要补充。正如斯堪的纳维亚国家所为,区分简单醉驾与加重型醉驾并严厉处罚加重型的醉驾行为是有意义的。另外,应该特别关注前述提到的那些法律威胁的有效执行。这些努力与更有效的行政程序结合将会形成一个更紧密的网抛向醉驾者,且正如一些人希望的那样,将会促使饮酒/驾驶行为长期减少,更重要的是也会长期降低由醉驾引起的严重致命事故的发生率。

八、结论

与理性的经济犯罪相比,威慑适用于醉驾犯罪并不容易。醉驾者不可能准确计算出违法成本,而且他们经常会无意地或习惯性地实施违法行为。因为醉驾对违法分子本身也会造成危险,其一直都是不合理的。

无论理论上对打击醉驾行为的威慑机制的能力有何怀疑,其依然是我们最普遍的反醉驾策略,也是在这一问题上表现强硬的立法者们容易接受的策略。为了提高逮捕率和加重醉驾法定刑,公民反醉驾群体及其立法同盟步步紧逼并获得重大成功。监禁刑的实施已经引起大量的关注,毋庸置疑,在许多司法辖区,监禁即使不是一种高度可能性,也已经成为一种可能性。然而,因为监禁空间昂贵以及这方面需求很大,所以这种策略有其局限性。

下一个非常重要的制裁措施即吊销或撤销驾照,施加该措施相当容易,但是很难执行。最没有被充分使用的制裁措施就是罚金。罚金水平仍然很低且不合理,应该予以增加。另外,正如我们将在第十一章看到的,扣留车辆以及监视居住措施的大量使用也会增加醉驾行为的经济成本。

归根结底,尽管威慑是有意义的,但是我们并不能确信,加大执法力度以及罚款力度将会减少醉驾行为,尤其是最危险轻率的醉驾,这种醉驾行为将产生导致严重致命事故的巨大风险。威慑对策最重要的作用可能是象征性的和长期的,随着时间的推移可能会出现新的关于醉驾严重性和违法性的规范。这种规范将表现为对公共政策的强烈支持,更重要的是,将表现出禁止醉驾内化成习惯以及个人阻止其朋友和熟人在醉酒时驾驶车辆的倾向。

第十章 醉驾者缴纳的保险附加费与应承担的侵权责任

本章探讨最近在保险和侵权法方面的反醉驾发展,包括使民事责任变得更容易证明的措施、允许惩罚性赔偿、施以缴纳保险附加费的处罚及将责任延伸到对醉驾者醉态有责任的第三方。

一、醉驾和保险

(一)保险制度

保险的主要目的是在有相似地位的个人、组织或企业之间分散意外的经济损失风险(例如,参见 Globe Life and Health Insurance Co. v. Royal Drug Co., 440 U.S. 205 [1979];基顿,1971)。保险并不要求被保险人完全无过错才能索赔,并且无论是否有过错,大部分保险都覆盖了损失。例如,医疗保险赔偿被保险人的医疗花费,尽管被保险人有着不健康的生活方式。比较而言,传统的汽车责任险已经使被保险人免于对由疏忽驾驶引起的伤害承担责任的风险。

在传统的过错体系下,一名过错司机将对由其过错引起的行人、乘客或其他司机的财产损失和人身伤害承担责任。因此,大量的努力被用在界定哪个司机有过错上(史密斯、莉莉和道林,1932;奥康奈尔和亨德森,1976)。尽管这一体系被视作对不负责任驾驶行为的一种威慑,但是它经常受到批评,因为当司机没有过错时或者当有过错的司机不是被保险人时,就无法赔偿事故的受害者(墨菲和内瑟顿,1959)。另外,保险有时无法对被害人提供全面的赔偿(纽约州保险局,1970)。20世纪60年代早期,在大量学术研究的推动下,出现了根据无过错责任原则修改整个事故法律体系的巨大压力(一般而言,参见艾伦茨威格,1955;卡拉布雷西,1958;布鲁姆和卡尔文,1965;基顿和奥康奈尔,1965)。改革仅仅取得部分成功,许多州没有采纳无过错制度,即便那些采纳无过错制度的州,也作出了重大限制。例如,许多州对一定门槛以上的损失适用过错制度。

虽然因为削弱了事故法对不负责任驾驶行为的威慑作用,第一方无过错计划受到了批评,但大部分司机似乎不太可能因为由保险公司承担对受伤当事人的赔偿,而不是由他们自己承担所造成的损失而放松对轻率驾驶的警惕(参见豪瑟,1985,注释33)。此外,理论上无过错责任并不会消除安全驾驶的经济动机。在纯粹的过错制度中,一名司机的保险费率是指其他人根据被保险人的驾驶行为提出索赔的可能性,或者更复杂的情形,即根据被保险人及其他使用其车辆者的过错驾驶行为进行索赔的可能性。[1]在纯粹的无过错制度中,司机的保险费率取决于被保险人(或他的家庭成员)对该车辆和乘车人所受伤害提出索赔的可能性。在两种情形中,保险费率都受到被保险人驾驶记录的影响。

(二)旨在减少醉酒驾驶行为的保险倡议

当前的反醉驾运动提出一些利用保险来减少醉驾行为的建议,这些建议包括修改保险费率的计算方法,将醉驾行为考虑在内、对醉驾者征收保险附加费,以及拒绝为醉驾者提供保险。

(三)根据驾驶行为确定保险费率

汽车保险的历史证明了基于人口统计学的特征,如年龄、性别和婚姻状况与基于行为特征的保险评级制度之间的紧张关系,如驾驶类型和数量、事故数量以及交通罚单。行为特征从未占过主导地位(一般而言,参见佐弗,1959),因为监视被保险人的驾驶习惯和驾驶记录很难且成本很高。此外,由于市场原因,保险行业并没有奋力使汽车保险成为对个体风险的"完美响应"。

最近的反醉驾运动重新激起了人们对基于行为特征的汽车保险评级制度的兴趣,但是基于行为特征的提议不可避免地难以执行。一个主要的问题是,过去几年间大部分司机没有发生过事故和索赔(佐弗,1959,pp. 4-5)。[2] 由于美国人为汽车投保而不是为司机投保(正如英格兰),评级过程变得更加复杂。因此,为了预测未来的事故和索赔,保险公司需要考虑所有车辆司机的共同风险。

鉴于数据收集的资源有限,没有公式能够准确统计与先前事故相关的保险索赔,并将其计入当前和未来的保险费率。今年的索赔是对未来索赔的预测吗?今年所有的索赔,不论数额、过错以及先前无索赔记录的年份,对未来的索赔都有相同的预期影响吗?如果保险费率增长,那么增长应该在多长时间内有效呢?

唯一能够在费率设定中起重要作用的实际行为指标是不精确的危险替代指标,诸如事故或交通罚单。这些指标呈现出包容性不足及过度包容的问题。例如,出于费率目的,被醉驾者撞到的司机会反对将自己归入引起车祸的醉驾者一类中。发生小事故的司机会反对将自己与正面相撞发生车祸的司机归为一类。

根据交通违章来确定保险费率的做法更具争议性。例如,我们并不知道一张超速罚单能够在多大程度上预测未来的事故。我们不能确定仅仅收到一张单一超速罚单的人是某一具体类型的司机。地方交通执法政策的不同对因交通违法被逮捕的可能性有很大的影响。大多数人都曾有过一次或多次违法行为,却从来没有因某种具体交通违法行为受到指控。

此外,我们不应该假定交通罚单预示着将来的驾驶行为。因交通违法而被逮捕可能与今后的不良驾驶行为呈负相关,不愉快的逮捕经历及其后果可能对司机有一个具体的威慑作用。另外,交通罚单可能会将违法分子认定为更危险的司机。需要大量的实证研究来解决这些相互矛盾的假设。

包容性不足也是对醉驾者和其他交通违法者设定更高保险费率的一个问题。一名醉驾者被逮捕的概率相当低。然而,许多司机有时甚至经常在酒精影响下驾驶,却从来没有因为醉驾被逮捕或定罪过。事实上一些归入"非醉驾者"一类的人却因为醉驾被逮捕,但是被分流到审前的治疗项目中,或通过辩诉交易而被作为更轻的交通违法行为处理。因此,根据刑事执法的异常行为和案件处理的变化来对保险风险进行分类会引起许多问题。

(四)保险附加费

根据行为指标对被定罪的司机征缴保险附加费将是一个比设置保险费率更缓和的解决方案。根据保险附加费保单,保险公司将会对醉驾被定罪者收取额外保险费用。尽管从表面上看很简单,但是保险公司不极力界定被保险人是否曾因醉驾被定罪存在以下几个原因。第一个原因是收集和分析刑事司法信息的成本高。[3] 第二个原因是现金流承保的现实。保险业的大部分利润来自投资,而不是来自保险费与索赔费用之间的差额。现金流越多、浮动时间越长,投资机会和利润就会越多(内德,1964)。因此,保险公司更强调投资而不是设定保险费率。[4]

此外,很难开发一个精确的系统,按照精算出的适当费率对被定罪的醉驾者征收费用。保险行业的代理人告诉我,没有任何精算数据可以证明一个被定罪的醉驾者比一个没有醉驾定罪记录的人更具危险性,更不用说对预测未来交通索赔和醉驾定罪有影响的数据了。如果同意醉驾是危险的行为,那么什么指标允许我们自信地预测一个人在将来有(危险)醉驾的风险呢?是那个人是酒鬼?酗酒者?深夜派对的常客?[5] 还是他因为醉驾被逮捕过或定罪过?

将醉驾定罪作为某人是醉驾者的一个指标产生了很高的错报率和漏报率。错报是指某人曾因醉驾被逮捕或定罪,但是未曾再次醉驾。漏报是指某人从来没有因醉驾被逮捕或定罪,但经常醉驾。许多醉驾犯罪即便被发现也没有被记录。被告人可能进行辩诉交易或被分流到审前的分流项目中来代替起诉(美国交通部,1986b)。法院通常不会将定罪记录移交给州车辆管理部门,或者州车辆管理部门未能记录信息。即使定罪被记录,通常也不会引起保险公司的关注。[6] 州当局并不要求车辆管理部门通知保险公司被保险人被定罪。一些州的隐私法禁止公布这种信息(保险业全行业咨询委员会,1981)。另外,保险公司仅仅在保险经纪人对续保进行记录检查时才能知道醉驾定罪的存在。在没有发生事故的情况下,就更不可能实施调查了。

记录检查要求向车辆管理部门(或者向私人数据库系统,如Equifax)申请被保险人驾驶记录的副本。[7]其所提供的信息经常不完整。例如,记录不太可能包含在其他州的交通定罪。此外,公正性要求司机有机会去质疑信息的准确性,因此,对交通违法行为征收保险附加费既复杂成本又高。

即使公司确实合理获取了准确的交通违法行为记录,但是主要的问题仍然存在,诸如对被保险人应该征收多少保险附加费,对什么违法行为收取保险附加费是正当的,保险附加费的收取应该持续多久,以及公司作出这种计算是否符合成本效益。要精确回答这些问题要求未来有不同驾驶记录的人提供与车辆索赔有关的可能性数据。该行业没有尝试系统地收集此类数据,如果这样做的话成本会很高。必须定期收集交通违法数据,并将其与索赔记录进行对比。未被发现的交通违法行为,未能报告的事故以及刑事司法裁决的变化都使这一努力变得复杂。计算醉驾者造成事故的比例还要求估算醉驾行为的频率,这一任务充满不确定性。

实践问题仅仅解释了部分保险公司不愿对因醉驾被定罪的人征收保险附加费的原因。由于利润受到监管,保险公司可能没有对因交通违法被定罪的人征收保险附加费的经济动机。[8]如果要求这些司机支付更多的保险费用,而利润已达法律规定的上限,那么必须要削减其他司机所缴纳的费用。然而,公司并不能确定其他司机会支付风险费用。此外,这种体系(假定被州机构执行或规定)将会以破坏传统保险原则为代价来实现刑法的目的。保险公司的高管担心保险费率的设定逐渐成为渴望执行多种政治和社会议程的利益集团的战场。

尽管部分势力抑制了征收保险附加费的实践,但在所谓的安全司机保险计划(SDIPs)下,一些立法规定的汽车保险费率的确对司机的行为进行了有限的考虑,这增加了发生事故或交通违法司机的保险费率。在纽约版的安全司机保险计划下,醉驾定罪导致保险费增长了75%,保险附加费的征收持续了三年(《纽约保险法》,sec. 2335.a.4)。新泽西州最近的一项法律规定,对被定罪的醉驾者征收三年(每年1000美元)的保险附加费(NJCRR, sec. 1:3-1.16.f.1.i〔1985〕)。联合保险公司保留了80%的保险附加费,剩余20%用于承担州机构协调和执行州反醉驾运动的花费。保险附加费的比例和固定的"保险罚金"都没有以醉驾预期的成本为基础,然而,却反映出立法者对醉驾应受谴责性和危险性的态度。

如果保险附加费意味着惩罚过去的行为或威慑未来的行为,那么为什么不以刑事罚金的形式进行相同的经济制裁呢?答案之一是,刑事法庭在收取巨额罚金方面并不成功(卡萨莱和希尔斯曼,1985)。因此,通过保险更容易直接收取经济罚金。然而,征收保险附加费的边缘威慑作用可能比刑事罚金要弱,因为前者缺乏后者象征性的内容。刑事罚金是对社会谴责的一种象征性声明,而保险附加费只是涉及许多因素的私人合同关系的一部分。此外,保险附加费是"自愿的",因为一名司机可能放弃驾驶或者转而驾驶其他人注册的车辆(例如,妻子、孩子、亲戚或者朋友)。不幸的是,他也可能在没有任何保险的情况下非法驾驶。[9]

二、拒绝向醉驾者提供保险福利

一些反醉驾策略出于加强威慑的愿望提倡拒绝向醉驾者提供汽车保险福利,对这一提议不应予以认真考虑。在实行车险过错制度的司法辖区,如果不让醉驾者享受第三方责任保险将会使受害者得不到赔偿,从而违背车险的最初目的。拒绝为醉驾者提供责任保险将会起到违反常情的作用,即既处罚醉驾者又处罚醉酒驾驶的受害者。

艾伯特·艾伦茨威格教授(1955)提出了一种"侵权罚金",这种方法既能使醉驾者得不到保险的经济赔偿,又不会给受害者造成困难。在他的计划下,各州将建立一项基金,该基金的管理人代表基金组织从实施"刑事过失行为"的司机那里寻求民事赔偿。与刑事罚金一样,赔偿的数额由被告人的过错和经济实力决定,而不是由受害者的损失决定。原告可能收取两次赔偿金,一次从责任保险人那里收取,一次从被保险人那里收取。因此,事故受害者将得到赔偿,并且基金将揭开保险的面纱,处罚违法分子和威慑其他人。艾伦茨威格教授认为,他的提议将会产生比传统侵权法更大的威慑作用,因为受害者自己作决定时,要么不会去起诉,要么没有太多的精力这么做。

艾伦茨威格的侵权罚金提议的效力值得怀疑。第一,由于上述原因,预测的边缘威慑作用存疑。第二,行政管理成本可能相当高。第三,法院可能以该计划是在不受刑事程序保护的情况下施以刑事制裁为由使该计划无效。如果对醉驾者处以严厉经济制裁是一个好政策的话,为什么不仅仅增加刑事罚金呢?

另外一项建议是拒绝向醉驾者提供第一方保险赔偿(菲尔

丁，1977）。例如，醉驾者撞到了一棵树，伤到了自己及其车辆，该司机将不能获得保险公司的赔偿。这项建议的理由是，如果司机知道其将不会因为醉驾导致的伤害得到赔偿，就不会实施醉驾行为。一些州已经采纳了该政策。如果能够证明司机醉酒以及醉酒导致的伤害超出了合理怀疑，纽约州车辆无过错责任制度将防止醉驾者追回任何赔偿金（《纽约保险法》，sec. 672-2）。其法律是否真正得到执行则是另外一个问题。[10]

拒绝向醉驾者支付赔偿金的威慑合理性存疑。如果人身伤害的威胁本身不能威慑醉驾者，那么在发生人身伤害的情形下拒绝支付保险赔偿金的威胁几乎不可能奏效。不管怎样，大部分司机都享受着医疗保险。从逻辑上来说，威慑的提倡者可能也会提出拒绝向醉驾者支付这部分保险赔偿金。的确，采取这一做法可能意味着拒绝提供医疗服务本身。

这些建议的变化都旨在防止醉驾行为引发严重的问题。一些建议将会违背保险的目的或者要求保险行业作出改进。其他建议则是缺乏程序保障的准刑事制裁，令人反感。更重要的是，这些建议不可能产生显著的边缘威慑作用。

（一）加强醉驾者的侵权责任

侵权法一般规定，故意或过失伤害他人者必须赔偿受害人的经济损失和精神损害。过失是指没有遵守一个理性人在相同情形下所能行使的注意义务标准（普罗塞和基顿，1984，p. 169）。醉驾几乎都涉及过失，理性的人不会在醉酒时驾驶车辆将自己和他人置于可能受到伤害的危险中。此外，在酒精或毒品的影响下驾驶车辆都是不合法的，基于这一原因，许多法院都将这一行为视为"过失本身"(普罗塞和基顿,1984)。

当前的反醉驾运动已经开始对侵权法感兴趣。最近的侵权法举措包括:(1)将所有体内血液酒精浓度超标的驾驶者的驾驶行为定义为过失;(2)向醉驾受害人提供惩罚性赔偿或惩戒性赔偿;(3)将民事责任扩大到向醉驾者提供酒精饮料的那些人。

(二)从侵权法角度界定醉驾

与从刑法上定义醉驾相比,从民法上定义醉驾并不容易。传统上,民法标准与刑法标准基本一致。传统的醉驾基准——DUI或 DWI——是并不容易准确定义的朦胧标准。

> 法院经常试图定义"醉态"和"醉酒",但是正如前文所述,术语在实际运用中几乎不可能有准确定义,定义起来往往都非常相似。"醉态"也是"醉癖""酒醉"或者"醉酒"的同义词,是一种摄取大量致醉物以后所表现出的难以避免的状态。对一些人来说,"醉酒"指的是受到致醉物的影响并达到使人无能为力的程度,而另一些人则认为,一个人仅仅受到轻微的致醉物的影响,就被称为醉酒……就对第三方造成身体伤害而言,据称,当某人大量使用致醉物后其正常的心理状态发生重大变化,以至于其行为变得难以预测和不受控制,因此导致真实或想象的轻微的刺激,激发愤怒,从而引发对他人身体的暴力行为,这种状态可能就是民事伤害行为意义范围内的醉酒(45 Am. Jur. 2d, sec. 21 [1964])。

当各州通过了各自的法律时,从刑法上定义醉驾就变得简单。然而,在民事过失案件上使用0.10的血液酒精浓度标准会引起一些问题。血液酒精浓度在 0.10 时,大部分司机的驾驶能力会被削弱,然而,有些司机则不会。假设血液酒精浓度在 0.10 以上的司机皆是因疏忽导致事故,这种推定是存疑的。[11]

在许多司法辖区,血液酒精浓度超过 0.10 时的驾驶行为都被视为"过失",这一概念在不同司法辖区有着不同的意思。在一些司法辖区,疏忽需要确切地证明;而在另一些司法辖区,它意味着表面上的疏忽或者仅仅需要"很少的证据"来证明违反职责(普罗塞和基顿,1984,pp. 200—202)。至少有一个法院认为,0.10 的血液酒精浓度不会产生醉酒的推定,尽管该血液酒精浓度可以作为证据使用(Burke v. Angies, Inc., 143 Mich. App. 683, 373 N.W. 2d 187 [1985])。血液酒精浓度低于 0.10 的醉酒并不一定不是过失,审理案件的法院可能允许陪审团考虑与疏忽驾驶这一最终问题相关的任何饮酒证据。

(三)惩罚性赔偿

当侵权行为者的行为超越粗心大意,达到肆意和恶意行为的程度时,原告可能请求除补偿性赔偿外的惩罚性赔偿或惩戒性赔偿(《侵权法重述》第二卷第 908 节)。[12] 惩罚性赔偿已经受到许多学者和法学家的批评,因为它向受害人提供了一笔不应得的意外之财,以及对侵权行为者施以过分的处罚(参见 American Surety Co. of New York v. Gold, 375 F. 2d 523 10th Cir. [1966])。另外,如果惩罚性赔偿的风险能够投保的话,惩罚就不会落到侵权行为者的身上,取而代之的是,所有的汽车被保险人将承担更高的保险费率。

当陪审团被要求考虑惩罚性赔偿时,它们有决定具体数额的自由裁量权。一份典型的陪审团关于计算惩罚性赔偿的指南作出如下阐述：

> 在界定应该给予的惩罚性赔偿金额时，如果您决定支持这一赔偿，则应该考虑能够清楚地反映被告人财富或财产的证据。
>
> 如果您判处惩罚性赔偿，罚金数额则由您自由裁量。法律没有提供任何准确的公式来界定补偿性赔偿和惩罚性赔偿的比例。对补偿性赔偿来说，它们不应该是完全不成比例的。您的裁决不应该受到您对原告或被告的任何热情、偏见或过度同情的影响。
>
> 然而，在决定恰当的数额时，您应该合理考虑所涉行为的恶劣程度。
>
> 如果判处惩罚性赔偿，法院要依赖您作出的良好判断，考虑所有的情形得出一个数额，该数额不仅要发挥惩罚作用，而且还要能阻止今后发生类似的不法行为（G.Douthwaite 1981: secs. 2-2, 2-6, at 80, 90n）。

陪审团可以考虑被告人的罪过和其自身的财富，金额从 1 美元到 100 万美元不等，这取决于陪审团的具体评估或一时的兴致。然而，法官有自由裁量权来减少过高的惩罚性赔偿金额。

尽管各州在醉驾受害人能否获得惩罚性赔偿金的问题上存在分歧，但是整个趋势是支持实行惩罚性赔偿制度。[13] 惩罚性赔偿制度的支持者认为，这些惩戒性的处罚将会威慑未来的醉驾者。加利福尼亚州最高法院在其里程碑式的判决中解释了这一基本原理，即在 Taylor v. Superior Court（24 Cal. 3d 890, 598 P. 2d 854 [1979]）一案中作出的如下阐述：

在这样的案件中允许惩罚性赔偿可能是相当合适的,因为还有一个原因,也就是威慑类似行为,其不可估量的成本是有据可查的。第 3294 节(加利福尼亚州惩罚性赔偿条款)明确规定,为了建立范例,惩罚性赔偿可以适用。适用原则在俄勒冈州最近的一起案件中得到了很好的表达,该案支持对醉驾者处以惩罚性赔偿。"醉驾者是许多更严重车辆事故发生的原因,这一常识性的事实强力支持要采取所有可能的手段阻止人们酒后驾车,包括发生事故时对其判处赔偿或惩罚性赔偿。"(p. 980,原文重点强调,脚注省略)

有人可能会支持加利福尼亚州最高法院打击醉驾的有关倾向,但是,正如克拉克法官在其激烈的异议中指出的,允许醉驾受害人收取惩罚性赔偿金将不会影响这一行为的发生;基于之前讨论的一些原因,威慑将不会发生效果。此外,施以惩罚性赔偿可能会对我们的侵权法系统造成不公正和扭曲的影响:陪审团可能会给任何醉酒或饮酒的司机贴上"故意、恶意以及轻率"的标签,不顾被告人的事实驾驶行为和受害人的伤害而处以惩罚性赔偿。惩罚性赔偿部分取决于被告人的财富,相当于一种报应性的制裁,即使一个人可能被依据事故法处理而不是依据刑法处理。通过增加醉驾案件中的罚金数额以及根据被告人的罪过和危险性更严格地调整罚金数额能达到同样的效果。刑事罚金归于各州(并且可能成为反醉驾项目的专项拨款),而惩罚性赔偿对受害人而言是一笔意外之财。在 Bielski v. Schulze(16 Wis. 2d 1, 114 N.W. 2d 105 [1962])一案中,威斯康星州最高法院陈述道:"我们承认重大过失的废止剥夺了过失案件中判处惩罚性赔偿的基础。但是判处惩罚性赔偿并不是为了补偿原告的伤害,而是惩罚和威慑侵权行为人……惩罚性赔偿是重大过失引起的,是故意侵权行为的附带条件。有意和故意侵权仍然存在,但是不应该与过失相混淆。各州刑法是防止公众受这种行为或轻率、恶意及有意行为伤害的最好手段。"

一个密切相关的问题是,保险是否涵盖或者是否应该涵盖由醉驾事故引起的惩罚性赔偿(参见舒马赫和麦肯锡,1986)。车辆保险合同并不排除对惩罚性赔偿的覆盖(参见《迪金森法律评论》,1980)。20世纪70年代,保险服务办公室起草了统一的排除惩罚性赔偿的条款,但并没有获得行业的认可(参见伯勒尔和杨格,1978)。大多数法院将保单的统一净损失条款解释为涵盖惩罚性赔偿(伯勒尔和杨格,1978;舒马赫和麦肯锡,1986)。然而,一些法院根据公共政策拒绝允许将其纳入保险范围,因为它削弱了惩罚性赔偿的合理性(普罗塞和基顿,1984)。

如果车辆保险涵盖了惩罚性赔偿,那么任何可能的威慑作用都会被抹杀,醉驾者不会受到惩戒性处罚,而是由保险公司支付惩罚性赔偿金以及通过提高保险费率的方式将成本转嫁到所有投保的司机身上。当一名醉驾者肆意伤害其他人时,所有的车辆被保险人都会负担一定的款项,且受害人获得一笔意外之财。因此,正如美国第五巡回上诉法院所解释的那样,有充分的理由使惩罚性赔偿不纳入保险的范围:"如果允许一个人将负担转移到保险公司身上,那么惩罚性赔偿将变得无用……当然,事实上,考虑到公众实际上被保险的程度,负担最终不会落到保险公司身上而会落到公众身上,因为保险公司的额外责任将会转嫁到保险费支付者身上。社会将因被保险人实施的违法行为而自我惩罚。"(Northwestern National Casualty Co. v. McNulty, 307 F. 2d 432 [5th

Cir. 1962], pp. 440-441）

另外,惩罚性赔偿不纳入保险范围也会引发严重的问题。保险为损失、伤害和灾难的发生提供了保障。如果醉驾事故引起的惩罚性赔偿不纳入保险的范围,人们将无法确定交通事故的后果,尤其是在饮酒以后。如果惩罚性赔偿不纳入保险的范围,所有司机将会遭受陪审团一时兴起和反复无常的裁决,而且陪审团可能希望就醉驾的危害作出陈述。不仅仅是醉驾者容易受到致命的经济损失,而且事件发生后的若干年,被陪审团判定为"醉酒(或者轻率)司机的人也会受到影响"。其中可能包括摄取酒精饮料的任何人,甚至是被错误指控为醉酒的人。这种难以预测的责任将等同于刑法规定,构成醉酒驾驶罪的任何人(或醉驾伤害到他人的任何人)都可能被判处任何数额的罚金。

惩罚性赔偿政策的支持者可能会回应称,对不纳入保险范围的惩罚性赔偿,那些渴望避免受到处罚的人只需决定永远不会醉驾即可。因以下原因,这一论点并不令人满意。如果所有人在任何时间都能负责任地实施自己的行为,那么我们就不需要拥有太多的保险。正是因为我们有时会因疏忽大意实施某种行为,或者可能被发现这么做了,所以才会购买保险。一个正常负责任的人可能基于多种原因在某些特殊场合酒后驾驶。此外,一个从没有酒后驾驶过但是喝了几杯的人,可能因为诉讼的变化而被错误地处以惩罚性赔偿。

允许惩罚性赔偿可能也会因为承保人拒绝将其纳入保险范围而变得复杂。如果陪审团认为被告人的醉酒行为应当处以惩罚性赔偿,那么承保人可能根据被保险人放纵、故意以及恶意实施行为拒绝将其纳入保险范围,从而拒绝支付惩罚性或补偿性赔偿金。如果这一论点成立的话,那么被告人可能就会被剥夺所有的保险,而且受害人获取补偿性赔偿的可能性也大大降低。

三、使酒精饮料的施与者承担民事责任

因为改变醉驾者的行为非常困难,通过尝试影响为醉驾者提供酒精饮料的那些人的行为也许能达到更成功地减少醉驾行为的效果(莫泽,1983)。一些反醉驾的提案建议对商业酒水售卖者以及提供酒水的社会主体施以侵权责任处罚。商业酒水售卖者包括酒铺、路旁酒吧以及餐厅。社会主体从亲密派对的举办者到兄弟会。

(一)商业酒水售卖者的民事责任

在普通法中,第三方酒精饮料售卖者并不对醉酒顾客所引起的伤亡承担责任(约翰逊,1962;基南,1973)。造成伤害的饮酒者是中介因素,中断了酒水售卖者的因果关系。多年以来,尤其是禁酒时期,许多州都通过了酒馆法,规定酒水提供者对醉酒顾客的侵权行为承担连带责任。[14] 这些法律在许多方面都存在不同。有些法律甚至允许一个伤害自己的醉酒者起诉提供酒精饮料的人(参见 Christiansen v. Campbell, 328 S.E. 2d 351 [S.C. 1985])。有些酒馆法似乎规定了严格责任(《北达科他法律评论》,1983,pp. 450-451):受害者需要证明酒铺或酒馆将酒水售卖给了伤害他的醉酒者。有些法规允许处以惩罚性赔偿(参见 Pfeifer v. Copperstone Restaurant and Lounge, 693 P. 2d 644 Or. App. [1985]; Ala. Code, sec. 6-5-71 [1975]; Me. Rev. Stat. Ann. tit. 17, sec. 2002 [1983])。

不出所料,商业酒水售卖者一直以来都反对酒馆法,认为饮酒者(至少是成年人)应该对自己的行为负责,且不应该要求售卖者监督顾客。第二次世界大战后,迫于酒吧和酒馆的压力,许多酒馆法被废除(《加州西部法律评论》,1982)。然而,在过去十年,这一趋势发生了逆转。许多立法机关颁布了新的酒馆法[15],一些州法院通过普通法认定酒馆负有责任(参见 Congini v. Potersville Valve Co., 470 A. 2d 575 [Pa. 1983]; Sorenson v. Jarvis, 350 N.W. 2d 108 [1984]),认为酒水售卖者对一般公众有注意义务或从禁止向醉酒顾客销售酒精饮料的刑事法规中推断出这种义务。联邦政府鼓励各州采取某种形式的酒馆责任制,从某种程度上说通过酒馆法才能获得公路补充资金。然而,酒精饮料行业的反对声也非常高,州立法者已经推翻了几项旨在确立酒馆责任的激进判决(参见 S.D. Comp. Laws Ann., sec. 35-4-78 [1985])。

已经确立酒馆责任的法院一直都受到对醉驾问题严重性认知的影响。例如,1982年,新墨西哥州最高法院确立普通法的酒馆责任时指出:"鉴于涉及醉驾者的车辆事故频发,我们认为,服务者知道或者本应知道醉酒者要驾驶汽车仍向其提供酒水,其后果是可以合理预见的。"(Lopez v. Maez, 98 N.M. 625, 651 P. 2d 1269 [1982], p. 1276)同样,南达科他州最高法院裁定:"我们从司法实践中注意到,即自格里芬案判决之后,1976年到1981年涉及酒精的州致命交通事故达到50.8%,仅在1981年,南达科他州62%的致命交通事故都与酒精有关。这一对生命悲剧性的浪费促使我们审视从格里芬案中得出的结论。如果立法机关不同意……如此主张是立法机关的特权。"(Walz v. City of Hudson, 327 N.W. 2d 120 [1982], p. 122)[16]

酒馆责任的隐含理论就是民事责任的威胁将会鼓励酒水售卖者监督顾客的饮酒行为。要做到这一点售卖者将不得不识别出有可能对他人造成严重事故风险的那些顾客。我们应该期待调酒师、男服务员和女服务员履行何种程度的注意义务呢？且许多人都是在酒精饮料行业中执业时间不长的年轻人。[17]我们能期待他们判断什么是"醉酒"以及识别出达到这种状态的顾客吗？[18]"醉酒"界定起来并不简单，正如罗格斯大学研究员皮特·南森博士在最近一项研究中总结的：

> 该研究涵盖了社交饮酒者、调酒师以及警察执法人员，旨在评估他们判断个体是否醉酒的能力。研究表明，被调查的三组主体……正确判断醉酒程度的比例仅为25%。当醉态增加时，三个小组的准确率会下降……研究得出的结论认为，赞恩的判决（99 N. J. Super 196, 1961）——一个人是否清醒或醉酒只是一个常识问题，并不要求特殊的知识或技能——显然是错误的……一个人是否清醒或醉酒并不是一个普通的观察问题，而是需要特殊的技能和训练（Reported in 2 Dram Shop and Alcohol Reporter 1984, no. 3, pp. 1-2）。

在一个拥挤的酒吧中，调酒师很少有机会去留意任何顾客的具体饮酒量。显然，他根本无法知道顾客在进入酒吧前是否已经饮用了酒水，以及顾客试图在酒吧里待多久或者他已经喝了多少。监督酒水饮用量更为复杂，因为就一般实践而言，一名消费者会为几个人买几轮的酒水，以及团体成员会共享一壶啤酒。服务者也不可能识别出司机来。最后，如果一名顾客在被识别出醉酒后才停止饮酒，那么防止其醉驾就为时已晚。

酒馆、酒吧甚至许多餐厅都会出售酒精饮料，利润高低取决于是否营造出了一种诱人的饮酒环境。目标不是鼓励大家夜间长时间的安静聊天或只饮用两杯酒水和几杯苏打水。最好的顾客就是能喝酒的人，许多人在酒吧里花掉很多钱，期待大多数酒水提供者监督他们并不现实。正如古斯菲尔德、拉斯马森和科塔巴（1984, p. 55）在酒吧文化的民族志研究中指出的："当被问及饮酒场所对顾客的责任或义务时，地方酒馆的保镖以及赫米蒂奇酒馆的调酒师都会用所谓的'成年意识'为自己开脱，声称尽管大部分人能够管理自己的饮酒行为，但是成年人也拥有不能管理自己行为的自由。不能管理自己的行为并不是管理人员的责任，因为顾客都是成年人且达到饮酒年龄，也是在停止饮酒后足以照顾自己的人。"规定饮酒量的法律[19]以及禁止提供夜间优惠和买一送一的法律（例如 Massachusetts, 204 C.M.R., sec. 4.03, 1984）对控制过量饮酒几乎没有帮助，仅凭它们很难改变酒吧文化。[20]

　　尽管维持酒吧和酒馆文化的社会和经济力量非常强大，但我们有理由对通过扩大酒馆的责任以改变贩卖和消费酒水的模式感到乐观。酒馆诉讼案中损失最大的是知名的酒馆和餐厅，它们有大量的资产，且酒水销售对其而言仅构成整体营收的一部分甚至是很少的一部分。它们可能认为，紧密监督老顾客的饮酒行为是有意义的。

　　为了防止承担潜在的酒馆责任，许多宾馆和餐厅，以及酒吧和酒馆都签约让其调酒师、男服务员和女服务员接受数量迅速增长的服务者干预项目的指导。这些项目诸如 TIPS（酒精服务者干预程序培训项目）提供了 6 到 8 小时的录像片段，包括领导者引导的讨论以及服务者角色扮演环节："首先传授服务者有关酒精对行为和心理的影响的线索,包括控制力减弱、判断力消失、反应力缓慢以及协调力被削弱。其次,服务者学习各种控制酒精流动的策略,甚至从第一杯酒开始。诸如核查 ID 卡确认法定饮酒年龄以下的饮酒者、提供食物、提供非酒精饮料以及停止服务等都可作为抑制放纵的饮酒行为、限制接近饮酒限度的人继续饮酒以及处理已经醉酒顾客的策略。最后,服务者在角色扮演的情境中获得完善自身技能的机会。"(拉斯和盖勒,1987,p. 952)如果让保险公司完全提供酒馆责任保险的话,许多保险公司将会要求被保险人购买这种培训包。因此,TIPS 和其他服务者干预项目现在非常盛行。

提供酒精饮料的服务者希望购买服务者干预项目的原因非常明显,其存在获得责任保险的需求以及在酒馆诉讼中需要有一个"负责任服务者"的抗辩事由。尚不清楚的是,这些有限的教育项目是否能够实际产生积极的效果。酒精滥用者擅长隐藏和拒绝承认自己的酗酒行为,且擅长抵制他人更负责任地饮酒的建议和劝告。此外,没有餐厅和酒吧所有者和管理者的有力支持,调酒师和服务员的努力不可能取得成功。由于改变酒精在公众中的售卖和消费方式很困难,这些服务者干预项目是在当前出现的反醉驾改革运动中取得的最积极的进展。[21]

酒馆责任要产生显著边缘威慑作用,必须存在提起诉讼的极大可能性。然而,醉驾受害者可能并不会起诉酒水售卖者,除非醉驾者没有足够的保险赔偿受害者的损失。此外,(酒馆的)次要赔偿责任不会产生任何影响,除非钱很多。正常情况下,诉讼并没有什么意义,除非被告人有责任保险。

尽管现在很少有酒吧投保酒馆责任保险,但是受伤的受害人起诉酒馆、酒吧、餐厅以及造成伤害的醉驾者的频率越来越高。即使醉驾者的保险是充足的,酒水售卖者也可能会被视为共同侵权人。法律并不要求在用尽醉驾者的保险后再使用酒水售卖者的保险。

酒吧和餐厅能购买酒馆责任保险吗?它们渴望这么做吗?显然,它的市场发展得很缓慢,如果能的话,明尼苏达州的保险管理局已经要求保险行业提供这种类型的保险。即使有这种保险,一些酒水售卖者可能也负担不起,或者选择不购买该种保险。他们认为,如果没有保险,就不太可能成为有吸引力的侵权目标。明尼苏达州现在要求将责任保险作为取得酒类经营权的先决条件,其他州可能也会效仿。[22] 然而,在这种情形下,我们又回到了之前讨论的困境中,保险为受害人提供了补偿,但是它削弱了民事责任可能具有的威慑价值。

当然,保险公司本身可能也会对酒吧、酒馆以及餐厅规定安全标准。自从法院开始运用服务者干预项目界定酒吧在引起顾客醉酒问题上是否存在疏忽,保险公司逐渐要求被保险人参与服务者干预项目,以此取得购买责任保险的资格(《美国律师协会会刊》,1987)。

(二)社交主人的民事责任

在家里消耗的酒水量与在商业场合消耗的酒水量相当。通过民事责任的威胁以及态度和规范的长期改变来塑造行为,我们或许有更多理由对此保持乐观。至少在小型派对中,主人知道客人到底喝了多少酒,并且知道客人离开时的状态以及回家的方式,他们没有鼓励喝酒的经济动机。如果社交主人可能会对客人引起的醉驾事故承担民事责任的话,那么他们可能会更加负责地准备和监督派对上的饮酒活动。

尽管小型派对的主人在某种程度上可以控制或监督客人的酒水消耗量,但是,并非所有派对都是前述那种可预期的亲密派对。还有一些是兄弟会派对、大公司宴会、婚礼、通宵宴会或者团队庆祝宴。在这些派对中,一个开放的酒吧可能会让饮酒者随便喝,让任何人对客人的醉酒行为负责都很困难。如果责任分配(除了不负责任的饮酒者的责任)是恰当的,那么就是为了营造一种在没有监督的情境下,客人可能会醉酒的氛围。但是,在美国社会中,开放的酒吧和不受监督的饮酒行为是否不合礼仪或不负责任仍然没有具体规范。从长远来看,我们可能需要对盛行的社会规范提出质疑,但是,这的确是一个非常重大的任务。

从历史上看,酒馆责任不包括社交主人,这也许反映出这样一种观点,即不能期待社交主人监督客人的行为,施以这种责任将会破坏社会关系。此外,社交主人责任可能会导致被告人的个人财产以及家庭财产的损失(参见格拉哈姆,1979)。社交主人与商业酒水售卖者不同,不可能将侵权责任或保险代价转嫁给消费者。

如今,人们对将典型的酒馆责任延伸至社交主人身上有很大的兴趣,尤其是雇主和大型派对的举办者以及向未成年人提供酒水的那些人。1972 年,明尼苏达州 Ross v. Ross(294 Minn. 115, 200 N.W. 2d 149,1972)一案和艾奥瓦州最高法院审理的 Williams v. Kleimesrud(197 N.W. 2d 614,1972)一案都将责任扩大至社交主人身上,但此后,两个州的立法机关都修改法律排除了社交主人的责任(Minn. Stat. Ann., sec. 340.95, 1980; Iowa Code Ann. 123.

95,1980)。之后,艾奥瓦州最高法院又根据《艾奥瓦州酒精控制法》规定的过失理论恢复了社交主人的责任(Clark v. Mincks, 364 N.W. 2d 226,1985)。纽约州对向未成年人售卖或提供酒水的商业酒水售卖者和社交主人追究刑事责任(《纽约酒精饮料控制法》,sec. 65.1)。

最成功的非供应商诉讼是针对那些在公司派对和野餐中向已经醉酒的员工提供酒水的雇主提起的。一般而言,这些案件都是基于违反酒精控制法中的过失理论提起的,而不是依据普通法或酒馆法。大多数成功的案件都涉及雇主向未成年人提供酒水。[23]然而,最近有三起案件已经将雇主规则扩大到成年员工身上。Chastin v. Litton Systems, Inc. (694 F. 2d 957 4th Cir.,1984)案和Hallagan v. Pupo(678 P. 2d 1295,1982)案通过一般刑事违法/过失规则扩大了第三方当事人的责任。然而,明尼苏达州法院在Meany v. Newell(352 N.W. 2d 779,1984)一案中采取了不同的方法。其根据普通法中雇主和员工之间的特殊关系,认为公司对醉酒的员工有很高的注意义务(参见Restatement Second of Torts 317),继续向已经醉酒的员工提供酒水构成对注意义务的违反,将导致直接的过失行为。

最近,新泽西州最高法院认定当社交主人明知继续向醉酒的客人提供酒水最终会导致伤害却仍提供时,其负有侵权责任。[24]法院在Kelly v. Gwinnell(96 N.J. 538, 476 A. 2d 1219,1984)一案中阐述道:

> 我们要求主人对第三方承担义务是因为我们认为强制履行这种义务的政策考量远远超过那些反对者所主张的政策考量。尽管我们认同,接受这种规定标准可能会干涉社会

行为标准,将会干扰并在一定程度上削弱有酒水服务的社交聚会所带来的享受、放松和对友谊的增进,且这种聚会和社会关系不仅是文明社会的附带利益,许多人都认为其是非常重要的。我们认为,对醉驾的受害人进行公正赔偿的额外保证,以及对驾驶规则的额外威慑作用超过其他价值的重要性……事实上,我们认为,鉴于社会对醉驾行为的极度关注,因规则引起的社会行为的任何改变至少最终被视为是中性的,且不是一种更糟糕的改变。但是无论如何,即使存在损失,也是值得的(96 N.J. 538, 476 A. 2d 1219, 1984)。

新泽西州关于社交主人的责任范围并不明确。新泽西州最高法院指出,被告人是一位故意在短时间内向客人提供了十三杯酒水的社交主人。法院还表示,为了获胜,原告必须证明主人知道客人饮酒后会驾驶车辆。另外,法院的判决仅限于主人直接向客人提供酒水的情况。因此,这一判决并不必然为大型聚会中的醉驾受害人提起诉讼开辟道路,因为在这些大型聚会中,主人并不参与,也不了解每位客人的饮酒情况。[25]

自 Kelly 案以后,另有两个法院已经采纳了社交主人责任。在 Clarke v. Mincks(364 N.W. 2d 226, 1985)一案中,艾奥瓦州最高法院裁定,社交主人对向已经醉酒的客人提供酒水而引起的事故负有民事责任。克拉克法官并没有对 Kelly 案所表达的责任理论添加任何东西,但是至少从一方面来说,这是一个值得注意的判决。艾奥瓦州最高法院之前的判决根据酒馆法追究社交主人的责任,但是艾奥瓦州立法机关推翻了该判决(Williams v. Klemesrud, 197 N.W. 2d 614, 1972)。艾奥瓦州最高法院最近的判决又推翻了立法机关的意见,这既表明了法院想减少醉驾的强烈欲望,也表明了法院相信自己可以这么做。

在 Ashlock v. Norris(475 N.E. 2d 1167,1985)一案中,印第安纳州中级上诉法院认为,一位酒吧的顾客为另外一名已经醉酒的顾客提供酒水,该人可能要对第三方伤害承担责任。Ashlock 案阐明了售卖者责任和非售卖者责任之间一个经常被忽略的区别。被告人并不是社交主人而是为朋友买酒水的酒友。原告不仅将酒吧作为服务者来起诉,而且还将酒友作为主人来起诉。因此,法院将责任与被告人服务者的身份剥离开来,在 Kelly 案中,该身份对责任至关重要。由于审理 Ashlock 案的法院的新奇理论并没有被印第安纳州最高法院复审,因此,很难说该案是否将民事责任进一步扩大到了涉及饮酒的那些人身上。

这样的民事责任规则有多大可能减少醉驾事故?无可否认,在亲密派对中,较之商业酒水售卖者,社交主人处于一个更好的位置监督客人的饮酒行为,但是,即便如此,衡量客人的饮酒量和酒力也不是件容易的事,更何况社交主人不一定有阻止朋友、客户、老板以及家庭成员在驾驶前饮用大量酒水的人际交往技巧。当然,一些人可能会决定停止提供酒水或提供更少的酒水。人身伤害综合保险和房主保险涵盖了社交主人责任,但仅限于保单限额。[26] 许多被保险人无疑会增加这些保险费用来预防遭受灾难性损失的风险。

四、结论

运用侵权法和保险法威慑醉驾者和助长该行为的那些人是当前反醉驾运动的一种可以理解的推动力。然而,我们有理由相信民法处罚和威慑并不适合这些问题。尽管侵权法在其他情况下能够发挥很好的威慑作用,但是,当行为对实施的那些人来说具有危险时,当导致行为的决定过程不够审慎时,以及当损害被保险覆盖时,侵权法不可能有太大的作用。侵权法最多是一种非常不完善的处罚和威慑制度,因为它仅仅适用于损害发生的情形,而且其作用已经被保险削弱。使用惩罚性赔偿来遏制醉驾似乎欠缺考虑,如果承保人实际支付了赔偿金更是如此。

反醉驾的战略家们应该谨慎行事,以免危及民法的其他目的,其中最重要的是,为车辆"事故"的受害人提供完整的帮助,而且要保证被告人在侵权诉讼中受到公正对待。如果没有认真考虑后果,我们不应该忽视侵权法和保险法最基本的构成要素。

酒馆责任的扩张似乎更有可能取得成果。毋庸置疑,运营良好的餐厅、酒吧和酒馆会担心承担民事责任和更高的保险费率,而且会相应地改变其服务实践。服务者干预项目的迅速推广意味着大量的调酒师、服务员已经意识到酒类服务员对不负责任饮酒的顾客负有责任。至少他们可以用正当的理由尝试阻止滥饮行为。然而,将这些项目视为灵丹妙药是太天真、太幼稚的想法。识别有问题的饮酒者,以及可能有问题的饮酒者是一回事,要在缺乏管理人员的有力支持的情况下能够有效地干预这些行为是另一回事。许多酒吧会继续正常开展自己的业务,即从酒水销售中获取利益。

我们需要记住,许多醉驾事故始于私人派对,这些派对提供充足的酒水并鼓励过度饮酒。大雇主应该已经提高了他们的防范意识,因为这种派对上的醉驾受害人在多起胜诉案件中提出了数百万美元的赔偿。在未来,可能许多办公室派对将会被撤销或调整。兄弟会也将会因为来自大学官方人员、保险公司、学生的父母以及学生中的积极分子的压力,调整或者更好地监督其社会活动。即使是小型派对的举办者也可能被鼓励防止客人过度饮酒,或者防止他们在派对上醉酒后开车离开。

最终,与刑事制裁一样,扩张侵权责任可能有助于态度和规范的长期塑造。民事责任既有教育作用也有威慑作用,它让保险公司参与到安全倡议中来。也许更重要的是,它为人们提供了一个理由,让他们知道自己的行为是负责任的。

第十一章 剥夺资格

在其他情境中,威慑作用的幻灭已经导致一些犯罪学家将注意力转移到剥夺资格的犯罪预防策略上,以防止被逮捕的违法分子再次实施犯罪(参见布卢姆斯坦、科恩和尼根,1978;格林伍德和亚伯拉罕森,1982;科恩,1983)。人们认为,当罪犯被关押起来时,社会上就不会发生他们在自由状态下可能犯下的罪行。尽管剥夺资格通常与监禁以及最近的监视居住有关,但是吊销或撤销驾照、没收或扣留车辆使醉驾者与车辆分离,至少可以在一定程度上剥夺资格。

一、许可、许可限制、吊销或撤销

我们的交通法规基于这样的假设,即尽管驾驶可能不是一种权利,但是它确实不仅仅是一种特权。[1] 实际上存在一种社会期待,即每个人都有能力且愿意驾驶汽车。最高法院已经承认,驾驶执照具有重大的财产利益,一种未经法律正当程序不得侵犯的利益(Dixon v. Love, 431 U.S. 105, 1977; Bell v. Burson, 402 U.S. 535, 1971; Mackey v. Montrym, 443 U.S. 1, 1979)。

驾照并不是作为一种限制风险或危险活动的策略产生,而是作为一种盈利手段(里斯,1971)。我们现在设立的驾照制度甚至不是为了筛选不可靠和缺乏驾驶技能的司机。获取驾驶执照的考试非常简单。尽管申请者可能必须发誓:"在最近三年内,没有经历过意识丧失,或者有任何疾病、身体失调或残疾,从而影响其正常合理地控制、驾驶车辆的能力。"对驾照申请者的性格、心理稳定性或者吸毒史没有独立的调查。申请者仅需要证明其具备基本的道路标志和规则知识以及最低的驾驶和停车能力。一个人需要了解的交通安全信息几乎都在驾驶员手册里,该手册用于准备初始驾照考试(参见亨克、斯特尔和金,1984)。为了最终通过考试,驾照考试可以重考。对驾照制度运行负责的车辆管理局,只在最初颁发驾照后对驾照持有者进行极为薄弱的监管。在大部分州,司机并不会重新考取驾照或被调查,甚至是在出现严重事故后。[2]

二、将酗酒者排除出驾照系统

理论上,醉驾者可能会因最初被拒绝颁发驾照,而被"剥夺资格"。大部分州规定"醉鬼"或"长期酗酒者"不能取得驾驶执照。[3] 然而,没有什么可以用来界定一名司机是否可以归入该类别。除了申请者自愿承认,车辆管理局并不清楚如何了解一名司机是否为酗酒者。非常有趣的是,驾照申请表上并不询问任何关于饮酒习惯的问题。不管怎样,在最初的驾照申请阶段,从系统中筛选酗酒者的努力只能识别出非常少的酒精滥用者。大部分人在青少年时期或成为青少年后不久就会获得第一个驾驶执照,而酒精滥用在之后的年龄段变得更严重和更明显。

取消"醉酒者""酒精滥用者"或者"问题饮酒者"的资格肯定是徒劳的,因为这种术语极具可塑性,而且适用起来有很大的潜在任意性。对那些被指控患有此类酒精问题的人必须适用正当程序,这将引发许多困难。这也将阻止问题饮酒者寻求医疗援助。即使能够正确识别酒精滥用者,在他们"痊愈"之前剥夺其驾车机会(这一决定需要额外的听证),也过于笼统。其中,理查德·齐尔曼等(1976)认为,并不是所有的酗酒者都会有糟糕的驾驶记录,也不是他们中的所有人都会醉驾。对酗酒者入院治疗的事故记录的分析显示,大部分人在入院治疗前都没有发生过车祸(齐尔曼,1976)。归根结底,不可思议的是,美国大约有1000万名酗酒者以及酒精滥用者可能被排除在驾照制度之外,即使是这样,也可能要强制剥夺资格。一个更合理的提议是,使限制驾照成为交通规范体系中的一大部分。具有饮酒问题或吸毒问题的司机可能被颁发限制性的驾照,仅仅允许他在固定时间或固定路线驾驶车辆(例如,从家到工作的地方)。根据个人的驾驶经验、工作记录以及治疗进程,定期审查限制驾驶条款。

一旦司机因为醉驾被逮捕,而且调查显示其有酒精滥用的历史,州当局对将被告人从道路中赶出去的兴趣更大,而对被告人是否有被误判的风险的兴趣就更小。被告人已经被证明其在生活中不愿意也不能将饮酒和驾行行为分离,并显示出其对社区的威胁,在此,我相信撤销驾照是完全正确的,只要违法分子随后能够通过听证会来确定其酗酒行为是否已得到纠正。

三、吊销或撤销驾照

在美国,获得驾照的人超过1.5亿。人们配合驾照制度是因为驾照是自由获取的且成本很低。此外,最新的驾照还可以用来识别身份,配合驾照制度几乎不费吹灰之力。任何提高驾照要求或者降低吊销或撤销驾照门槛的提议都应该考虑更多人无证驾驶的可能性,也许还会威胁整个许可制度的可行性。因此,尽管在追踪、控制和剥夺醉驾者资格方面,驾照的限制、吊销或撤销起着非常重要的作用,但应认识到通过驾照进行社会控制的局限性以及为违反驾照限制的行为提供可信的法律威胁的重要性。

吊销驾照是一种对醉驾者很普遍的处罚。例如,1984年,在纽约州,有81566人因醉驾或拒绝进行呼吸检测而被吊销或撤销驾照,而没有购买保险而驾驶的人数(25362人),以及因为没有支付交通罚单而被吊销或撤销驾照的人数(346336人)则更多。这些数据显示,相当一部分人没有将驾照限制视为一种严重的处罚。

吊销驾照通常意味着仅仅剥夺了部分资格。初犯通常具有持有临时驾照或者有条件驾照的资格,这些驾照允许他们为了基本的目的而驾驶,诸如通勤。废除有条件的驾照将会产生巨大的执法问题。施以严厉的吊销或撤销驾照处罚对大部分不能期待其遵守交通法规的违法分子来说毫无意义。除了那些顽固的违法者,在吊销驾照期间颁发某种临时驾照是有意义的。

难以避免的是,已经被撤销或吊销驾照的一些司机不能遵守限制驾驶条款。另外,除冒险无证驾驶外,还会有许多使用欺骗性伎俩取得有效驾照的行为。驾照制度有很大的漏洞,因此,有许多欺骗性地取得驾照的方式(参见美国交通部,1979)。一个惯用的伎俩就是从不同的州获得多个驾照,在这种情形下,一个驾照被吊销,另外一个仍然能使用。[4] 直到最近,驾照还不要求张贴照片,这就使防止欺骗性地取得驾照变得很困难。被撤销或吊销驾照的司机可能通过欺骗的方式使用相同或不同的姓名获得另外的驾照。此外,驾照的真实性取决于用于获取驾照的文件(通常是出生证明)的真实性。大多数驾照可以通过出生证明轻易获得。伪造和盗用出生证明很容易,因此,假驾照也很容易获得。

人们可能会无证驾驶。我怀疑有数十万,也许数百万文盲、非法移民以及其他人从没有获得过驾照,但是经常驾驶车辆。我们的驾照并不要求在车上展现,有的州甚至不要求随身携带。[5] 无证驾驶的行为通常不会被视为一种非常严重的违法行为。[6]

最终,法律必须遵守其承诺,而且吊销、没收或限制驾照必须辅之以可信的惩罚,这样才能成功发挥威慑和剥夺资格的作用。大部分司法辖区规定,对没有持有有效驾照驾驶的行为人处以监禁刑,但实际上却很少判处监禁刑。事实上,并没有足够的监禁空间执行每年两百万被吊销或撤销驾照违法分子的监禁刑。监视居住、巨额罚金以及没收或扣留车辆作为违反驾照限制行为的制裁措施发挥了重要作用。

加利福尼亚州最近的一项研究显示,被吊销或撤销驾照的司机中有三分之二的人违反驾照限制而操作车辆(全国交通安全委员会,1984;威利特,1973)。鉴于驾驶对于经济和社会生活的重要性,这一发现并不令人惊讶,而且并不与剥夺资格的效应相互矛盾。相当数量的完全不开车的受限驾驶者完全被剥夺了驾驶资格。那些开车的人几乎都会减少开车次数、缩短行程、降低危险性以及减少醉酒次数。1986 年,加利福尼亚州的一项研究发现,因拒绝进行检测而被吊销驾照的人在驾照吊销后的六个月内发生车祸的概率比驾照吊销前的六个月减少了 72.2%,这是剥夺驾驶资格的一个显著作用(交通科技公司和国家公路交通安全管理局技术转让系列,1986)。因此,应该继续考虑把驾照限制、吊销或撤销作为醉驾行为的核心制裁措施,但是,考虑到通过驾照制裁进行社会控制的局限性,应当避免将这些限制变得更加严厅。此外,至关重要的是,在执行许可制裁时,必须有意愿和能力通过可信的后备惩罚措施来执行这些制裁措施。

四、没收或扣留车辆

没收法赋予政府没收违禁品、犯罪工具或犯罪收益的权力。传统上,没收只是民法上的程序而不是刑事程序,是一种法律拟制情形,即政府的行为针对资产而不是资产所有人。1968年,《反勒索及受贿组织法》(RICO)复兴了刑事没收的概念。该法规定,没收敲诈勒索所得是刑事诉讼程序的一部分。随着民事没收和刑事没收逐渐成为重要的制裁措施,尤其是在毒品犯罪和有组织犯罪案件中,政府已经能够扣留汽车、船只、飞机、不动产以及企业财产。如果毒品走私者的车辆能够被当作犯罪工具没收,那么为什么醉驾者的车辆不能被没收呢?虽然车辆仅为毒品的交易提供便利,但其对醉驾至关重要。

阿拉斯加州、北卡罗来纳州和得克萨斯州都有没收醉驾者车辆的法律规定。阿拉斯加州法律(Alaska Stat., sec. 28.35.037)规定,针对二次定罪的醉驾行为或者拒绝进行化学检测的行为可以没收车辆。州当局必须(通过一个优势证据)证明车辆的没收将会阻止被定罪的人未来实施醉驾行为,并阻止其他潜在的违法分子,保护公众的安全和福利,或者表达公众对被定罪之人行为的谴责。为了保护担保权人和非违法车辆所有人的利益,阿拉斯加州法律也规定了没收的豁免。显然,该法律尚未实施。总检察长办公室强调了汽车在阿拉斯加州对经济和社会生活的重要性,以及没收所耗费的时间和涉及的复杂程序。

北卡罗来纳州法律(N.C. Gen. Stat., sec. 20-179-c)规定以下

情形可以没收车辆:(1)二次醉驾违法(七年以内);(2)持有之前因醉驾而被撤销的驾照驾驶;(3)在驾驶能力受损情形下驾车导致严重伤害。然而,像阿拉斯加州法律一样,北卡罗来纳州法律也表明不愿意剥夺醉驾者的汽车。如果车辆由被告人的家庭成员主要出于商务目的,或上下班、上下学目的使用,则不允许没收。此外,必须保护担保权人或无辜所有者的利益。这些限制性条款或多或少地淹没了规则,至少当被告人有家庭时是如此。对总检察长办公室的询问揭示出,实际上只有一起醉驾没收案是根据该法执行的。

得克萨斯州法律(Texas Code Annot., sec. 6701L-1)允许将没收车辆作为对醉驾或过失杀人罪的一种制裁措施,如果被告人:(1)在过失杀人罪的缓刑期间实施了犯罪;(2)有三次以上醉驾或过失杀人的犯罪前科。这些法律的实际作用也可能很小,因为很少有犯罪分子在过失杀人罪缓刑期间实施犯罪或累计达到三次醉驾犯罪后被判醉酒驾驶罪。

为了在醉驾案件中扣留车辆,各州并不必然明文规定关于醉驾车辆没收的条款。一般的没收条款(例如 New Jersey Stat. Annot. 2C: 64-1)就可以用于扣留醉驾违法分子的车辆。例如,最近布鲁克林地区检察官根据一般的民事没收法没收了涉及车祸的醉驾惯犯的车辆(Holtzman v. Bailey, 503 N.Y.S. 473, 1986)。[7]

另外,除了起到惩罚和威慑作用,没收可能产生某种剥夺资格的效果,如果它能阻止被告人驾驶的话。无可否认,违法分子可以自由替换被没收的车辆,但是这既耗费时间成本又高。没收车辆(如撤销驾照和短期监禁一样)应该被视为对醉驾者实施的一系列制裁措施中的一个。没收车辆不应该作为一种替代制裁措施使用,而是应该作为撤销驾照、罚金和监禁的补充措施,甚至可以作为被告人被判处缓刑的条件,即被告人在一段时间内不得购买、租赁或者借用车辆。

既然没收在毒品案件中能成为非常普遍的制裁措施,为什么不能作为一种反醉驾补充措施呢?我有一种不太好表达但根深蒂固的感觉,即没收对醉驾而言是一种过于严厉的制裁措施。毒品犯罪分子的车辆经常被没收,而仅仅只有一小部分醉驾者的车辆被没收,这绝非偶然。检察官——也许社会上的大部分人——一定假定或相信醉驾者的罪过或者危险性比毒品售卖者要低得多。这种假定或信念证明起来可能非常困难,因为与毒品售卖者相比,醉驾者可能更直接地将其生命置于风险中。

阿拉斯加州、北卡罗来纳州和得克萨斯州法律显示,其非常关注没收车辆对违法分子的家庭产生的严重后果。这令人诧异,因为我们的制裁法通常不会考虑对家庭成员和第三方的影响。量刑法并不会告诫法官,如果给被告人的家庭带来不便或伤害,就限制适用监禁刑或徒刑,因为所有刑事制裁措施都会对犯罪分子的家庭造成负面影响。如果犯罪分子被判处罚金,那么其家庭可能会失去购买食物、衣物以及度假的钱。如果犯罪分子被判处监禁刑,那么其家庭成员将不得不放弃犯罪分子的陪伴、感情以及薪水。犯罪分子被定罪可能会使其家庭蒙羞,并会失去其社会和经济地位。

没收车辆的责任显然不应该落在债权人和无辜的第三方当事人身上。不能因为窃贼是一名醉驾者就没收其盗窃的受害人车辆,金融公司也不应该没收其担保利息(从而中断车辆贷款或者提高个人的利率)。

倘若醉驾者驾驶的车辆属于他的父母、配偶或朋友将会如何?[8]如果州当局能够证明车辆所有者是因疏忽大意借车给某人,即他应该知道借车的人已经饮酒或将会饮酒,那么没收似乎是公平的。应该要求借车人承担在醉驾过程中车辆被没收的风险,正如他们要承担车辆可能会在车祸中损毁的风险。如果这一规定使车辆所有者更不愿意将车辆借给那些有可能醉驾的人当然更好。父母的责任可能更严格。当未成年人醉驾时,应该推定可以没收车辆,因为父母有防止这种情况发生的积极义务。

五、扣留

扣留是交通执法中一项众所周知的措施。警察部门有扣留大量废弃的车辆、用于犯罪的车辆、超时停车的车辆的经验。[9]的确,因醉驾被逮捕者的车辆经常被拖走并扣留。为了收回车辆,司机必须支付拖车和保管费用,出示所有权、登记以及保险证明。扣留也可以通过安装车辆轮胎夹或扣押驾照实现。

对醉驾而言,扣留与没收相同,是一种象征性的适当制裁措施,是对交通违法行为的一种处罚。然而,它是一种比没收更轻的制裁措施,因为在扣留期满后将返还车辆。在某种程度上,剥夺资格的扣留防止和减少了被告人的驾驶行为。一些被告人将被完全地剥夺资格,有些被告人能够自由使用其他车辆,很难被完全剥夺资格。因此,扣留应该辅以吊销或撤销驾照措施。[10]

对醉驾初犯和第二次被定罪的违法分子,加利福尼亚州规定了不低于三十天的扣留(由所有者支付费用),对第三次被定罪的违法分子最高允许扣留九十天(West's Annotated California Vehicle Code, sec. 23195)。然而,1984年的修正案要求法院在实施扣留前,应当考虑扣留是否会导致犯罪分子或其家庭成员失业,是否会削弱上学或获得医疗服务的能力,是否会因为不能支付扣留费用而失去车辆,或者是否会对社区财产权利造成不公平的侵害。这是另外一个关于处罚醉驾者的矛盾心理的例子。法律似乎表明,如果扣留车辆作为一种制裁措施适用将会产生惩罚性的或剥夺资格的后果就不应该实施!

当因醉驾违法行为或拒绝进行血液酒精浓度检测而被吊销或撤销驾照的司机驾驶车辆被定罪时,特拉华州法律允许扣留车辆(Dela. Code Ann. 21, sec. 2756)。第一次违法,扣留的最低期限是九十天,之后被扣留的最低期限是一年,该法允许通过交出车辆牌照来代替扣留。

俄勒冈州法律规定,以下两种情形扣留的最高期限为一百二十天:(1)因醉驾被第二次定罪;(2)因醉驾违法行为而被吊销或撤销驾照后又驾驶(Ore. Rev. Stat., sec. 484.222)。法律还规定,被告人所拥有的车辆一百二十天内必须暂停注册,并退还车牌。如果所有者不是违法分子本人,而且其能够提供清楚的证据证明对被告人酒后驾驶缺乏了解,那么将不会扣留其车辆。这就意味着,如果孩子因为醉驾被逮捕,父母将能够避免他们的车辆被扣留。

扣留是一种潜在的对醉驾有效的制裁措施。它恰当地唤起人们对在酒精影响下驾驶车辆这一不负责任的行为以及被告人的驾驶活动带来的不便的关注。因此,似乎奇怪的是,尽管受到联邦法律的鼓励以及各州法律的授权,但扣留几乎从没有被使用过。基于对车辆人员的访谈,我的印象是,人们普遍存在这样一种感觉,扣留是一种太过严厉的处罚。然而,警察和交通部门的人员也指出了实践中的问题:警察需对被扣留车辆的损害承担责任、需登记除司机以外的车辆实际所有人,以及需处理大量的文书工作。

六、监视居住和电子监控

在第九章潜在的威慑作用的语境下,我们注意到对醉驾者的违法驾驶行为施以短期监禁刑的驱动力。尽管监禁也是基本的剥夺资格的策略,但是24小时或48小时的监禁显然不能长期剥夺司机的资格。通过监视居住,尤其是通过电子监控系统强制执行可能会取得更大的成效(参见鲍尔和莉莉,1986)。

监视居住(或者在审前的语境下,"软禁")并不是一个全新的概念。有时,法官也会将监视居住作为假释或缓刑的一个条件。近年来,全国监狱拥挤的危机已经激发了人们对监视居住和电子监控的兴趣。今天有数千人适用这一制裁措施,许多因醉驾被定罪的人适用这种处罚(皮特尔斯连,1987)。

监视居住作为一种制裁措施有许多值得称赞的地方。它很容易满足犯罪分子的具体要求。因此,它能够在一整天或仅在夜间施行。对大部分醉驾者而言,在醉驾经常发生的时间,即在周五、周六和周日的傍晚施行监视居住将是有意义的。醉驾者可能会在相当长一段时间内受到这种处罚,比如六个月或者更长时间。

剥夺资格的效果可能十分明显,如果违法分子在家里,那么其就不可能醉驾。假设对醉驾基本的制裁措施是要求被定罪的犯罪分子每天晚上七点以后或仅仅在周末待在家里,如果这一判决能够被执行的话,那么在此期间会排除其成为累犯的可能。事实上,俄勒冈州林恩县的监视居住项目发现,60个醉驾者中没有人因为醉驾被再次逮捕(皮特尔斯连,1987),正常缓刑期间因为醉驾被再次逮捕的人数为总人数的15%。

不可否认的是,执行监视居住有一定的困难。负担过重的缓刑部门几乎没有人手在夜间造访犯罪分子,甚至定期打电话都很难。事实上,缓刑在传统上是一种从上午九点到下午五点执行的制裁措施。要使监视居住作为一种主要的制裁措施出现在我们的社会控制措施中,缓刑部门或者某些新的机构必须进行有效的全天候监控。

最近,电子监控设备的发展使对监视居住的监督变得更切实可行(参见莉莉、鲍尔和莱特,1986)。[11] 这些设备在市面上有几种版本。基本的工作模式就是将一个可以发射信号的手链系在犯罪分子的脚踝或手腕上,信号通过犯罪分子的家庭电话传送到监控机构的电脑上。如果犯罪分子移除手链或者离开房子,信号将会终止,而且电脑会显示违反缓刑规定的警告。该违规行为可以通过拨打电话或者家庭拜访确定。

佛罗里达州是发展监视居住电子监控项目的先驱州。琼·皮特尔斯连(1987)描述了佛罗里达州棕榈滩的项目。软禁刑刑期的计算方式为监视居住三到四天折抵被定罪的司机在监狱服刑一天。大多数参与者是醉驾的犯罪分子,他们可以选择接受三十天的监视居住或十天监禁,因为根据佛罗里达州法律的规定,后者是对第二次醉驾被定罪的违法分子强制处以的最低刑期。被监视居住的犯罪分子需要:(1)除了标准的缓刑费用,每天还要支付5美元的监控设备费用;(2)保持电话畅通;(3)在执行宵禁令期间待在家里;(4)每周向监控办公室报告、检查电子发射器、支付缓刑和监控设备费用,以及讨论与缓刑或监视居住相关的任何问题。

我预计有三个理由可以用来反对这一制裁措施:(1)太严厉;(2)难以执行;(3)干涉性太强。在我看来,这些异议都没有说服力。六个月的周末夜间监视居住在传统上对于惩罚醉驾而言完全是适当的,因为醉驾涉及造成人身严重伤害的风险。因此,在判断一种具体的处罚是否不成比例时,我们应该参考针对袭击罪和抢劫罪的惩罚。这些罪行的最高刑期都超过一年。夜间被限制在家与其相比,尽管不那么便利以及会对社会生活造成影响,但是并不像重罪监禁那样令人痛苦或繁重。

通过电子监控技术执行监视居住将会更加容易。现在在技术上核查犯罪分子是否遵守监视居住的规定成为可能。更棘手的执法问题出现在发现违法行为之后。缓刑部门能够对违反监视居住规定的行为维持可靠的威慑吗?这可能非常具有挑战性,缓刑部门负担过重。在全国范围内,过去十年间缓刑案件数量的增长速度远远超过监狱人数的增长速度。忙碌的检察官反对将没有引起逮捕或交通事故的违反监视居住规定的行为作为违反缓刑规定的行为来起诉。此外,法官因监狱拥挤而抵制对违反监视居住规定者施以监禁刑。如果要将监视居住作为一种重要的制裁措施,那么必须改变这些法官和检察官的态度。刑事司法人员必须坚信,除非监视居住等替代措施得到可信的被监禁的威胁支持,否则将不会有效。换言之,这些人员必须在整个系统中理解他们所担任的角色。然而,仅仅改变态度是不够的,还需要配备更多的资源。

以监视居住侵犯隐私和公民自由权为由来反对该措施并不

具有说服力。监控设备不过是为了确认犯罪分子是否出现在家里。与个人监视可能了解到的信息相比,这一方式并没有提供更多的信息。事实上,它提供的信息更少。个人监视将会揭露谁进出了犯罪分子的家,使用了哪个房间,什么时候睡觉以及什么时候醒来。也许一些评论者认为,要求犯罪分子戴手链是监视居住最具侵犯性的部分。然而,在我看来,要求本该穿监狱制服或囚服的犯罪分子戴手链并不是很糟糕。这种手链很薄且不引人注目,不会引起疼痛,而且也不会限制任何活动。

七、监禁

24小时到48小时"冲击性"短期监禁刑的剥夺资格作用显然更为有限。然而,正如我们之前看到的,刑法已经将醉驾累犯,以及醉驾致伤或致死行为定义为重罪,至少应判处适度监禁刑。因此,如果醉驾的关注度仍然很高,那么因判处监禁刑而被剥夺资格的醉驾犯罪分子的数量将会越来越多。除此之外,按照我们之前讨论的内容,对某些加重型醉驾犯罪分子规定较长的监禁刑也是恰当的。

对有着长期严重违法行为和交通事故记录的司机适度使用监禁刑可能也是合理的,他们是高风险司机,处以严重惩罚性制裁措施和剥夺资格制裁措施也是恰当的。[12]戈德斯坦和索斯米尔希(1982)指出,在任何一个司法辖区,少数不负责任、习积难改以及危险的司机都为警察所熟知,大约有三分之一驾驶能力受损的醉驾者被判决对严重伤害事故负责,而且他们普遍有交通违法以及被限制驾驶的交通事故记录。他们就像是随时等着发生严重事故。如果确实如此,对州当局而言,是否应该采取某种先发制人的行动打击他们？这可以通过刑事司法制度对醉驾累犯规定的最重量刑或者通过撤销驾照的行政方式来执行。

八、结论

在控制醉驾的整体工作中,剥夺资格可能扮演着重要的角色。剥夺资格的关键是将被告人和车辆分离。这可以通过限制、吊销以及撤销驾照来实现。尽管限制、吊销以及撤销驾照必须作为标准的醉驾制裁措施,但重要的是,不要让驾照系统超负荷工作,承受过多其无法满足的要求。增加吊销或撤销驾照数量必须要有相匹配的执法资源,以及对违反驾照限制者实施可信的制裁措施。短期扣留车辆对吊销驾照而言将是一种非常有用的补充措施,其加大了醉驾成本,同时给犯罪分子造成某种程度上的不便,可能会减少犯罪分子的驾驶次数,并关注自己违法行为的本质。更严厉的没收处罚可能是一种强有力的制裁措施,但是,没收处罚应仅仅用于最严重的加重型醉驾案件和引起伤害的犯罪。受到电子监控支持的监视居住有潜力提供一个切实可行的中度剥夺资格的策略。对醉驾者而言,它应该成为一种标准的制裁措施,但是也需要制定有效的监控和执行策略。长期监禁刑是对加重型和累犯型醉驾犯罪分子的一种恰当回应。

第十二章　公众教育和酒后驾车

从长期来看,态度和社会规范的改变才是减少醉驾行为最有希望的途径。[1]如果更多的人将醉驾行为视为不负责任的行为和危险行为的话,那么醉驾行为将会减少,非正式控制机制就会增多,正式的应对措施就会得到更多支持。我们已经注意到,威慑对策对态度和规范可能会有一个长期的影响。在本章,我们将转而探讨针对同一目标的非惩罚性教育努力。公众教育包括系统的大众媒体活动,以及公民行动组织如消除醉驾者协会、反醉驾母亲协会和学生反醉驾协会发起的社区信息运动。

一、信息宣传运动

公众教育强调社会控制积极的一面,它敦促人们遵守法律规范和社会规范,因为遵守规则是有责任的公民对自己生命和健康的一种贡献。公众教育和某种改造活动相似,都强调理性说服,但是它与醉驾治疗项目不同,其针对的是普通大众,而不是被逮捕的醉驾者。

我们趋向于将公众教育活动和为公众健康所作的努力相关联。公众健康服务通过大众媒体来告诉公众关于心脏病、吸烟、没有系安全带以及混乱性行为的风险。这种努力背后的假定是,如果人们知道有关健康和安全的事实,那么就会因对自身利益的考虑而遵守法律规范(瓦拉赫,1984)。

尽管跟踪公众教育活动的作用不是件容易的事,但是,在过去二十年,一些健康运动似乎已经产生了积极的效果。美国的吸烟人口比例已经下降(沃纳,1977;联邦贸易委员会,1979),对心脏病和胆固醇的担忧似乎已经影响了人们的饮食习惯。另外,安全带活动对增加其使用率并没有任何明显的作用(公路安全保险协会,1981)。[2] 一些学者强调,通过大众说服来影响行为的努力常常没有作用,因为人们会有选择性地处理信息,忽略或拒绝他们不想听到的信息。因此,即使一项信息活动成功地向个人提供了"事实",也不能保证其行为将会改变(拉扎斯菲尔德、贝雷尔森和高特,1948)。人们必须拥有改变行为所依据的知识。他们必须被说服,想要改变行为,并且必须向他们展示如何改变行为(霍克海默,1981)。

公众教育通过印刷媒体、电子媒体以及面对面接触进行。最大的活动发生在电视上并不令人惊讶,电视是拥有最多观众和最能进行生动交流的媒介。美国电视台必须为"公共利益、必要性、便利性"提供空闲时间(参见巴罗斯,1975)。一些电视台和广播电台为公益广告提供了免费时间,如国家酒精滥用与酗酒研究所或者国家公路交通安全管理局关于酒精滥用和醉驾的广告。公益赞助者也可以购买电视、广播、杂志和报纸的时段或版面用以播放或刊登它们的信息。酒精饮料行业并不反对与其有业务往来的电视台捐赠或出售反醉驾运动的公益广告时间,只要那些运动(和其赞助者)不支持在广播中禁止播放酒类广告就行。

一些公司显然认为公益广告有助于良好的公共关系。一些大公司的广告,尤其是保险公司和酒精饮料制造商,谴责醉酒驾驶并敦促人们承担更大的责任,从而树立了公司的公共精神形象。[3]反醉驾母亲协会和其他反醉驾组织在吸引企业支持方面已经取得了一定的成功。[4]

二、公众教育 vs 醉驾

从表面上看,醉驾是一种危险行为,且非常适合进行公众教育活动。与毒品使用不同,它不是任何亚文化群的核心。[5]在歌曲和电影中,醉驾并没有被浪漫化,也没有吸引支持将其合法化或将其美化为"真实"或合法行为的拥护者。全国上下一致反对醉驾,没有人支持醉驾。此外,反醉驾运动迎合了自身的利益,如果你醉驾,那么将大大增加伤害你自己、家人或者朋友的概率。

几十年来,人们都在定期开展反醉驾公众教育活动。第二次世界大战后不久,国家安全委员会就发起了反醉驾的广告与宣传。最著名的忠告是:"如果你饮酒了,就不要开车。如果你开车了,就不要饮酒。"自20世纪70年代以来,国家公路交通安全管理局发起了多种反醉驾运动。其主要的运动之一旨在动员人们——父母、其他家庭成员、朋友、同伴以及调酒师——阻止醉驾。这一运动的标语是:"朋友不会让朋友醉驾。"这一标语直到现在仍为人所知(参见 Grey Advertising 1975a, 1975b)。美国蒸馏酒委员会(1975)发起了反醉驾宣传活动("如果你饮酒,就要负责任地饮酒"),保险公司、其他组织和企业亦是如此。

公众教育有显著的作用吗?大部分学生认为没有显著作用:教育活动可能会增加信息和知识量,但是其很少会对改变行为产生作用(哈斯金斯,1969;布兰和休伊特,1977)。事实上,美国交通部已经决定逐渐取消公益广告的广告赞助费,因为一项报告认为,广告闪电战和拯救生命之间并无确凿的关联

（埃文斯，1987）。这一消极结论可能会因此观点而有所缓和，即媒体活动最重要的影响可能是间接和长期的。这种信息并不能在一周、一个月或一年产生惊人的行为改变，可能在更长的时间内才能起作用，也许还要与其他社会趋势（例如健康运动）相协作才能起作用。然而，我们有理由怀疑公众教育在减少醉驾行为方面的能力。

三、关于醉驾行为危险性的信息已经广为人知

醉驾的危险人尽皆知，这不是一个晦涩或技术上的信息。我们处理表面上的以及被父母、老师、媒体、朋友以及爱人警告的危险行为。许多偶尔酒后驾车的人可能欣然承认醉驾是危险的。的确，他们几乎一直保持清醒驾驶。他们的问题并不是不了解醉驾的危险，而是在处理同伴的压力、紧张或幻想时偶尔失误。

频繁醉驾者几乎都是酒精滥用者，无须告知其醉驾是危险的。饮酒太多将会危害自身以及他人的健康和财产可能已经告知他们无数次了。如果他们经常醉驾，他们可能就已经学会了找借口，也许已经说服了自己，他们比一般人酒量更大，或者并没有真正的醉酒，或者能够有效地抵消自己的醉酒状态，或者他们不能控制自己的行为。每成功完成一次醉驾旅程，他们对饮酒驾驶能力的信心就会加强一次。也许他们会辩解："尽管醉驾的危险性是真实的，但是并不适用于我。"

四、对醉酒驾驶的态度相当消极

民意调查显示，美国人支持对所有的刑事犯罪分子处以严厉的刑罚，包括醉驾者。1967年，一项有趣的民意调查显示，44%的

被调查者肯定地回答了以下问题:"在三到四个欧洲国家,饮用超过一杯酒精饮料后驾驶车辆的人将会被关进监狱,你是否愿意在这个国家看到这样的法律?"事实上,欧洲国家没有将饮用超过一杯酒精饮料的司机视为罪犯,更不用说监禁了。44%的美国被调查者赞同这种极端的提议,这要么表明人们对酒精或醉驾的强烈反感,要么表明这些调查问题本身极具诱导性。

1968年,美国交通部关于《酒精与公路安全》的报告发现:"大部分受访者认为,控制醉驾的法律应该更严厉而且更容易执行。"此外,三分之二的被调查司机也认为,当前的处罚太过宽缓,而且将近一半的人都支持对饮用超过一杯酒精饮料的驾驶者处以监禁刑的立法。十几年后,人们表达了同样的偏好。1981年的一项调查发现,82%的被调查者支持"对饮酒和驾驶行为施加更严厉的处罚",1985年,有65%的被调查者支持对醉驾司机判处监禁刑,即使他们没有造成事故(调查研究报告,国际咨询机构,1986)。

五、反醉驾信息的模糊不清

告知吸烟者吸烟会引起肺气肿和肺癌,并劝告其不要吸烟。告知司机安全带是非常重要的安全设备并敦促其系上。告知酒后驾车的人饮酒和驾车都是没有问题的,只要不过量。人们并不会真正地遵守"如果你饮酒了,就不要开车"的禁令。它的意思是,"如果你喝得太多,就不要开车"。与"不要吸烟"和"请系上安全带"这种简单的信息对比,你会发现这明显是一条模糊的劝告。

什么是负责任的酒后驾驶?少部分重度饮酒者和异常饮酒

者即使尝试遵循这一标准,其对这一标准的解释也会与多数人的解释明显不同。很明显,即便是想达到行为改变过程的第一阶段,更详细的信息也是必要的。为什么不让公益广告准确地告诉人们在驾驶前喝多少杯酒是安全的？我们能够理解专家对特定时间内安全饮酒的具体数量的犹豫不决。事实上,鉴于对合法饮酒量的普遍低估,宣告固定的"安全"饮酒量可能会鼓励轻度饮酒者增加饮酒量。允许人们饮酒和驾驶的规范——"但是饮酒量不能过多"——一定会因为疏忽、错误判断、自我合理化而被违反。但是告诉人们完全不要饮酒和驾驶的规范并不现实,而且会带来不可信的禁酒主义色彩。

六、无法根据自己的知识行事

即使一个人知道过量饮酒并驾驶是危险和不负责任的,他可能也不愿意恰当地监督自己的饮酒和驾驶行为,因为他的思维过程被酒精蒙蔽了,或者他可能害怕承认自己醉了以至于不能开车,会在同伴面前（或者在他自己看来）丢脸。当饮用一定量的酒水后,他可能无法鉴别他的驾驶能力被削弱到了何种程度。大量酒后驾驶的经历可能会令他相信自己能够胜任驾驶。酗酒者和酒精滥用者可能无法（或者可能认为自己无法）使其行为与适量饮酒驾驶的标准相一致,即使他们"想"遵守这种标准。

公益广告可能更容易影响那些不酒后驾车的人,以及之前缺乏关于啤酒的酒精含量或咖啡及淋浴对醒酒无效的精确信息的社交饮酒者。正如威慑一样,最不负责任和最危险的醉驾者最难受到教育的影响。

七、支持酒精广告

通过公众教育活动传播的反醉驾和反酒精滥用的信息可能被"支持酒精"的广告所稀释、抵消甚至淹没,酒精饮料行业的广告费每年超过十亿美元。尽管根据自愿协议,大部分蒸馏酒并没有在电视上做广告[6],但是存在大量的啤酒和葡萄酒广告。1970年到1982年,酒精饮料行业在广告上的花费增加了231%。

八、动员限制者和控制者

一个有希望的公众教育策略是努力说服公民阻止其朋友和熟人醉驾。成功实现这一策略并不需要人们改变自己的性格、习惯或偶尔逃避责任,而是要求他们负责阻止朋友或熟人醉驾。自20世纪70年代中期以来,国家公路交通安全管理局将公益广告瞄准那些能够阻止或限制人们饮酒驾驶的人,因此就有了"朋友不会让朋友醉驾"的标语。一则电视广告显示,一个人四脚朝天躺在地上,明显是死了。画面转向另一个年轻人,他解释道:"今天晚上辛德瑞拉喝了九杯酒,他想开车回家,但是我让他睡在这儿。明天他的头将非常疼,但是至少还活着。""朋友不会让朋友醉驾"的标语印在屏幕上。其目的就是建立一个社会能接受,甚至社会要求的规范,用以告诉朋友和家人不要驾驶,因为他们喝得太多了,抑或寻找一个可替代的交通方式,或者邀请他们留宿,或以其他方式阻止他们醉驾。

一种类似的教育策略(虽然以民事责任威胁为支撑),是针对餐厅和酒吧的所有者、管理者和雇员,以及传统意义上赞助假日派对的大型公司的,敦促他们不要为喝醉的客人提供服务,并为那些已经不能安全驾驶的客人叫出租车。这样的劝告是否会产生效果有待考验。说服公司去组织和监管派对应该更容易，因为它们完全有动力减轻民事责任、降低保险成本，以及表现出负责任的样子。正如第十章所述，酒吧面临着一种困境，其利润依赖于酒精饮料的销售，同时，重度饮酒者是其最重要的顾客。

九、超越宣传

通过零星的公益广告警告公众醉驾会引起公共健康风险可能并不足以引起显著的行为变化。传播学专家强调了给目标观众提供改变行为的实用信息和策略的重要性。正如霍克海默（1981）指出的，仅仅告诉人们不要让其朋友醉驾是不够的，必须用实际的策略指导观众实现这一目标。一个关心你的朋友应该说些什么和做些什么？如果潜在的醉驾者抗议、生气、抵抗、尝试离开该怎么办？媒体的宣传活动能够提供一些主意：打出租车、开车带醉酒的朋友回家、把他的钥匙拿走、请他吃一顿饱饭。虽然这种建议是常识性的，但是这些宣传活动可以坚定这种信念，即该行动是合法的，甚至道德也迫使其这么做。

同样，需要引导饮酒者预防在酒精影响下驾车。一种方式就是适度饮酒，但是如何适度饮酒？通过带一定数量的钱到酒吧？通过保证不喝超过一定量的酒水？通过寻求咨询？对不同年龄段的人和不同类型的饮酒者，可能需要采取不同的对策。对饮酒量会经常或周期性失控的酗酒者而言，似乎没有有希望的对策。

认识到由于酒精滥用者和酗酒者的正常生活模式以及轻度和中度饮酒者的偶尔失误，总会有大量的醉驾行为，这将是一个进步。对酗酒者，一定要向其介绍能够执行的对策，而不应该假定他们完全不负责任,缺乏为了自身利益和社会大部分人的利益而行动的能力。[7]尽管这些人可能缺乏对酒精的实质控制力,以及不愿意或无法改变其饮酒习惯,但是他们可能会改变驾驶习惯。

除了敦促重度饮酒者选择可替代的交通工具,也可以指导他们在醉酒时如何更安全地驾驶,例如,降低速度、在内车道行驶等。同样,我提出的是比较严肃的建议,正如提供有关节育和安全性行为的信息一样。如果可能造成伤害的行为即将发生,那么我们应尽最大努力减少成本。我们能够引导青少年更负责和更安全地进行性行为,便也能够引导酒精滥用者更安全地驾驶。两种提议都很容易受到批评,因为它们鼓励我们通常希望阻止的行为。事实上,谈论负责任的青少年性行为和安全的醉驾行为可能是为了使这些行为合法化,也许是鼓励这些行为。然而,这些提议可能有助于减少与这些行为相关的总成本。我们仅能够推测他们是否会这么做,提高醉驾的安全性并不会免除刑事责任。安全本身就是回报,所以并不是"鼓励"醉驾。无论如何,都应该鼓励进行这些有关提议的实践。界定这些创新是否有积极作用的唯一方法就是开展和评估示范项目。

十、社区组织的作用

基层的反醉驾运动在提高公众教育活动的有效性方面发挥了关键性的作用。有研究证明,除媒体曝光外,当存在人与人之间的交流时,行为才更可能发生改变。匿名戒酒协会和减肥中心这些组织的成功,表明改变在团体背景下会更加成功。因此,斯坦福心脏病项目显示,与只接收媒体信息的人相比,在团体中讨论和展示预防心脏病措施的人更可能改变他们的行为(麦科比等人,1977)。然而,研究者也发现,与没有接触任何特殊健康运动的控制组相比,只接收公共健康信息的一组更好地改进了他们的态度和行为。

反醉驾母亲协会、消除醉驾者协会和反醉驾学生协会在将项目带进学校和其他社区组织方面极富想象力。在地方层面,就公众教育而言,它们已经逐渐明确自身所扮演的角色(威德,1987)。它们经常与州赞助的反醉驾任务小组和项目相互配合协调,为小学生开发和分发教育包。为了帮助高中生抵抗同龄人饮酒的压力以及限制朋友酒后驾车,它们已经和初中生和高中生合作,制定切实可行的策略。它们分发了各种各样的宣传刊物和设备,如汽车保险杠贴纸、钢笔、购物袋和垃圾袋,其中含有关于饮酒/驾驶的信息和劝诫。反醉驾学生协会的主要活动之一就是使高中生和其家庭成员签署"终身合同:父母和青少年之间的一份终身合同"。

> 青少年:我同意,如果我喝了酒,或者开车带我的朋友或约会对象喝了酒,我会在任何时间、任何地点打电话向你寻求建议和/或交通工具。
>
> 父母:我同意在任何时间、任何地点来接你,不问任何问题,也不争论,我将打辆出租车安全带你回家。我希望我们以后再讨论这一问题。
>
> 如果我喝多了,或开车送我的朋友喝多了,我同意寻找安全的交通工具回家。

十一、结论

国家安全委员会已经赞助了打击醉驾媒体运动几十年。20

世纪70年代早期,公众教育是国家公路交通安全管理局酒精安全专项行动的一个重要特征,而且其至今仍是优先事项。州反醉驾项目越来越多地利用媒体,而私营企业,尤其是保险公司也在定期发布反醉驾的宣传广告。

大众媒体改变人们行为的能力至少在短期内可能相当有限。当提供关于健康和安全的准确信息时,人们将会停止鲁莽和不负责任的行为,这种假定存疑。我们只需要反思一下,我们显然无法通过公众教育活动来减少非法药物的使用,当社会对要打击的行为已经形成固定意见时,尤其如此。

公众教育活动应着眼于未来,也许现在改变那些行为人离经叛道的生活方式或行为已经太迟了。然而,公众教育能够塑造下一代人的看法和价值观。基于这一原因,从小便灌输反醉驾信息(以及反酒精滥用的信息)非常有意义。公民反醉驾组织对低年龄段学生设计的课程和项目是重要的一步。

在所有的教育活动中,重要的是认识到行为的改变需要的不仅仅是信息和劝诫,还必须传达策略。必须向人们展示如何避免那些情形,即醉驾或与醉酒者在同一辆车上。交流沟通和示范对策对说服第三方当事人采取行动来阻止其家庭成员、朋友、同事以及顾客醉驾也非常关键。

第十三章　阻断酒后驾车机会

本章探讨了一系列不同的对策,旨在调整环境使醉驾更为困难。我们先探讨一个技术上的解决醉驾的方案,防止醉酒者驾驶车辆。接下来我们讨论一系列旨在塑造饮酒习惯的对策,规范酒馆和酒吧的饮酒促销活动,规定21岁为全国购买酒水的最低年龄并对酒精饮料征税。

一、防止酒后驾车的技术解决方案

理论上,最好的反醉驾对策是发明一种设备,它能够让喝酒的人不能驾车,或者至少让驾车变得非常困难。如果能够发明这种设备,那么人们的态度、价值观或饮酒习惯就不需要改变。通过技术重新配置环境,大体上能够简单消除醉驾问题。事实上,二十年来,研究醉驾的学者一直在推测这种设备的可行性,而且国家公路交通安全管理局已投资了具体的实验设计。

今天我们似乎站在了梦想成真的门槛前。科罗拉多州丹佛市的守护者(Guardian)联锁系统公司宣称,其已经发明了一种酒精感应车辆点火系统,如果司机体内血液酒精浓度导致其不能安全驾驶的话,该系统将会锁定启动系统。

> 设备包含一个司机必须对着吹气的管子,以及一个酒精传感器,后者据称可以检测司机体内血液酒精浓度。每次汽车启动时,为了刺激酒精传感器,司机要对着管子持续吹气

四秒。公司宣称,如果司机体内血液酒精浓度在可接受的范围内,设备上的绿灯将会亮起并启动汽车。黄灯亮就表示司机体内血液酒精浓度已经接近了法律限制的标准,在驾驶时应该小心,但是车辆仍会继续启动。如果司机体内血液酒精浓度超过法律限制的标准,就会亮起红灯,车辆的点火装置将会锁定且无法启动。[1]

目前,联锁系统在俄亥俄州辛辛那提市进行检测,该设备已经安装在 200 个缓刑犯的车中[2],以及加利福尼亚州的几个社区的一些车内。加利福尼亚州、俄勒冈州、华盛顿州、得克萨斯州以及密歇根州都已经通过立法授权法官可以在具体醉驾案件中命令安装联锁系统。租用联锁系统大概要花费 468 美元,联锁系统必须由制造商安装。其最新的版本甚至宣称其能够对缓刑犯的呼吸进行编码使缓刑犯无法寻求朋友的帮助来欺骗设备。缓刑犯每三十天就要开车过来接受一次检修,以便进行系统检查。如果被发现有篡改的痕迹,将通知缓刑部门。

准确评估联锁系统有效性可能要花费数年时间。同时,更多的司法辖区可能会作出安装联锁系统的量刑选择。为贫困的被告人支付这一费用可能具有成本效益,因为相比之下其他制裁措施可能会花费国家更多的钱。

如果联锁系统在预防醉驾方面有效的话,那么它应该像安全带那样被要求安装在所有车辆上吗?那些反对这一要求的人认为,这将会让从没有醉驾过的大部分司机支付不必要的费用。而且,我们已经强制安装了各种汽车安全设备,如果司机一直安全和合法驾驶,也不必安装该设备。此外,强制安装联锁系统将会减少醉驾受害人的数量。不幸的是,汽车制造商反对安全带和安全气囊的历史使得联锁系统即便被证明是有效的,也不可能强制所有汽车都安装该系统。因此,在可预见的未来,其作用将是作为对被定罪的醉驾者的一种量刑选择。

二、规范酒精的获取:时间、方式和地点

阻止醉驾的最好策略就是采用类似上文描述的那种设备,该种设备使体内血液酒精浓度超过事先预设水平的司机无法驾驶车辆。第二个好的解决方案就是重新配置环境使人们更难醉酒。一些分析人士(亚伦和默斯托,1981)相信,这可以通过规范酒水售卖点、酒吧和酒馆来实现。

在西方社会,仅有美国尝试过完全禁止酒类制造商的售卖行为(古斯菲尔德,1963;科伯勒,1973;克拉克,1976)。第十八修正案和《禁酒法》禁止生产和销售大部分酒精饮料但不禁止持有、饮用或者家庭自己生产酒精饮料。禁酒时期发生的大规模的社会逃避成为美国民间传说的一部分——非法经营的酒吧、酗酒、腐败、暴民统治以及像往常一样的生意。今天,人们普遍认为禁酒令是失败的,在禁酒令下他们也能继续饮酒。因此,这一"高贵实验"的遗产就是一种根深蒂固的对规制饮酒行为可能性的悲观态度(鲁姆和莫舍,1979—1980;穆尔和格斯坦,1981)。[3]

修正主义者已经证明禁酒令失败的观点普遍被夸大了(亚伦和默斯托,1981)。在禁酒时期,酒精饮料的消费显著下降了大约30%~40%。更重要的也许是,与酒精相关的问题,如肝硬化和"酗酒性精神病"的发生率也下降了。[4] 这意味着酒精饮料整体消耗量下降受到重度饮酒者和社交饮酒者酒精消耗量下降的影响。[5]

鉴于禁酒令在政治上不可能实现,可能能够减少酒类消费的可利用选择就是提高税收、限制有资格购买酒水的人数、限制酒水售卖数量以及规范酒吧和酒馆的促销活动、营业时间和服务方式。

三、酒精饮料控制法（ABC）的规制

禁酒令被废除以后,第二十一修正案将对酒精的规制留给了各州,各州又在一些案件中将责任委派给县级政府。大部分州的规制权力都交给了酒精饮料控制机构。尽管这一控制系统的最初设计者显然是想通过酒精饮料控制机构施加压力来规制酒精问题(亚伦和默斯托,1981),但是,这些机构在很大程度上并没有发挥这种作用。酒精饮料控制机构将其职能定义为,增加税收来源以及保证销售市场和分销的有序进行。

人们可以对酒精饮料控制机构提出更多要求(参见国家酒精滥用与酗酒研究所,1978;邦妮,1985)。例如,可以要求它们许可更少的酒类售卖店和酒吧,或许可以考虑这些地方公共交通的便利性。一些研究者已经发现,酒水销售现场的人均饮酒量与多种饮酒问题之间存在关系,包括肝硬化(哈福德等人,1979;麦吉尼斯,1979;科隆,1981)。可以想象,减少酒馆数量将会使醉驾数量减少,尽管相反的结果也可能出现。司机甚至可能会寻找距离更远的酒馆,从而增加醉驾的路程(沃勒,1976)。无论如何,减少酒馆数量的政治性障碍似乎很大,难以克服。[6]

酒精饮料控制机构可能会尝试与负责任和适度饮酒相一致的做法。例如,它们可以要求酒吧采取以下一项或多项措施:购买酒精测试仪[7];分发带有醉驾警告的鸡尾酒餐巾纸[8];向雇员提供

识别和控制滥饮行为的培训;早点打烊;停止夜间"买一送一"活动、欢乐时光以及类似的促销活动[9];提供酒水时也提供食物。另外,它们可以更严格地监督酒吧是否遵守最低饮酒年龄的法律。

欢乐时光和夜间"买一送一"的促销活动的作用与对酒精征税的作用恰恰相反,它们提供了很大的折扣,鼓励顾客迅速饮用大量的酒水。更糟糕的是,在临近打烊的时间提供双倍酒水的习惯。在打烊前一个小时就彻底禁止酒水销售可能是有道理的。

这些提议要取得成功,需要注意以下几点。首先,大部分在美国销售的酒水都没有在餐厅、酒吧和酒馆销售,都由酒类零售店卖给准备买回家喝的人。酒精饮料控制法对这种类型的饮酒几乎无法起到作用。其次,尽管酒吧和酒馆通常会在口头上支持负责任地饮酒,但是它们的做法却恰恰相反。它们尽可能多地售卖酒水的经济动机很强,认为它们会通过售卖更多的食物和软饮料来弥补酒类消费的减少的想法很天真。酒吧和酒馆的文化和营利性使其不可能对服务和饮酒模式作出明显的改变(参见古斯菲尔德、拉斯马森和科塔巴,1984)。最后,在许多州,酒精饮料控制机构受制于其负责监管的行业。

四、最低饮酒年龄

另外一种防止醉酒以及醉驾的策略就是禁止(1)年轻人购买酒精饮料和(2)禁止商业小贩和社交主人向年轻人提供酒精饮料。禁酒运动关注了年长的饮酒者,却没有关注年轻人(莫舍,1980;瓦格纳,1983)。直到禁酒令废除以后,关于最低饮酒年龄的法律才出现。随后,各种法律层出不穷。一些州将18岁设置为最低饮酒年龄,而另一些州设置为19岁或21岁。许多州对不同类型的酒精饮料设置了不同的最低法定购买年龄。一些州仅仅将对青少年售卖或提供酒精饮料的行为规定为刑事违法行为,而另一些州规定购买行为是刑事违法行为。

在1970年到1976年之间(可能是为了响应第二十六修正案的通过,联邦选举的投票权扩大到18岁以上的人),二十九个州降低了最低饮酒年龄。研究显示,18岁到20岁的人群中与酒精相关的死亡人数有所增加(瓦格纳,1983)。一些州在公民反醉驾组织的推动下改变了方向,将最低饮酒年龄提升到19岁、20岁或21岁。

禁止未满21岁的人购买酒精饮料,无论其是否现场饮用的举措是一种禁酒令式的反醉驾策略。理论上,禁止一个具体年龄组的人群购买酒水将会使该年龄组人群酒精消耗量以及醉酒发生率减少。支持者还预测会产生一种溢出效应,低于最低饮酒年龄一岁和两岁的青少年也将因此饮用更少量的酒水(史密斯等人,1984)。

随着各州逐渐将最低法定购买年龄提高到21岁,年轻司机的死亡人数相应减少,反醉驾组织很快就宣称其取得了成功。然而,研究评估被司机总体死亡率的下降混淆了。[10]

公民组织辩称,不同最低饮酒年龄的法律将导致州边界出现大量的醉驾行为,因为青少年司机会寻找最低饮酒年龄较低司法辖区内的酒吧。因此,公民组织敦促国会将全国统一的最低饮酒年龄定为21岁。最终,在1984年,国会基于其财政支出权力提出,截至1986年9月,没有将最低饮酒年龄规定为21岁及以上的州将会失去5%的联邦公路基金,并以此来提高最低法定购买年龄。[11]到1986年年底,除八个州外,其余所有州都响应了这一财政激励。

这是醉驾问题联邦化的另一个例子,引起了许多州和全国州议会会议的强烈反对。在(一项)挑战该法合宪性的诉讼中,南达科他州辩称,最低饮酒年龄法既违反了宪法对国会财政支出权力的限制,也违反了第二十一修正案。地区法院驳回了这一论点,而上诉法院维持了这一裁定,案件最终被提到美国联邦最高法院才解决。

在 South Dakota v. Dole(107 S. Ct. 2793,1987)一案中,威廉姆·伦奎斯特大法官提出,只要不是第二十一修正案禁止的行为,国会的行为就是合法的。其随后发现第二十一修正案仅仅是阻止国会直接规制酒精饮料。根据大法官的意见,为促进联邦在交通安全方面的利益而采取的经济诱惑并不是一项规制措施,除非它们比领取联邦公路基金的最低饮酒年龄条件更具强制性[12]:"我们可以这样考虑,如果南达科他州选择坚持自己的最低饮酒年龄,它为此而失去的只是5%的联邦公路基金,关于强制的观点远非事实……国会只是温和地鼓励各州颁布比其原本的选择更高的最低饮酒年龄法。但是,这些法律的颁布不仅在理论上而且在事实上都是各州的特权。"

同时,研究者之间的争论仍在继续,大部分研究发现,提高最低饮酒年龄可使死亡率降低4%~8%(库克和陶亨,1984;萨弗和格罗斯曼,1987)。然而,麦克·马莱斯(1986)指出,当使用较长时间段内的数据时,关于这一问题最有影响力的实证研究(威廉姆等人,1983)不可复制。因为马莱斯的研究非常重要,所以其研究成果值得详细回顾。

马莱斯指出,过去十年间,无论各州是否提高了最低饮酒年龄,几乎所有州 21 岁以下司机的致命事故数都出现了大幅下降。

对单个州的研究表明,提高最低饮酒年龄已经使密歇根州年轻司机的致命事故数减少了 31%,缅因州减少了 11%,新泽西州减少了 47%,佛罗里达州减少了 12% 以及伊利诺伊州减少了 27%。但是,在完全相同的环境下所作的研究表明,没有提高最低饮酒年龄的州的年轻司机致命事故数也同样减少了,路易斯安那州减少了 30%,佛蒙特州减少了 31%,宾夕法尼亚州减少了 28%,俄勒冈州减少了 54%,以及印第安纳州减少了 18%。如果研究没有探讨最低法定购买年龄(MLPA)在多个州随时间变化的影响,那么这些研究的价值非常有限(马莱斯 1986,pp. 187-188)。

威廉姆等人的研究调查了(1)1976 年到 1980 年间提高 MLPA 的九个州和(2)没有提高 MLPA 的对照州具体年龄段死亡率的变化。马莱斯采取了同样的研究策略,但是将时间延伸至 1983 年。如果提高 MLPA 对青少年醉驾有积极的作用,那么与没有提高 MLPA 的州相比,提高 MLPA 的州的夜间车辆致死率与白天车辆致死率应该有更大的下降幅度,但结果却不是这样的。

使用截至 1980 年的数据,在九个提高 MLPA 的州中,有五个州的下降幅度较大;截至 1983 年的数据显示,在九个对照州中,有五个州的下降幅度较大。(使用 1980 年和 1983 年数据对比的)这两类州的平均降幅几乎相同。对于每一对匹配的州,1980 年报告的提高 MLPA 的州的受影响年龄组驾驶员夜间致命事故数的净下降幅度低于,而且通常远远低于公路安全(HS)研究中显示的净下降幅度。在马萨诸塞州—

康涅狄格州、明尼苏达州—威斯康星州和田纳西州—肯塔基州的对比中,该差异超过25%。

这一研究的结论是MLPA的提高对年轻司机并没有影响,以及MLPA提高的州的夜间致命事故数的下降是因为一般趋势,这种趋势影响着年龄稍长司机的控制组以及那些受到影响的年龄组。

马莱斯的研究也受到大量其他数据和常识的支撑。例如,尽管事实上所有的州都禁止18岁以下的青少年饮酒,但是,研究表明仍有大量的高中生饮酒。事实上,有10%的人可能是酒精滥用者,禁酒令显然无法阻止这个年龄组人员的大量饮酒行为。我们完全有理由相信,18岁到21岁之间不遵守禁酒令的人更多。此外,大众媒体中有许多报道称,大学生很容易适应新的最低法定购买年龄的要求。另外,非法药物的绝对禁止也很难防止它们在青年人之间的广泛使用。

即便全国性的最低法定购买年龄为21岁可能有效,我也严重怀疑这一政策的可取性。在18岁到21岁的人群组中,只有少部分人是酒精滥用者,这一年龄组的女性酒后驾驶风险不如21岁以上的男性高。为什么那些年轻人,尤其是年轻女性要因为少部分不负责任的年轻人而受到处罚?

受到提高最低法定购买年龄影响的人在生活方式上一般趋近成人。即使在社交习惯上并非总是如此,大部分人都独自生活,有些是大学生,其他则可能已参加工作或参军。大部分人已经结婚或为人父母。这些年轻人可能认为自己已长大成人,而且应该享有完整的公民权利和特权,包括购买和饮用酒精饮料的权利。当公民满21岁时,没有西方国家还拒绝其平等地享用酒精饮料。

支持最低饮酒年龄为 21 岁的那些人认为,剥夺 18 岁到 21 岁之间的人在公共场合购买和持有酒精饮料的权利是恰当的,因为这一年龄组发生与酒精相关的交通事故的风险较高。然而,事实并非如此(瓦格纳,1983)。年轻司机事故发生率更高似乎是因为缺乏驾驶技巧,而不是醉驾(齐尔曼,1973)。我们在第五章指出,路旁调查显示年轻司机的醉驾率很低,例如,其与 21 岁到 24 岁的年龄组相比醉驾率更低。新手司机显然缺乏经验,将驾驶年龄提高到 21 岁在理论上是有意义的。

饮酒和驾驶这两项活动一定会在某时开始,同时开始这两项活动似乎并不明智(参见齐姆林,1982)。延迟饮酒比延迟驾驶可能更困难。早在成年前,孩子就可能偷偷在家或和朋友一起饮酒。事实上,一些家庭可能希望孩子习惯在家适量地饮酒。相比而言,驾驶不太可能是一种偷偷进行的活动。

将最低饮酒年龄规定为 21 岁的另一批评意见是针对所有禁酒策略的;这些策略抑制了负责任地适度饮酒习惯。有证据表明,那些较早让年轻人接触酒精的民族和文化群体——例如,在仪式上或有食物和庆祝活动的场合——比那些在成年之前禁止饮酒的群体更少出现酗酒问题。这种解释似乎符合常理。严禁饮酒的社会会发出这样的信息:酒精是一种危险的药物,通常会导致醉酒和滥用。这种信息很可能会成为自我实现的预言,也就是说,反复听到并内化这种信息和期望的年轻人会作出预期的行为。

同时,还有一个额外的和重要的执行问题。正如禁酒时期和当前禁止海洛因、可卡因、大麻和其他毒品一样,会有很多逃避最低饮酒年龄法的行为。对年龄在 18 岁到 21 岁之间的年轻人来说,获取酒精饮料并不困难,他们可能依靠年长的朋友、伪造身份证明以及粗心、冷漠或有同谋关系的销售人员和调酒师获取酒精饮料。那些饮酒积极性高的人最不容易受到法律的威胁。某种程度上,当那些年龄在 18 岁到 21 岁之间的人发现获取酒水更困难(耗费时间)时,可能会用其他毒品来替换,如大麻和可卡因。此外,令人不安的是,那么多年轻人被作为罪犯处理。我们可能正在建造一个环绕年轻人的禁令圈,这将使违反法律实际上变得难以避免。

五、通过税收提高酒价

然而,另外一种防止醉酒以及醉驾的策略就是使达到醉酒状态的成本更高。如果包括醉驾在内的酒精问题与饮酒量相关,那么减少醉驾数量的一种策略是提高酒价,从而减少酒精的消费。讽刺的是,过去二十年间,美国采取了相反的政策。从 1960 年到 1980 年,消费者购买一瓶烈酒的成本下降了 48%,啤酒下降了 27%,葡萄酒下降了 19%(库克,1981;库克和陶亨,1982)。直到 1985 年,联邦酒水税率仍维持在 1951 年的水平,每加仑啤酒征税 0.29 美元,每加仑葡萄酒征税 0.17 美元到 3.4 美元(取决于酒精的含量和酒水的类型),以及每加仑蒸馏酒征税 10.5 美元。1985 年,蒸馏酒的联邦消费税增加了 19%,但是,自从禁酒令被废除,现在酒精饮料的整体税收正处于一个最低水平(按实际价值计算)(哈克和雅各布斯,1986)。

有大量让人印象深刻的研究表明,在所有消费水平上,对酒精的需求都相对有弹性(奥恩斯坦,1980;库克和陶亨,1982)。[13]

库克和陶亨(1982)已经表明,州酒水税率和肝硬化死亡率之间呈负相关,后者是重度饮酒者饮酒量的一个极好的替代变量。更准确地说,库克和陶亨发现(与没有提高酒水税率对照组的州相比)酒水税率的增加与肝硬化死亡率的降低,以及人均酒精消耗量的降低有关。另外,库克(1981)发现酒水税率和致命事故数之间呈负相关。最近,萨弗和格罗斯曼(1987)使用了计量经济学的方法说明,如果啤酒税率保持在1951年的水平,致命事故中的死亡人数将减少15%。

这些研究发现的政策意义是什么?提高酒水税率是打击醉驾的一个好政策吗?美国在对酒水征税方面有着悠久的历史,一段可以追溯到共和国建立之初的历史。事实上,颁布禁酒令前,酒水税一直是联邦政府的主要财政来源,各州也有着对酒水征税的悠久历史。根据海曼等人(1980)的研究,在所有关于酒精饮料的消费支出中,超过三分之一作为税收收入上缴政府。蒸馏酒的税收要比啤酒或葡萄酒多得多,尽管烈酒产生酒精问题的可能性并不一定比葡萄酒和啤酒大(穆尔和格斯坦,1981)。增加酒水税率使其与三十年前的实际货币价值相等将是一个合理的政策选择,正如将啤酒和葡萄酒税率提高到与蒸馏酒相同的水平也是合理的一样。

然而,大幅增加酒精饮料税收会引发难题(欧哈根,1983)。受到更高酒精饮料价格影响的大多数人将会是非酒精滥用者。从来没有醉驾过的轻度和中度饮酒者将会为对他们无害的酒精饮料支付更高的成本,或者不得不消费更少的酒水,而只是为了降低重度饮酒者的消费量。此外,这种类型的税收将会不成比例地增加低收入饮酒者的负担,从而迫使他们更少地饮酒、转向更便宜的品牌或者放弃其他的商品和服务。

另外,如果增加酒精饮料的税收,那么将会增加自酿和私酿酒水的动机。在今天的市场上,私酿酒精饮料甚至占有一定比例,即从规范的市场转移出去,不用纳税就可以出售。如果税收显著增加,市场上私酿的比例也会增加,而且一些消费者将会开始自己酿造酒精饮料(或增加自酿次数)。这可能会造成有组织犯罪并危及公众健康。尽管这些反对意见并非微不足道,鉴于我们对酒水征税的悠久历史,努力维持实际以美元计算的税收水平似乎是明智合理的。

六、结论

减少醉驾的理想解决方案是联锁系统,该系统使醉驾者无法驾车。尽管这一系统即将面世,但是我们应当谨慎。整个20世纪,针对犯罪的技术"解决方案"层出不穷,但没有一个被证明是有效的。此外,即使联锁系统是有效的和防篡改的,那么在政治上它可能被普遍执行吗?

如果我们不能阻止人们醉酒时驾车,那么就需要防止人们喝醉。通过税收提高醉酒的成本似乎是达到这一目的的明智方式。很难看到反对提高酒水税率(至少达到20世纪50年代中期的水平)以及将啤酒、葡萄酒的税收提高至蒸馏酒的水平的有力论据。这一阻止饮酒的方法基本上与政府对烟草的政策是相同的,也许会产生相似的有益效果。禁止酒馆不负责任的行为和促销活动应该也是一项不具有争议和明智的政策举措。

美国愿意接受的一个阻止醉驾机会的对策是规定21岁为最低法定购买年龄。实际上,这一对策对单一的年龄人群重新颁布了禁酒令,毕竟这一人群某一天将有资格购买和饮用酒精饮料。当提及成年人的恶习时,将年轻成年人当成孩子来看待的意愿反映了美国社会的一种精神分裂。一方面,禁果的魅力越来越大;另一方面,严格的公众道德引导年轻公民禁欲。后一种方式完全忽视了美国社会中年轻成年人特质不断发生的变化。

第十四章　罪犯改造

改造,即通过改造机构来改变目标的态度和行为,是社会学中社会控制的一个重要主题,同时也是对醉驾者进行社会控制的一个主题。[1]在概念上,改造醉驾者的策略可分为强调性格和情感上的问题(治疗)的策略与强调"事实"(教育)的策略。第一种方式与治愈病理学上饮酒行为的治疗项目有关,而第二种方式与治愈判断失当的教育项目有关。许多反醉驾项目同时运用这两种方式。

无须惊讶的是,大部分因醉驾被逮捕的人可能被贴上酗酒者、酒精滥用者或问题饮酒者的标签。轻度饮酒者的体内血液酒精浓度不太可能超标,至少不会经常超标。不幸的是,对于对策和政策的制定者来说这不是一个好消息。众所周知,酗酒者和问题饮酒者是一个棘手的治疗群体,尽管有大量相反的客观证据以及被家庭成员、朋友和治疗人员劝告,他们仍会不断否认其饮酒问题。

这里不会费大量笔墨审视酒精治疗项目的现状。尽管研究和治疗实验仍在继续,但是在寻找治愈酗酒者的方法方面还没有任何突破(萨克斯等人,1983)。正如1976年出版的《内科医学年鉴》所述:"二十五年来,酗酒者的治疗方式并没有任何重大的进展……仅有少部分接受治疗的病人得以长期康复。"(参见波利克、阿莫尔和布瑞克,1980;萨克斯等人,1983;瓦利恩特,1983)

如果改造醉驾者依赖于病理学上对饮酒行为的治愈,那么对醉驾进行社会控制的前景似乎是暗淡的。对酒精滥用的治疗已经证明这种作用微不足道,因此,无须惊讶的是,希望立即对醉驾采取措施的反醉驾支持者和政策制定者一直关注的是违法分子的饮酒行为和驾驶行为,而不仅仅是饮酒行为。本章重点介绍"饮酒/司机学校"在"治疗"醉驾方面的努力,这些学校的主要目的是通过分离驾驶行为和饮酒行为说服违法分子成为一个更安全的司机。然而,在讨论学校之前,一种酒精治疗形式值得关注,因为它展示了醉驾执法如何作为一个杠杆迫使违法分子加入治疗项目中。

一、戒酒硫

最具争议的酒精治疗形式是戒酒硫(用于治疗慢性乙醇中毒的化学药品),是药物治疗的一种形式。戒酒硫不能治愈酒精渴望或依赖,但是会引起不愉快的生理反应,诸如呼吸困难、恶心、呕吐和出汗,当饮酒时药物就会起作用。在服用戒酒硫后,因为担心生病,病人饮酒的欲望会得到遏制。不幸的是,许多病人不能成功地获得这种治疗。该种治疗要求承诺不饮用任何酒水,而这超出了许多酒精滥用者的能力。正如乔治·瓦利恩特博士(1983)指出的,不像匿名戒酒协会,戒酒硫直接从病人手中夺走酒水,并且不提供任何东西作为回报。因为这使酗酒者的生活产生了巨大的空虚,所以停止治疗的诱惑非常大。

酒精安全专项行动项目评估表明,与其他治疗方式相比,采用戒酒硫治疗后的再犯率更低。即便这是真实的,这种治疗方式也不是万灵药。戒酒硫仅能够提供给严重的酗酒者,它一般并不适用于醉驾违法分子。

一些反醉驾项目(参见马尔科和马尔科,1980)向某些醉驾被告人提供去监狱服刑或服用一年戒酒硫的选择。其要求被告人从医生那里获得戒酒硫的处方,之后将醉驾被告人带到有监控的地方,在监督员的监视下,每天服用一剂,为期一年。

通过醉驾逮捕迫使酗酒者接受戒酒硫治疗会引起道德上和法律上的问题(马尔科和马尔科,1980)。强制进行医疗和精神病治疗的想法受到了尖锐有效的批评,因为其没有对个人自主权和人格给予应有的尊重(冯·赫希,1976)。这一治疗(尤其是那些需要承担医疗风险的治疗,如戒酒硫)的支持者必须承担沉重的证明责任。戒酒硫治疗并不会产生比其他治疗方式更显著的效果,这一事实说明不应强迫违法分子进行这一治疗。

这并不意味着戒酒硫不应该在一系列的醉驾者改造策略中占有一席之地。法官完全可以:(1)要求醉驾被告人参加一个经认可的酗酒者治疗项目并作为缓刑的条件,以及(2)告诉被告人,对某些酗酒者而言,戒酒硫是一种选择。然而,被告人不应因受到监禁的威胁而被强迫接受这种药物治疗。

将戒酒硫项目作为刑事司法系统分流的一种选择阐明了醉驾执法中的一个重要主题,治疗团体对从刑事法庭分流醉驾者到治疗项目中持续地施加压力。酒精治疗团体将醉驾视为酒精问题的一种表现形式,并将醉驾被逮捕视为酒精滥用者进入治疗项目的一次机会。1980年,进入国家酒精滥用与酗酒研究所基金赞助治疗项目的所有人中有29%的人与醉驾相关(萨克斯等人,1983)。正如韦斯纳和鲁姆(1984)所说:"也许没有其他机构能像刑事法庭那样提供稳定的客户流。法院的强制力能够确保转介案件的到来,并且经常可以用来诱使客户支付治疗费用……到1982年,在整个加利福尼亚州,醉驾者成为主要的治疗群体之一。"许多司法辖区要求对每个醉驾被告人进行酗酒评估。这些日常评估通常会给醉驾者贴上社交饮酒者或问题饮酒者的标签[2],尽管这一二分法与任何此类标签一样,并不完全反映现实[3]。

无论如何,用医疗方法处理醉驾问题不可能提供有效的社会控制。事实上,如果它意味着将醉驾者彻底从刑事司法系统中分流出来,那么可能会破坏社会控制工作。另外,在某些情况下,它有可能强迫那些不会自由选择接受治疗的人接受治疗。

二、饮酒/司机学校

由于费用、管理和紧迫性等原因,大部分接受治疗的醉驾被告人都是通过饮酒/司机学校进行治疗的,大部分饮酒/司机学校都以1964年设立于亚利桑那州凤凰城的干预项目为原型(斯图尔德和马尔法蒂,1970)。其设立是为了回应几起与酒精相关的悲剧事故(这再次提醒我们,反醉驾运动在20世纪80年代并没有全面发展)。起初,在大约250名被告人中,每个月有30人到100人被送到凤凰城接受相应的课程,不遵守规定的会受到吊销九十天驾照的处罚。

凤凰城式项目是在短期内为大量醉驾者提供改造服务的一种独创性尝试。1983年,由全国酗酒和滥用药物协会理事开展的一项研究发现,45个报告的司法辖区有1514个项目,其中有39个司法辖区"估计"每年对532000人提供了服务。自20世纪70年代饮酒/司机学校出现起,可能有几百万美国人接受过此类培训。如果是这样的话,它们应该被视为一种类似于县级监狱或州精神病医院的重要社会控制机构。

三、纽约州饮酒/司机项目

为了了解饮酒/司机学校的教学内容,我们有必要介绍这一项目,即纽约州的饮酒/司机项目。从1975年到1983年,项目接待超过185000人,目前每年接待约30000人。所有醉驾违法分子,无论是问题饮酒者还是社交饮酒者都有资格参与该项目,除了大约10%的人没有资格参与,这是因为:(1)法院的命令;(2)两次以上醉驾或驾驶能力受损时驾驶并造成人身伤害;(3)在过去五年内参加了该项目。参与者有资格获得一个附条件的驾照,被返还一半的罚金以及被提前恢复正常驾照。该项目收费75美元或85美元,取决于各县的规定。

纽约州饮酒/司机项目包含五节两小时的课程和两节三小时的课程。有两位教员,一位酗酒顾问和一位公路安全专家。该项目的目标声明声称,其意图并不是改造,而是教育和诊断。这一谦逊的说法反映出一种精明的政治判断,即在未经证实的情况下作出声明是不明智的,因为这样的声明可能会成为终止该项目的理由。其他凤凰城类型的项目,有着基本相同的课程,自称其培养的是不酒后驾驶的毕业生。

课程提供了大量的信息,包括不同血液酒精浓度下驾驶技能的恶化、饮用咖啡或洗冷水澡并不能抵消酒精的作用,以及纽约州对屡次醉驾者的处罚。其要求学生填写:(1)醉驾被逮捕前12小时的日志;(2)每周的饮酒记录;(3)处理个人和社会适应方面各种问题的生活活动清单。他们还必须填写MAST,MAST与其他信息和面谈结合,可以用于筛选问题饮酒者。

第一节是关于项目的介绍,进行MAST测试。教员敦促学生讨论醉驾被逮捕的情况。通常学生会表现出对警察的敌意,也会表现出其被当作一般刑事犯的怨恨。第二节涉及交通安全。电影《最后的因素》指出,许多因素导致车祸,避免事故的最好方法是控制那些可操控的因素。酒精作为一种交通问题在本节最后部分予以讨论。

第三节讨论作为交通安全问题的酒精。电影《饮酒、驾驶、合理性》讲述了饮酒/驾驶的危险性以及一些错误的观念,如一个人能够在醉酒状态下更好地驾驶或者通过大量饮用咖啡抵消醉态。第四节涉及酒精的生理学以及作为毒品的酒精。电影《粉笔说》讲了酒精在生理上的反应。教员进行酒精观点调查,这一调查包括一系列关于酒精的性质和影响等对/错的叙述,并让学生对调查问题进行热烈讨论。

第五节是《粉笔说》的最后一部分,这部分主要讲酗酒是一种疾病以及社交饮酒者、问题饮酒者和酗酒者之间的区别。教员说明酗酒的饮酒模式并要求学生讨论他们知道的有饮酒问题的人。

第六节强调酗酒是一种疾病,而不是道德沦丧。其目的是促使问题饮酒者更容易地承认问题的存在,传递的信息是酗酒没什么好内疚的,而且能够治疗,同时介绍并推荐匿名戒酒协会。本节最后播放的电影《酒后驾驶》是为了提醒学生,他们并没有因为饮用酒精饮料而参加饮酒/司机项目,他们参加的原因是他们既喝了酒又开了车。最后一节总结课程内容,要求学生仔细思考电影《决定取决于你》所表达的信息。

参加项目的68%的违法分子完成了七周的纽约州饮酒/司机项目。剩下的32%被转介进行临床观察,这些人中大约有四分之三被留下来接受治疗。进入之后治疗阶段的违法分子在治疗人员的推荐下结束了该项目的学习。但是,项目对学生的影响仅持续到六个月的驾照吊销期满。一旦重新获得驾照,参与项目的最初动机就会消失。

四、治疗项目的评估

也许20世纪70年代酒精安全专项行动项目的主要贡献就是实施一项重大的醉酒驾驶者康复计划(埃林斯塔德,1976)。当地允许独立自主开发项目,不受国家公路交通安全管理局的统一指导,许多当地的酒精安全专项行动项目利用醉驾逮捕分流醉驾者,使其进入治疗项目。治疗人员会对被告人进行筛查,根据诊断结果和资格条件,将被告人指派到醉驾学校、门诊病人酒精滥用项目或者令其住院。分流项目的成功完成有时意味着减少指控、全部或部分退还罚金或者获得一个附条件的驾照。

如果他们被分配到治疗项目中,大部分(62%)醉驾者,无论是问题饮酒者还是社交饮酒者都将被送往饮酒/司机学校。团体治疗和匿名戒酒协会是第二大常见的治疗方式,分别收纳7%和6%的转诊人数,其他治疗占转诊人数的15%。

酒精安全专项行动项目针对饮酒/司机学校和其他治疗项目的有效性进行了大量的评估研究(埃林斯塔德和斯普林格,1976)。主要评估人员詹姆斯·尼古拉斯、伊莱恩·温斯坦、弗农·埃林斯塔德以及大卫·L.斯特劳克曼-约翰逊(1978)审查了所有州级的酒精安全专项行动项目的改造项目。他们也分析了当地酒精安全专项行动项目的总体数据,并对11个酒精安全专项行动项目进行实验研究。尽管地方酒精安全专项行动项目多

次宣称成功,但是研究者的结论相当令人沮丧:

1. 1971年到1976年间,35个地区超过200000名被逮捕的饮酒司机被送到酒精安全专项行动项目的教育改造项目。大约有三分之一的人被诊断为社交饮酒者,以及一半的人被诊断为问题饮酒者(剩下的未进行分类)。

2. 在三年时间内,对35项关于整体康复工作(未经严格控制)的项目级研究的审查显示,51%的研究报告了积极成果(埃林斯塔德和斯普林格,1976)。然而,当根据研究质量对这些研究进行分类时,发现大多数研究(25项)属于"控制不当"类别。报告积极成果的不充分研究的比例大于充分研究的比例。

3. 在酒精安全专项行动项目的转介项目中,几乎90%的社交饮酒者被指派到教育项目中,学校的类别对社交饮酒者而言没有大的区别。

4. 对再次逮捕总数据的项目间分析表明,接触改造项目的问题饮酒者和没有接触改造项目的问题饮酒者有着相同的再次逮捕率。

11个酒精安全专项行动项目的短期改造实验也得出了令人沮丧的结论。将中度饮酒的醉驾违法分子归类并随机分派到治疗组和对照组,并将多个严重的交通违法逮捕类别进行合并,来衡量累犯情况。生存分析(经过治疗后各组在每个时间点仍未被逮捕的百分比)的结果显示,两个小组的再次逮捕率没有区别。

对醉驾治疗项目精心实施的评估研究几乎都得出了与酒精安全专项行动项目评估者相同的结论(例如,参见罗斯和布卢门撒尔,1974;迈克逊,1979)。在加利福尼亚州萨克拉门托市,由国家公路交通安全管理局赞助开展的综合性醉驾项目是设计、执行、评估最好的治疗实验。超过3000名醉驾违法分子被随机分配到:(1)一个由四节课组成的教育项目;(2)一个可回家学习的课程项目;(3)一个无治疗对照组。当将因醉驾或轻率驾驶再次被逮捕作为因变量时,两组之间没有显著差异。

罗伯特·霍尔登最近开展的一项评估研究也得出了同样的结论,他评估了从1976年9月到1980年年底田纳西州孟菲斯市由国家公路交通安全管理局赞助的教育和治疗项目。没有醉驾前科的醉驾违法分子有资格参与这些项目,大约85%的参与者是通过分流转介来的,其余的是通过缓刑转介来的。受试者被随机分派到:(1)控制组;(2)饮酒/司机学校;(3)饮酒/司机学校并接受一个半小时的团体治疗(针对问题饮酒者);(4)饮酒/司机学校并接受缓刑监督及团体治疗(针对问题饮酒者)。法院推荐后,每个受试者至少接受两年的跟踪。

霍尔登发现,对社交饮酒者而言,控制组的再次逮捕率最低!在问题饮酒者中,接受缓刑监督及教育/治疗的罪犯的再次逮捕率最低(17.6%),控制组的再次逮捕率次之。对社交饮酒者而言,每个因素对醉驾的影响都不太明显,两个因素相互作用的影响也不太明显。换句话说,所有四个社交饮酒者治疗组别的再次逮捕率是相同的。因此,缓刑和教育都没有明显的改造效果。

五、为什么饮酒/司机学校无法减少累犯

饮酒/司机学校通过一种很好的甚至非常引人注目的设计形式提供了大量关于醉驾的知识。似乎很难相信,除了长期酗酒

者,人们在接触到这些材料时不会对醉驾的危险性和不负责任的行为留下深刻的印象。因此,饮酒/司机学校对未来的累犯和与酒精有关的车祸没有产生积极影响,这似乎是难以置信的,事实上,几乎也是反常的,可缺乏显而易见的成功又何以解释呢?

需要强调的是醉驾违法分子的再次逮捕率很低,一年大约在6%到8%之间。也许这一小部分累犯代表了一个难以治疗的酒精滥用、反社会群体,饮酒/司机学校对他们起到的作用非常微弱。对其余的违法分子而言,逮捕的经历、等待监狱释放、律师费、更高的保险费率以及社会耻辱的烙印可能会对醉驾产生一个短期的抑制作用,一种无法通过治疗项目加强的抑制作用。

也许本质上具有教育意义的凤凰城式课程无法引起态度和行为的改变。这种治疗背后的理论一定是,如果违法分子被告知其行为的危险性,就可以说服他们将饮酒/驾驶分开或至少有所节制。这种类型的对策对社交饮酒者有意义,但是对问题饮酒者没有什么作用,因为他们在酒精滥用方面的成因是复杂的。然而,社交饮酒者确实被告知(以及可能将爽快地同意)醉驾是危险的和不负责任的。因为他们不会经常醉驾,被逮捕经历本身可能就足以支持他们产生不会再次实施此类犯罪行为的决心,当然这并不意味着他们不会再次违反法律。光有决心可能还不够,在未来的某一刻,他们可能因沮丧、痛苦、沉迷于幻想或同伴压力而醉驾。

六、改造措施的未来

正如许多其他犯罪和司法领域一样(参见西科莱斯特、怀特和布朗,1979),醉驾者的改造现在也处于防守态势。[4]1983年,反醉驾总统委员会以分流项目既拖延了刑事案件的处置,又延缓了驾照限制的实施,而且不能证明其有效性为由,而反对分流项目。这是公正的批评。

然而,醉驾治疗项目并没有破产。它们并没有被作为分流项目使用,而是作为缓刑或者获得职业驾照的一个条件。它们还通过向被告人收取费用,很好地实现了经济独立。它们可能已经达到了机构发展的一个阶段,像公立学校、拘留所和监狱,能够保证自我生存而不论评估研究者得出的负面结论如何。布朗、茨尔哈特和斯科尔(1975)巧妙地指出:

> 对驾驶能力受损的司机进行再教育的运动似乎正在出现,我们怀疑它将会因消极认定而停止,这一消极认定采用了"证明化"模型(评估研究的证明模型)。此外,使用这一策略的评估者发现自己处于一个尴尬的境地。如果项目是一个已经制定和正在进行的项目,且拥有治疗人员、政府和公众承诺的话,就不是"允许和停止"的问题,因为参与这些项目的人们是根据其经历作出承诺的……在这种情况下,评估更应关注的问题是:我们如何改善项目使主要目标和子目标能够更有效地实现。

饮酒/司机学校和其他治疗项目作为缓刑条件使用给缓刑部门和法院带来了很大的压力。就全国而言,缓刑案件量已创历史新高。随着对醉驾者处以缓刑的积压案件不断增加,已经有很大压力的缓刑部门更难提供有效的监督——也许提供任何监督都会很困难。在许多司法辖区,它们可能无法有效监督违法分子参与改造项目,尤其是在项目耗时数月的情况下。此外,虽然从理论上来说,不令人满意的项目参与将会导致缓刑的终止以及非缓刑刑事制裁措施的施行,但现实是(至少在主要的大都市)繁忙的检察官和法院都没有太多的兴趣理会那些因不能令人满意地参与治疗项目而违反缓刑规定的违法分子。

七、结论

改造项目在减少和控制醉驾方面有着长期的不俗表现,这是酗酒和酒精滥用医疗化的自然结果。美国有大量的酒精治疗机构,不可能为了采用其他方法解决酒精问题而将其拆除或废弃。因此,难以避免的是,醉驾将以一种或多种方式与处理酒精滥用的治疗网络相关联。处理酒精滥用的主要对策——个体和团体心理治疗、咨询、戒酒硫——也适用于醉驾被逮捕的转介人员。从长远来看,人们可能希望这些酒精滥用治疗项目能够帮助越来越多的病人克服与酒精相关的问题。但是,我们不应妄想一蹴而就。

毫不奇怪,饮酒/司机学校已成为治疗醉驾最常见的方式。这些定义明确的项目在相当短的时期内以较低的成本实施。不幸的是,评估研究者一直表示,学校并没有减少累犯。因此,应该关闭学校,或者对新的设计和课程进行重大实验。只有通过一系列示范项目,才可能找到一种可行的模式,至少对醉驾违法分子中的某些人群是这样。

第十五章 结论

在本书关于美国醉驾的犯罪学、刑法学和社会控制的评论中,贯穿着几个主题。第一个是做得多而知道得少这一奇怪的悖论。第二个是法律和公众舆论对醉驾矛盾的态度。第三个是人们启动多层面的社会控制议程的意愿远远超过简单的威慑战略。第四个是自我维持的反醉驾运动的制度化。第五个是认识到通过直接的社会控制来实现目标的局限性。

一、做得越多,知道得越少

社会科学家和从事公共政策分析者包括我自己,对信息和研究有着无法遏制的渴望。美国的实用主义体现了这样一种信念,即只要能够正确理解一个社会问题,那么就能将之根除。我们似乎相信,在未来的某一刻,足够多的研究将揭示出一幅拼图,并将所有互不相干的信息汇聚成一幅图景。但是,经验告诉我们现实并非如此。醉驾的研究和信息由多样化的个体、研究中心、组织和政府机构产生,它们的工作并不是一个统一的整体。它们作出不同的推断,有着不同的偏见、既得利益和能力。随着时间的推移,慢慢积累的研究成果足以证实所有的假设。优秀的研究被平庸的研究淹没,客观的分析被倡导性的分析淹没。研究的资助、执行、消费和宣传反映了社会问题的政治性。随着研究的积累,事实似乎更加难以捉摸。

大部分涉及醉驾的实证问题仍未得到解决。我相信研究相当清楚地表明——它当然也符合常识——酒精滥用者是最常见、最重要,也是最严重的违法分子。但是,酒精滥用这一术语包括了许多不同类型的酗酒和不负责任的饮酒,其中一部分通常就是社交饮酒者。人们越是审视这个问题,就越能看到其复杂性,没有单一类型的醉驾者和醉驾问题。没有一个更清晰的醉驾者类型——他们是谁,他们的饮酒模式、驾驶模式、犯罪率、危险性——就很难制定一个连贯有效的法律和社会政策。

人们倾向于将饮酒/驾驶等同于醉驾,而且很难在白天和晚上的代表性时间对在代表性道路上的代表性的司机群体进行充分抽样调查,这使得对醉驾程度的判断变得模糊不清。此外,单一的统计数据掩盖了不同地区、不同群体、不同性别和不同年龄组之间的巨大差异。因此,甚至很难说美国的醉驾数量是否正在减少。当然,有迹象表明醉驾现象略有减少,但坚守的分析者除说醉驾似乎没有增加之外,可能不愿意说更多。

在醉驾控制举措效果的衡量方面,也存在很大的问题。自20世纪70年代早期起,交通事故死亡率就呈现下降趋势,但是我们并不能理解其中的原因。55英里时速限制、更安全的车辆、更高的安全带使用率以及大量的反醉驾举措等,所有这些都可能是事故死亡率下降的因素,但是,具体的影响尚不清楚。因为几乎没有交通安全举措是单独实施的,所以,几乎不可能将有益影响归因于一项举措而非另一项举措。此外,由于非致命事故数据的缺失,很难说,交通安全是否全面得到改善或者只是致命事故数有所减少。

评估醉驾控制举措作用的另一个问题涉及自变量——措施

本身。通常情况下,那些据称正在进行评估的反醉驾举措从没有被真正实施过,或者没有按照本意实施。通常,很难说究竟是什么(如果有的话)受到了评估。即使实施了措施,它们通常也不是以最大限度地发挥评估潜力的方式进行的。最遗憾的是,几乎没有随机分配和明确界定对照组的实验研究。因此,评估人员不得不极力控制可能影响结果的变量。好的评估很难进行,在研究设计中,基本错误很常见。此外,评估研究既是艺术,也是科学,评估通常有不止一种方法,而且不同的方法可能产生不同的结果。

所有这些都意味着公共政策并不按照系统性实验和积累的经验发布。现实生活中,非常少的干预对策被淘汰,它们可能经常吸引盘根错节的利益团体或支持者,新的举措被加入旧措施清单中。20世纪70年代,在酒精安全专项行动项目实验中,经判断没有效果的相同对策已经被积极地应用于20世纪80年代的反醉驾运动中。尤其是,人们存在一个难以动摇的信念,即增加法律威胁、加大执法力度以及加重制裁措施将会大量地减少醉驾问题。同样,人们普遍不愿意将醉驾视为整个公路安全问题的一部分,而通过制造更安全的车辆和铺设更好的道路来解决公路安全问题。

二、对醉驾的矛盾心理

纵观我们对醉驾的分析,在评估醉驾的罪责和危险性时我们会有矛盾心理。直到不久之前美国人还没有认真对待醉驾行为,而现在他们却认真对待了,这是个谜团。人们的态度一直都是矛盾的。这源于人们对酒精本身矛盾的态度。美国是一个充满酒精的社会,它经历了清教主义以及近百年的禁酒运动。我们倾向于相信酒精饮料是我们的文化、社会体系和个人生活的一个积极特征,当我们比较社会对酒精的认可和社会对所有其他毒品的谴责时,这一点尤其明显。然而,我们承认存在大量的酒精问题并感到遗憾。在最近几十年,我们变得很少评判酒精问题,而更倾向于将其视为个人无法控制的问题,我们对醉酒的态度甚至都是矛盾的。社会似乎绝不会将醉酒作为一种十恶不赦的行为予以公然抨击。显然,醉酒在我们的文化中存在一席之地,只要它没有造成伤害。

考虑到我们对酒精的态度,我们对醉驾的矛盾心理并不会令人感到惊讶。事实上,美国人仍继续将醉驾作为一种严重的交通犯罪行为。对醉驾的法律回应基本是在20世纪初作出的,而随着时间的推移几乎没有改变。今天的法定处罚不再比几十年前更严厉,传统上对醉驾的主要处罚就是吊销驾照,尽管这一制裁措施已经通过辩诉交易、有限使用驾照和职业驾照的发放得到缓和。今天的罚金并不比几十年前多。尽管短期监禁刑在一些司法辖区流行尚属新鲜事,并且代表了一种对醉驾象征性的谴责,但是,关于对醉驾的适当处罚的争论实际上包含了相当有限的处罚范围。例如,实际上没有人支持将初次醉驾行为作为一种重罪或严重的轻罪来处理,也就是说,最高可判处一年的监禁刑。

醉驾没有受到更严厉的惩罚,部分原因是通常情况下不会造成伤害。我们的刑法学刚刚开始以一种复杂的方式关注具有轻率风险的犯罪行为。然而,在无伤害醉驾事故发生后的几个月,我们能够理解反对给(现在已悔悟并清醒的)违法分子贴上危险罪犯标签的做法。这样一种强硬的回应需要一种政策视角,该政策视角不易与分散化和个性化管理的刑事司法相匹配。

重新将醉驾定义为一种更严重的犯罪行为或中低层次重罪的另一个障碍是,美国人认为罪与非罪的界线是模糊的。如果大部分美国人相信喝一杯、两杯、三杯酒水后驾驶可能被定为醉酒驾驶罪,显然不会支持将此类行为定义为重罪或严重的轻罪。这种行为极为普遍,而且按照常识来看它似乎并不危险。也许如果人们清楚地知道醉驾通常要求喝四杯、五杯、六杯或更多的酒水,那么将更容易调动人们的情绪来打击违法分子。行为越恶劣,越不正常,就越不像普通行为。另外,强调醉驾中的轻率驾驶是有道理的。与恣意驾驶的罪责相比,人们对不负责任饮酒的罪责的态度可能更矛盾。

不幸的是,强调饮酒/驾驶和醉驾之间的区别不会使反醉驾的支持者感到满意。他们害怕这种信息会动摇人们的信念,即在驾驶前少喝点酒是安全的,而且他们还担心:(1)少喝点酒甚至也不安全;(2)几杯酒将会"溢出"为多杯酒。因此,美国人被告诫"不要饮酒驾驶"。这种立场可能非常明智,比"不要醉驾"的政策更能保护生命和财产的安全。然而,它使醉驾继续被视为不适合严惩的普通行为。

关于导致死亡或严重伤害的危险醉驾行为的舆论是不受限制的,这类案件会引起更大的愤怒和谴责反应。被告人几乎都是酒精滥用者或拥有反社会人格的人,他们的行为鲁莽轻率、令人发指。公民、检察官、法官不会同情这些被告人。因此,规定加重型醉驾犯罪来覆盖最恶劣的醉驾行为——无论是否造成伤害——以及将没有伴随伤害的危险驾驶行为定义为一种低层次的轻罪或交通违法行为是有意义的。

三、反醉驾控制策略的多面性

醉驾引发了一系列多层次的社会控制策略,即使是简单的威慑举措——路障设置、反醉驾特勤警察小组、强制监禁刑和吊销驾照、限制辩诉交易、惩罚性侵权赔偿以及保险附加费——都相当多样。除了惩罚性威胁,还有大量以公众教育和治疗为基础的反醉驾项目。事实上,大量的酒精治疗团体已经在很大程度上积极追求对醉驾者进行治疗,并竭力使醉驾者成为其工作的一部分。

笔者在本书的第三部分推荐了一些制裁措施和对策,目前并没有被广泛使用。更高数额的罚金以及扣留车辆都会使逮捕和定罪的成本更高。为了进一步确保被定罪的醉驾者在未来不能醉驾,他应该失去车辆和驾照。监视居住也非常适合作为醉驾的一种制裁措施。

尽管简单的威慑和剥夺资格对策可能成为全面反醉驾项目的核心举措,但是长期的目标是要将反醉驾规范广泛内化于整个群体。这样,社会控制将不必过于依赖政府的举措,而可以依赖不太有侵入性的非正式人际关系以及个人选择和自我约束。从长期来看,所有发生在今天的为打击醉驾行为作出的努力都有助于规范、态度和行为的改变。

在塑造规范的过程中,积极的一步就是鼓励负责任饮酒实践的政府举措。禁止"欢乐时光"、买一送一的促销活动、快饮比赛都是很好的主意。还应考虑提前关闭酒吧和酒馆。警察应该更加关注深夜/凌晨的酒吧和酒馆的停车场。我们正在处理的是一种强力且很容易被滥用的毒品,促使成熟和负责任地饮用酒精饮料的努力是恰当和明智的,且没有严重限制人们的自由。在酒馆责任的推动下,服务者干预项目对改变餐厅和酒吧的规范,进而改变关于酒精饮料消费的社会规范,提供了一个有益开端。

我更怀疑 21 岁最低法定购买年龄的规定。根据我们有关禁酒令、禁止大麻、可卡因、海洛因和其他一系列麻醉品及危险药品的经验,我对成功禁止 21 岁以下人群饮酒的可能性并不感到乐观。此外,这种禁止可能会传达关于饮酒的错误信息——将醉酒和失控行为与饮酒相联系。我更偏爱强调负责任地饮酒的环境和做法的政策。

最后,也是最重要的是,必须持续关注车辆驾驶安全以及当车祸发生时当事人能够受到更好的保护。我们渴望防止醉驾的原因是防止司机、乘客、行人以及其他道路使用者受到伤害或死亡。达到这一目标的一个直接路径是将司机和乘客置于能够经受住严重车祸包括迎面相撞车祸的车辆中。安全气囊是最有希望达到这一目标的技术,而且应该成为美国所有销售和驾驶的车辆的标准配置。我们应该时刻提醒自己,醉驾首先是一个交通问题。

如果联锁系统被证明是有效的,那么它可能是我们反醉驾措施中最重要的武器。它应该成为应对醉驾的标准措施。除此以外,根据成本,应该考虑在所有车辆上强制安装这一安全装置。

四、自我维持的反醉驾运动的制度化

由于公民反醉驾运动、各州反醉驾项目的制度化,联邦承认醉驾是一个全国性的问题,以及国家公路交通安全管理局的持续作用,对醉驾进行更有效的社会控制的前景是光明的。

公民反醉驾运动的重要性不言而喻。尽管在这一运动出现以前醉驾就已是一种社会问题,但当代的运动大大提高了醉驾问题的可见度,并表达了大量反醉驾情绪。通过使人们更人性化地面对醉驾的受害人,公民活动家已经调动了公众注意力和公众情绪。不间断的游说已经使数百部州法律和九项主要联邦法律通过。事实上,公民反醉驾运动已经使醉驾成为立法者、检察官甚至法官都不能忽视的政治性问题。公民团体向各级政府的政治领导人持续施加压力,要求他们通过立法、提供资金以及严格执行法律。反醉驾母亲协会、消除醉驾者协会和学生反醉驾协会都是非常成熟的组织,它们的存在确保了反醉驾努力的持续和加强将不会在短期内减退。

随着新政府机构的成立,反醉驾运动更加制度化。许多州都任命了反醉驾任务小组以及成立了反醉驾机构或项目小组。这些专门机构为持续性打击醉驾活动提供了制度基础。它们不再依赖于定期调动公众情绪和自愿努力,当其他问题成为社会问题议程的重点时,它们也不会失去对醉驾的兴趣。它们存在的理由就是发起减少醉驾的项目。此外,在许多情况下,将醉驾者支付的部分罚金用于项目运行能够保证它们的长期存在。

例如,1982年,纽约州在交通运输部内部成立了阻止醉驾项目小组。专门的酒精对策办公室拥有20名员工,对每个县的阻止醉驾项目提供协调和技术上的支持服务。每个县都必须有这样一个项目,必须任命一名醉驾协调员负责递交打击醉驾的年度计划。随着计划的批准通过,各县将会被返还所有醉驾者罚金的50%。协调员可以(通过被批准的计划)将这些罚金分发至执法机关、治疗项目、法院、公众教育等领域。因此,负责控制醉驾的机构获得了经济激励,从而将这一问题作为优先事项。

承认醉驾是一个全国性问题和优先事项,也预示着社会控制策略的未来。获得联邦政府的承认标志着社会问题的成熟。1968年,美国交通部对醉驾的报告是迫使全国接受醉驾的关键一步。制定反醉驾日程的任务被委派给交通部内部机构——国家公路交通安全管理局。该管理局创立了酒精安全专项行动项目,该项目为许多今天盛行的反醉驾项目提供了大量的重要信息、研究和模式。国家公路交通安全管理局也为反醉驾母亲协会和其他公民团体提供资助,赞助有关于醉驾的所有研究。

尽管国家公路交通安全管理局是处理醉驾问题最多的联邦机构,但是其他制度和机构也起着一定的作用。总统和国会将12月的某一周设立为年度反醉驾警示周,从而促成了象征性的打击醉驾行为。事实上,国会已被敦促通过向遵守规定的州提供公路安全资金来制定一项相当详尽的反醉驾政策。卫生部、国家司法研究所以及国家酒精滥用与酗酒研究所也参与支持了反醉驾项目的研究。

五、社会控制的代价

对醉驾的社会控制并非不需要付出代价,最重要的代价就是对非醉驾者自由的限制。醉驾路障设置是一种特别令人不安的社会控制策略,忽视了美国自由的核心价值观以及对美国警察的关键限制,也就是说,警察必须有合理根据才能进行拦车检查、调查和搜查。路障设置采取了一个新的标准,换言之,只要每个人能够被同等对待且得到通知,警察对普通公众进行拉网式搜查和调查就是正当的。同样的理由可能允许警察决定,他们今后将拦下所有的公民并迫使他们通过金属探测器,同时逮捕被发现的持有武器的那些人,因为持有枪支和刀具是一个严重的问题。尽管这种做法就像醉驾路障设置一样,可能有助于社会安全,但是将会付出限制自由的沉重代价。

设立最低饮酒年龄是一种类似于路障设置但又比路障设置更为温和的反醉驾策略。无可否认的是,各州有权利和义务规制对儿童售卖酒精饮料的行为,但是,企图提高最低饮酒年龄到21岁的做法令人不安。为了防止一小部分不负责任的人醉驾,它限制了数百万负责任公民的权利、机会和社会生活。牺牲大部分人的自由来防止少部分人的刑事违法行为,这是为减少少部分人醉驾而付出的巨大代价。如果将其推向逻辑的极端,那么这一策略将会导致我们返回到禁酒令项目上,鉴于当前毒品禁止令的失败,这不是一个令人愉快的前景。

我还发现,处理醉驾者的刑事司法系统越来越僵化,这一点令人不安。当然,整个美国的刑事司法程序,至少从逮捕开始,或多或少都是一个定罪的机器,这一特征在界定和审理醉驾案件时更明显。醉驾现在的定义是,一经逮捕,几乎自动定罪,尤其是当被逮捕者血液酒精浓度在 0.10 以上时。无罪释放或减轻指控则被视为机械故障,需要修复和克服。行政处罚甚至刑事处罚都是为了迫使被逮捕者提供关于血液酒精浓度超标的罪证。被逮捕者陷于两难境地,即要么提供定罪所必需的证据,要么受到行政处罚(或刑事处罚),或者更严重的处罚。法律顾问被视为作出这一决定的障碍,而不是宪法性的保护。

有观点认为,因为醉驾仅仅是一种交通违法行为,我们不需要担心警察非常规的执法和流水线式的司法,这种观点令人不安,而且存在很大的不一致性。恰恰因为醉驾不是或者不应仅仅被视为一种交通违法行为,这种对自由意愿的无视才如此令人不安。如果第一次醉驾的违法分子(没有引起伤害)被定义为行政违法,那么关于破坏刑法理论和宪法重要价值的担忧将会得到缓解。违法者仍然可能被撤销驾照并扣留车辆。此外,他当然可能因为轻率驾驶或任何具体的交通违法行为被提起刑事控诉。

反醉驾运动也存在经济成本,监禁大量醉驾者的费用非常昂贵。监狱每张床位大约要花费 80000 美元的建设费用,以及每年 10000 美元到 20000 美元的维护费用。监狱已经成为州预算最大的项目(仅次于教育),而其也可能很快在县预算中占据相似的位置。尽管监禁毫无疑问地意味着社会对醉驾的关注,但一到两天的刑期可能在事实上表明醉驾只是一种微不足道的违法行为,尤其是当人们考虑到严重罪行的长期刑期时。当监狱工作人员给醉驾者提供了一个比"真正的"罪犯在更舒适的环境下服刑的机会,或者给他们机会减少实际服刑时间时,也传达了同样的信息。

六、社会控制的局限性

在处理醉驾和其他社会问题时,要时刻牢记无法获得完全的胜利。酒精的广泛流通和对车辆交通的普遍依赖,必然使得醉驾成为公路安全的一个重大威胁。只要我们的社会有大量的酒精和驾驶行为,就会有醉驾行为。一定程度的绝望和愤怒可能是有益的,正如很久以前埃米尔·涂尔干指出的,这将有助于大部分人的团结。然而,归根结底,积极的结果需要毅力、物力和想象力。成功不在于伟大的胜利,而在于点点滴滴的成就。

反醉驾运动已经在寻求刑事司法以外的社会控制策略——

治疗项目、公众教育和民法,这是一个健康的标志。这些多样化的策略比起通过增加警力和监禁来解决问题的惯常做法更有希望。然而,政府只能完成这么多任务。归根结底,与其他不负责任的反社会行为一样,过度饮酒和驾驶是由文化、社会态度和价值观促成的,如果没有像联锁系统这样的技术突破,只有通过规范、态度和价值观的深刻变革,才能大大减少这种行为。

政府干预可能有一定的作用,但作用有限。政策制定者和分析者最好对他们的期待和主张保持谦虚谨慎。至少,政府要确保没有让正在尝试解决的社会问题变得更糟糕,并且至少应该树立一个正确的榜样(例如,有自己的假日派对及关于酒精、醉驾或安全气囊的人事政策)。政府能够也应该确立一种基调,传播信息以及定义错误和异常行为,如醉驾行为,但是,政府作出解决问题的承诺是错误的。无法兑现奢侈的承诺将会导致人们对政府能力的怀疑。政治家及其选民必须接受实现更有效社会控制的长期斗争的必然性。

注 释

介 绍

1. 美国卫生及公共服务部20世纪80年代早期的一项调查发现:"被调查的美国人中有三分之一的人认为酒精引起了他们的家庭问题。"参见《美国卫生及公共服务部部长向美国国会提交的第五份关于酒精与健康的专项报告》(1983年12月),p. v。
2. 学生反醉驾协会本质上不是全国性的组织。它的分会常常由学生在听完讲座或发生醉驾悲剧后发起。这样的团体存在的时间往往很短暂,除非它们成为有专门兴趣的学校管理者。来自对位于华盛顿的天主教大学青年发展研究中心的约翰·D.麦卡锡教授的采访。
3. 反醉驾总统委员会(1983,p. 12):

   公民支持:鼓励基层群众、倡导相关组织继续培养公众醉酒驾驶问题意识,为了更高效地处理与饮酒有关的交通事故,继续与政府官员、检察官、法官通力合作,并且鼓励增强个人饮酒或驾驶的责任意识。

   任务小组:为了增强公众醉酒驾驶问题意识,有效适用与禁止醉驾相关的法律,让政府层面和非政府层面的负责人参与行动计划,州和地方政府应当创立由政府层面和非政府层面的负责人组成的任务小组。

   全国性团体:为了确保在此影响下持续打击醉酒驾驶行为,应当在全国层面建立由公众团体和私人团体的负责人组成的非政府性团体。
4. 伯肯斯坦(1985,p. 8)指出:"在早期的北美研究活动中,参与的个人或组织几乎都是物理学家、化学家、律师、警察、交通工程师、保险利益者和交通教育者。从社会科学和行为科学角度进行的研究被彻底忽视,或者说被忽略。"

5. 在很大程度上,我没有把外国有关醉驾的研究列入,但是对作为美国社会问题之一的醉驾问题展开了研究。由迈克·劳伦斯、约翰·斯诺特姆和富兰克林·齐姆林主编的《酒驾的社会控制》(1988)一书中呈现了一些欧洲关于醉驾威慑研究的论文,这些论文对于那些对威慑有特殊兴趣的读者来说是非常有价值的。

第一章

1. "酒精几乎作用于人体的每一个细胞,但中枢神经系统受到的影响最大。酒精的影响是深远的——从长期饮酒造成的人格障碍到醉驾者的判断失常。目前的研究集中于解释酒精的一些影响及其潜在的生物学机制,但缺乏个人对酒精反应的全面了解。"(美国卫生及公共服务部,1983,p. 25)

2. "传统的酗酒使单一疾病的概念受到有些观察的挑战,即可能有多种非正常使用酒精的模式,可能导致多种缺陷……另一种定义酒精依赖的方式是根据严重性,在开始酗酒与结束社交饮酒之间没有明显的界线。"(《美国卫生及公共服务部部长向美国国会提交的第五份关于酒精与健康的专项报告》,1983 年 12 月,p. 100)

3. 现已存在一个由酗酒和酒精滥用治疗项目的人员和专业治疗人员构成的巨大网络(美国卫生及公共服务部,1983)。"在 1977 年,尽管有大约 160 万的酗酒者和问题饮酒者接受了私人和公共资源的治疗,并且有超过 60 万的酗酒者参加了嗜酒者互戒协会举办的会议,但是仍然有至少 800 万到 1000 万的酗酒者和问题饮酒者未接受任何治疗。"(萨克斯等人,1983)

4. 1967 年,有着巨大影响力的法律执行与司法管理总统委员会建议:醉酒本身不应该是一种犯罪,应该发展民间治疗醉酒的项目,建立综合性治疗醉酒的项目。1968 年,美国交通部关于《酒精与公路安全》的历史性报告认为,总统委员会关于将公众醉酒行为非犯罪化的建议,"指出了比涉及一般意义上的酒精滥用问题更为复杂的法律适用难题,并且这一提议可能更适用于那些由于重度饮酒对公共安全造成实际或潜在的威胁的行人和司机"。(p. 100)

5. 将公众醉酒行为非犯罪化的建议者的一次主要的胜利是 1971 年统一州法全国委员会和 1972 年美国律师协会通过的《酗酒者和酗酒统一治疗法案》。该法案规定,酗酒者不被刑事起诉;除了禁止醉驾或控制酒精饮料购买或销售的法律,所有将饮酒或醉酒作为犯罪要素的法律都将被禁止。

6. 这主要归因于美国法学会《模范刑法典》第 2.08 节的影响,该法典规定,醉酒是一项刑事抗辩事由,在一定程度上可以否定构成犯罪的主观要素,但醉酒不得作为过失犯罪的抗辩事由。这一条款被认为比许多州的现行法律更宽容,这些州不允许将故意醉酒作为刑事抗辩事由。 203

7. 1982年的一项政府调查发现,有5700万的美国人使用过大麻,有2200万的美国人尝试过可卡因,其中包括28%的年轻人。1984年被报道的高中生中有超过60%的人使用了违禁品(皮尔,1987)。

第二章

1. 也许我们的历史性视角太短。公路交通控制恩诺基金介绍了它在1949年的一项研究:《关于车辆司机:他的本质和改善》。这一研究陈述道:"移动性是美国人生活的本质,机动车是美国主要的交通工具。我们的经济、社会、文化和娱乐活动在很大程度上依赖汽车。在车上,许多美国人趋向于把自己转换为上帝。毕竟,上帝自己不能创造100马力的汽车拉他自己和他的乘客飞速向前。"
2. 对于汽车在美国社会中扮演的角色有一些有趣的文章,参见杰罗姆(1972);弗林克(1975);刘易斯和弋德斯坦(1983);伊斯曼(1984);哈伯斯塔姆(1986)。
3. 一项由公路安全保险协会赞助的研究(1982)调查了中西部县一年内所有治疗面部受伤的急诊室。几乎一半的严重面部骨折和面部撕裂伤都与车祸有关。这项研究估计全国每年大概有625000名接受医院治疗的面部受伤的病人,这些病人的伤都是由公路车祸导致的。一项更早的研究(斯马特和桑德斯,1976)发现受严重脊髓伤害的病人中有一半(每年5000起)病人的伤是由车祸导致的。
4. 1986年,事故死亡人数总计48560人。
5. 国会在1974年建立了一个全国55英里每小时的暂时性最高限速标准,并于1975年将标准永久化。参见全国最高限速标准,23 U.S.C., sec. 154(a)(1)。1987年的《交通运输与统一安置援助法》(P.L.100-17)将这一最高限速标准调整到65英里每小时。经交通运输研究委员会(1984)估算,55英里每小时的速度限制每年大概拯救200人到400人的生命。以下可能是死亡人数减少的原因:(1)车辆可以被更好地控制;(2)速度存在更少的变数,因此交通流动更均匀、有序、可预测;(3)低速车祸的力量更小,所以伤害不那么严重。也可参见美国交通部、国家公路交通安全管理局,NHTSA/FHWA特别小组的报告——《生命的挽救得益于55英里每小时的全国最高限速标准》(1980年10月)。
6. 国家公路交通安全管理局依据1966年《国家交通与机动车安全法》颁布了《联邦车辆安全标准》。参见《联邦条例准则》第49号法令,pt. 571。根据利昂·罗伯逊(1983)的研究,在1975年到1978年间由于这一标准的颁布,每年有超过9000人避免了死亡。

7. 1979年,国家公路交通安全管理局开始建立国家事故抽样系统(NASS)。国家事故抽样系统调查了美国所有警察报告的事故样本。参见《美国交通部1979—1980年交通事故和伤害报告》(1982)。

8. 也许事情正在发生变化。普渡大学一项关于对新汽车购买者的态度研究发现,比起之前,对安全的考虑在购买者作出购买决定时起着更重要的作用(AAA交通安全基金会, Falls Creek, Va.,《汽车安全对汽车类型选择的影响:一项实证研究》,未出版)。美国汽车制造商"三巨头"承诺给1990年生产的100万辆汽车配置安全气囊。

9. 这并不是联邦第一次对公路安全予以关注。1924年,商务部长赫伯特·胡佛召集了一次关于街道和公路安全的全国性会议。1936年,富兰克林·罗斯福总统召集了一次事故预防会议,会议报告命名为公路安全指南,该会议也建议汽车制造者增加汽车内饰。十年后,总统哈里·杜鲁门召集了一次公路安全会议,并迫切要求采取工业行动来鼓励州和地方作出安全努力。在总统德怀特·艾森豪威尔的领导下,建立了大量的州际公路运输系统,而且他在多个场合对公路安全畅所欲言。隶属于白宫州际和对外贸易委员会的健康与安全小组委员会1956年正式提议国会关注公路和交通安全。在接下来的十年间,白宫和参议院的多个委员会举行了超过十二次听证会。对于联邦在公路安全方面发挥的长期作用,参见 U.S. Senate, 90th Congress, 2d sess., Committee on Government Operations, Federal Role in Traffic Safety, Report of the Subcommittee on Executive Reorganization, Senate Rep. 951(1968年1月24日)。

10. 1966年《国家交通与机动车安全法》,P.L. 89-563(1966年9月);1966年《公路安全法》,P.L. 89-564(1966年9月)。

11. 考虑福特斑马案:在追尾车祸的情形下,福特斑马的气缸设计引起严重的爆炸危险。福特推断,解决不正当的死亡索赔和其他伤害案件将会比重新设计汽车要便宜得多(爱泼斯坦,1980;多维,1985)。车辆报废、召回、违反安全规定的起诉仍然是当今主要的问题。1985年,不遵守联邦汽车安全标准导致的缺陷或与汽车安全相关的缺陷,导致超过560万台车辆被召回;比起前一年召回的720万车辆,数量上还是有所下降。参见 Highway and Vehicle Safety Report, vol. 12, no. 13 (March 17, 1986), p. 5。

12. 一些研究估算安全气囊每年能够拯救一万条生命。公路安全保险协会最近估算,"如果所有的汽车都配置副驾驶安全气囊,假设前座乘客中有 30% 的人使用手动安全带,那么到 1990 年将会减少大约 7750 起死亡事故"。Insurance Institute for Highway Safety, "The Public Prefers Airbags," Status Report, vol. 22, no. 1, January 24, 1987, pp. 1–6.

13. 里根政府领导下的国家公路交通安全管理局的一项关键性发展理由,参见 Public Citizen(1982)。

14. Motor Vehicles Mfrs. Assoc'n v. State Farm Mut. Auto. Ins. Co., 463 U.S. 29 (1983).

15. State Farm Mut. Auto. Ins. Co. et al. v. Dole, 802 F. 2d 474 (D.C. Cir. 1986).

16. 自 1987 年 7 月以来已经有二十九个州通过了强制系安全带的法律。

17. 关于司机行为和不良行为的一个早期的、系统性的和有深度的分析,参见 ENNO Foundation For Highway Traffic Control Report The Motor-Vehicle Driver: His Nature and Improvement(1949)。

18.《关于对犯罪的恐惧》的 Figgie 报告(A.T.O., Inc. 1980, p. 18)认为,"在美国,犯罪数量正在增加,不幸也在迅速增长……对犯罪的恐惧远远超过犯罪事件的发生率。这项研究表明,十分之四的美国人害怕成为暴力型犯罪的受害者,如谋杀、强奸、抢劫或者袭击。研究还表明,由于对犯罪的恐惧,十分之四的美国人对他们日常的生活环境感到不安,如他们的家、社区、商业区域和购物中心"。

第三章

1. 报告中的引文表明关于加利福尼亚州的研究有九页,加上表格及关于新泽西州的研究共二十三页。理查德·泽尔曼(1974)竭尽全力,企图重新调查1968年报告背后的研究,得知正如1968年报告显示的,新泽西州实际上呈现的是所有被检测的和被发现的饮酒司机的数据,而不是所有单一车辆车祸的数据。
2. 另外,报告陈述:"过去三十五年间,其在全国各个地区有组织地展开了对引起车祸的个体有关酒精的存在和酒精浓度的调查,发现饮酒是致命事故的最大单一因素。"但该报告没有提供引文。一个系统性的研究论文集给人留下的印象是不准确的。
3. 至于行人,报告仅仅涉及哈登等人(1961)的研究,其发现40%的纽约市成年死亡行人体内血液酒精浓度为0.10或者超过0.10。
4. "轻率驾驶是指驾驶或使用机动车、摩托车或其他以非人力驱动的车辆或其任何装置或配件,不合理地妨碍公路的自由和正常使用,或不合理地危及公路使用者的行为。轻率驾驶是被禁止的,违反这一条款将被认定构成轻罪。"(《纽约车辆和交通法》,sec. 1190)
5. 一个真正的机会就是利用饮酒/司机学校"学生"经常被要求准备的日志。学生必须叙述其在因醉酒驾驶被逮捕的前24小时内做了什么。
6. 根据十五个良好报告的州的数据推断,美国其他州的数据应该不会更少。有理由相信密西西比州涉及酒精的致命事故数与加利福尼亚州或马萨诸塞州的致命事故数不同吗?既然这些州在人均饮酒量、不饮酒者比例、涉及醉酒和幻想的文化价值等方面不同,那么就有很好的理由否定这些州涉及酒精的事故比例相同的假设。
7. 对比较过失的解释,参见基顿等人(1984),sec. 67,在纯正的比较过失下,原告的共同过失不会完全阻碍其获得赔偿,但是应按照他的过错比例减少他的损害赔偿。
8. 有大量的警察部门不时地企图发展培训项目,用以识别交通事故中酒精或违禁药品的存在。根据1987年8月3日发布的《公路与车辆安全报告》(vol. 13 [23], pp. 6–7),洛杉矶已经开发了一项项目用以训练选拔执法人员,使他们成为毒品识别专家。执法人员被训练寻找一种用以识别特殊的药品、药物类别或混合药物的症状模式。

9. 在英格兰,警察有权检测每一位涉及车祸的司机体内的血液酒精浓度。美国的一些州的制度正在朝这一方向发展。根据《纽约车辆和交通法》,sec. 1193-a,涉及交通事故的任何人必须接受初步的呼吸检测。如果检测中出现涉嫌醉酒驾驶的可能事由,司机必须接受一套完整的血液酒精浓度检测。没有合理事由就实施初步的呼吸检测的合宪性是可疑的(参见第八章)。
10. 存在一个有趣的反压力。为了证明他们的反压力正在起作用,反醉驾的倡议者和项目负责人感到需要表明与酒精相关的致命事故数正在下降。因此,他们必须同时展示他们的努力成果以及醉驾问题的严重性。

第四章

1. 中度饮酒者被定义为"一个月至少饮酒一次,典型的是一个月几次,但是每次不超过三杯或者四杯"。重度饮酒者被定义为"几乎每天饮五杯酒或者更多,或者大概一周一次,通常一次五杯或者更多"。因为人们可能低估他们的饮酒量,所以重度饮酒者的比例可能高达21%。
2. 许多研究发现的情况恰恰相反,也就是说,醉驾者往往是不成比例的低学历者和社会底层群体(参见,例如,乌尔夫,1975)。
3. 弋德斯坦和索斯米尔希(1982)发现,在威斯康星州麦迪逊市,持续六年,醉酒驾驶致命死亡事故几乎都发生在星期四的下半夜到星期日的下半夜。说来也奇怪,这一样本中,周六发生的醉酒驾驶致命死亡事故比周三、周五和周日少。
4. 不幸的是,这一重要的研究出于某种无法解释的原因没有发表。我获得的手稿被命名为《1986年美国路旁呼吸检测调查发现概述》,亚瑟·C.伍尔夫博士著。
5. 联邦调查局负责收集、汇总、公布醉酒驾驶逮捕数据。根据《统一犯罪报告》(1985),有180万的醉酒驾驶逮捕数。尽管这些逮捕数提供了关于醉驾者特征的重要数据,但是他们不能被当作所有醉驾违法分子的代表。与未被逮捕的醉驾者相比,作为一个群体,被逮捕的醉驾者必须是更糟的司机、更危险的司机以及醉酒程度更重的司机。一名司机是否该被拦下,如果拦下是否应该调查他们是否饮酒,这些事项都由警察自由裁量。因此,谁被逮捕将取决于全国州和地方的上千个警察部门的执行优先等级和偏差。此外,某些群体更容易被逮捕。例如,与女性违法分子或老年违法分子相比,警察对年轻男性违法分子更警惕。年轻人不仅是刑事司法系统的主要监视对象,而且更可能搅扰警察执法人员,他们也是最糟糕的司机。然而,与《统一犯罪报告》中的其他违法分子相比,16岁到20岁之间的年轻人因醉酒驾驶被逮捕的次数更少。
6. 哈林顿关于加利福尼亚州年轻司机的一项长期研究表明,在驾驶的前四年时间中,85%的男性和56%的女性会遭遇一次事故或者一次定罪。2229起致命事故和个人伤害事故中,有6%的男性和2%的女性饮酒了。

7. 缓刑委员办公室和公共卫生部反酗酒部门办公室,《1982 年法案第 373 章下的马萨诸塞州醉酒驾驶的演变》(1984 年 8 月 1 日,未出版的油印品)。先前的非醉驾刑事指控中,16.8% 的人侵犯人身权利,26.8% 的人涉及财产犯罪,9.8% 的人使用毒品,28.5% 的人涉及公共秩序犯罪(包括家庭暴力),20.8% 的人涉及除醉驾外的刑事交通违法行为。

第五章

1. 甚至在汽车出现之前,美国人已经开始处罚醉酒驾驶火车的行为,同时也处罚在公共场合醉酒的行为。
2. 然而,请注意根据在受影响驾驶(OUI)的"民事"诉讼程序中保留足够的刑事特点来满足利用刑事诉讼程序处理醉酒驾驶的要求,从而得到合适的宪法保障,缅因州最高法院基于这一点考虑从法定情形中剔除醉酒驾驶一级犯罪,并将其作为受影响驾驶的非刑事交通违法行为。参见 State v. Freeman, 487 A. 2d 1175(Me. Sup. Jud. Ct. [1985])。
3. 最高法院在 Powell v. Texas (392 U.S. 514 [1968])一案中作出了创造性的判决,驳回了被告人关于惩罚一个在公共场合醉酒的长期饮酒者违宪的说法。最高法院表现出极大的担忧,支持 Powell 案的判决将会削弱构成刑法本质的个人责任的假定。怀特大法官持同样的观点,其认为即使长期饮酒者一开始饮酒就忍不住要出现在公共场合,但是由于其在开始饮酒前未能成功采取预防措施防止其在醉酒后出现在公共场合,他们仍然会受到道德上的谴责。
4. 《模范刑法典》, sec. 2.08:"(2)轻率是构成犯罪的一个要素,如果一个行为人由于先前的自我诱导而醉酒,没有意识到在他们清醒时应当意识到的危险,那么这种未被意识到的状态将是无关紧要的。"
5. 《模范刑法典》的方法受到了罗宾逊教授(1985)的严厉批评。他认可使用自愿醉酒来否定粗心大意造成的危险的产生,但是这将会成立一个新的犯罪,即"危险醉酒罪":"(1)犯罪的定义。一个行为人实施了犯罪行为或者更轻的违法行为受到起诉并以醉酒作为辩护事由来否定犯罪构成要素,那么该行为人也构成危险醉酒罪。(2)积极性抗辩事由。行为人证明他醉酒的那一刻已经没有了构成犯罪或更轻的违法行为所要求的责任,基于此他获得了一项辩护事由,这一辩护事由对于危险醉酒罪而言应该是一项积极性抗辩事由。"
6. 醉酒驾驶罪的不公平之处就是危险驾驶的潜在性,密歇根州最近的一起案件很好地阐明了这一点(P.v. Walters, 160 Mich. App. 396, 407 N. W. 2d 662; Mich. Ct. of App. [1987]),该案提出被告人的正常驾驶仅仅能表明他的能力没有受到损害,并不能排除对其酒后驾驶行为的定罪。法院指出"正常驾驶并不必然与所得出的司机醉酒的事实结论相矛盾"。

第六章

1. 参见 Papachristou v. City of Jacksonville（405 U.S. 156［1972］）："在这里，如果没有标准来规范法规所授予的自由裁量权的行使，那么该方案就会允许并鼓励任意和歧视性的法律执行。"
2. 一些法规，例如威斯康星州的法规使用"操作"而不是"驾驶"，因此醉驾是"在酒精影响下操作机动车"的违法行为。
3. 有趣的实验室研究显示，那些错误地认为他们已经饮用了酒精的人表现出很多醉酒行为应有的体征。
4. Commonwealth v. Connolly（474 N.E. 2d 1106［1985］）一案推翻了基于一项错误的醉酒驾驶陪审团指示的判决：

   然而，当遵循模范指南 5.10 时，法官跑题了，他控诉陪审团："在酒精影响下……意味着一个人……通过酒精饮料的摄取受到某些易察觉的影响，当他解释他的陈述时就加剧了错误，通过假定一起案件中，一个人饮酒后驾驶，突然感觉'轻微的头晕目眩''轻微的失落'，或者比未饮酒的人感到'轻微的快乐'……"

   联邦必须排除合理怀疑，证明被告人饮用酒精饮料减弱了被告人安全操作机动车的能力的这种情形超出合理怀疑。联邦并不需要证明被告人实际上以一种不安全的或不稳定的状态驾驶，但是必须证明其安全操作车辆的能力减弱。

5. 正当程序要求刑事法律能够被合理界定以至于人们能够在法律规定的范围内实施行为。在界定一部刑事法律是否因为模糊而无效时，法院必须界定：（1）法律是否告知了那些需要遵守它的人，以及（2）法律是否充分地保证了不被任意执行和区别对待执行（拉菲夫和斯科特，1985;《宾夕法尼亚大学法律评论》，1960）。
6. 事实上这段说的是"比能力受损情况下驾驶这一较轻微罪行所要求的更大的损害"。在纽约州，包含在醉酒驾驶重罪里的轻罪行为，如 DWI 和 DWAI 极其令人困惑。DWAI 是指一个人能力受到削弱而驾驶的行为。在 People v. Cruz,（339 N.E. 2d 513［1979］）一案中，纽约州上诉法院将醉酒驾驶定义为驾驶能力受到削弱而驾驶的行为。随后纽约州的一些法院努力将 DWI 定义为能力受削弱程度更大的行为，而将 DWAI

定义为能力受削弱程度较小的行为。为了适用法律,警察和检察官显然有很大的自由裁量权。

7. 在 State v. Edmundson (379 N.W. 2d 835 [1985])一案中,南达科他州法院支持基于警察的专家意见对醉酒驾驶进行定罪,即在逮捕的时候被告人是醉酒的:"警察的认知、技能、专业训练、教育以及过去的醉驾逮捕经历足以支持他的观点……被告人是醉酒的。"(379 N.W. 2d, p. 840)

8. 23 U.S.C., sec. 408(e)(1):"就本节而言,如果一个州规定——(C)当任何人驾驶一辆汽车时体内血液酒精浓度达到 0.10 以上就被认为是醉酒驾驶,则该州有资格获得基本补助金。"

9. 在英格兰,体内血液酒精浓度超过 0.08 而驾驶就是非法的,而在一些司法辖区,如纽约州,体内血液酒精浓度超过 0.05 操作车辆即可推定为能力受损情况下的驾驶,即较轻的醉酒驾驶罪。如果纽约州的被告人年龄小于 21 岁,0.05 的血液酒精浓度就是醉酒驾驶罪的表面证据。

10. 然而,数据可能显示具体类别的司机尤其是年轻缺乏经验的司机甚至醉酒程度不高的司机都是危险的。因此,缅因州规定年龄在 21 岁以下体内血液酒精浓度达到 0.02 以上操作车辆的行为为犯罪。在我看来,这种对策更偏向将饮酒的最低年龄提高到 21 岁,与法律本身相比,这是一种企图以更简单的方式来禁止醉酒驾驶行为的对策。

11. 一项基于测试过程中的驾驶表现的研究显示:"体内血液酒精浓度在 0.08 以下时,许多司机的驾驶能力很明显受到了削弱。"特别是,"我们的司机……表现出了冒险的意愿……当其企图应对危险时,他们的态度明显不合适"。(司机的表现在血液酒精浓度达到 0.025 时开始恶化,弗拉纳根等人,1983, p. 206)研究还表明,饮酒会增加反应时间,一项研究揭示出血液酒精浓度在 0.07~0.08 时 6% 的司机的反应时间都会增加(卡彭特,1962)。体内血液酒精浓度在 0.10 以下时视力本身并不会受到酒精太大的影响,但是血液酒精浓度在 0.10 以上时更多的人的驾驶能力都会受到削弱(美国交通部,《酒精与公路安全:一项明知状态的评论》,1984,1985)。然而,根据现存关于酒精对神经系统影响基本特点的研究所得出的结论,还不足以研发旨在预测酒精对行为的具体影响的实用模型。

12. 例如,被告人频繁地挑战呼吸检测的结果,理由是设备没有按照法律要求得到指定州机构的正当批准和许可。在 State v. Anderson

(M447325, Ore. Dist. Ct., Multnomah Cty. 1987)一案中,地区法院要求将大量的呼吸检测结果呈上法庭,因为用于获取呼吸检测结果的酒精浓度检测设备没有受到正当的许可。早期的模型种类各异,关于波长的受批准的酒精浓度检测设备是通过辐射束来使用的。

13. 呼吸检测提供了一个检测时固定估算血液酒精浓度的数值。酒精会随着时间而挥发,以至于如果逮捕和检测之间的间隔时间太长,检测结果可能就会低估被告人驾驶车辆时的血液酒精浓度。在英格兰,法院最近采纳了一项数学公式用以预估被告人被逮捕时体内的血液酒精浓度。被告人的呼吸检测结果也可能会高估他被逮捕时的醉酒状态。想象一下以下的场面:被告人迅速地喝下四杯或五杯酒后开车回家,其很快被警察拦下,警察从他的呼吸中闻到了酒味,然后带他去检测站。被告人在检测时,已经过去了一个多小时。因为酒精从胃部到达血液还要经过一段时间,被告人被检测时体内的血液酒精浓度可能还高于他被拦车检查时体内的血液酒精浓度。

14. 我怀疑广泛传播的血液酒精浓度表很有可能会导致更多的饮酒/驾驶行为,因为许多人低估了他们达到法律禁止的血液酒精浓度所需的饮酒量。过去一些年,我一直问我的学生、朋友、同事和助理,喝多少酒能够使他们体内血液酒精浓度达到非法的水平。大部分回答为两杯或三杯,显然是低估了。如果人们知道事实的话,他们的饮酒量也许不会超过法律禁止的量。

15. 参见 Clayton v. State, 652 S.W. 2d 810(得克萨斯州,1983)一案(醉酒驾驶罪是一种免除主观罪过心态的犯罪);Ex Parte Ross, 522 S.W. 2d 214(1975)(醉酒驾驶罪或过失杀人罪并不要求主观罪过心态);State v. Grimsley, 444 N.E. 2d 1071(俄亥俄州,1982)(醉酒驾驶罪是一种严格责任犯罪);State v. Duenke, 352 N.W. 2d 427(明尼苏达州,1984)(不合法的主观意图或主观心态不是醉酒驾驶罪的构成要素之一)。但是参见 Morgan v. Municipality of Anchorage, 643 P. 2d 691(1982)(行为和主观意图间必须存在关联。为了定罪,州起诉方必须证明被告人蓄意饮酒和蓄意驾车,但是我们不相信一个既蓄意饮酒又蓄意驾车的人一定能意识到他的行为是在酒精影响下作出的)。

16. 例如,参见《纽约车辆和交通法》,sec. 1224:"在正在公共道路上驾驶的车辆上饮用酒精饮料是被禁止的。任何违反这一规定的司机或乘客都构成交通违法犯罪。"《夏威夷修订法规》,sec. 291-3.1:"(a)当在公共街道、道路或者公路上操作车辆时,任何人都不得饮用任何酒精饮料。(b)当在任何公共街道、道路或者公路上操作车辆时,任何人都不得持有任何瓶装、桶装酒精饮料以及已开封的含有酒精饮料的容器或部分酒类液体已被饮用的容器……(e)任何人违反这一规定都构成轻罪。"

17. 参见《纽约车辆和交通法》,sec. 1195(b)和(c);《康涅狄格州安娜堡法规》,sec. 14-227(a)(d)(3)。根据康涅狄格州法律的规定,体内血液酒精浓度高于 0.07 低于 0.10 时驾驶构成违法。

18. 《纽约州模范陪审团指引》规定:"如果一个人自愿饮酒至其操作机动车能力被削弱的程度时,即使是最轻微的削弱,其操作机动车的能力也会受到损害。因此,其会受到指控。如果饮酒对被告人操作车辆的生理或心理能力有任何一点甚至很轻微的影响,这就足以构成醉酒驾驶罪。"(《纽约车辆和交通法》,sec. 192 [1])

第七章

1. 尽管那些评论家没能发现一个人因为先前的定罪受到更严厉处罚的哲学理由,但是有人认为更严厉的处罚累犯仅仅是一种对没有重大犯罪记录的被告人作出宽大处罚的决定。仍然有人认为,累犯制度增强了我们对犯罪分子危险性的预测性判断。在我看来,这些加重量刑的理由是有说服力的。此外,无论是理性还是美国当前的量刑实践都允许将先前的犯罪记录作为加重量刑的考量因素。只要这是公众所能接受的,那么就没有理由不使醉驾犯罪的累犯受到比初犯更严厉的处罚。

2. 在 Rummell v. Estelle(445 U.S. 263〔1980〕)一案中,最高法院支持了对三次犯诈骗罪赚得 230 美元的犯罪分子处以强制无期徒刑的观点。然而,在 Solem v. Helm(463 U.S. 277〔1983〕)一案中,法院提出对五次犯有非暴力轻罪的犯罪分子处以禁止假释的强制无期徒刑是残忍的和不寻常的。

3. 许多被告人认为对那些引起伤害的醉驾者处以更严厉的处罚违反了平等保护条款。法院否决这一争辩并不困难(参见马克,1981)。

4. 许多州已经规定了"醉酒驾驶引起伤害"的轻罪。例如,《加利福尼亚州车辆法规》,sec. 23101(醉酒驾驶轻罪)阐述道:

   > 任何人在酒精饮料影响下或者在酒精饮料和任何药品的复合影响下驾驶车辆以及这样的驾驶行为被法律禁止或在驾驶车辆的过程中忽略了法律规定的义务,这样的行为或疏忽几乎引起了他人的身体伤害,此时就构成轻罪。在之后的定罪中,将被处以州监狱不低于一年不高于五年的监禁刑或联邦监狱不低于九十天不高于一年的监禁刑并处不低于 250 美元不高于 5000 美元的罚金。

   > 在没有这样单行法规的州,引起他人伤害的醉酒驾驶行为可能被作为加重的企图伤害罪来起诉(参见斯宾塞,1985)。例如,在 State v. Hill(692 P. 2d 100,1984)一案中,俄勒冈州最高法院提出,在一起车祸中,醉驾者使驾驶车辆中的乘客受伤,醉驾者可能构成三级企图伤害罪,即通过一种致命的或危险的武器鲁莽、轻率地引起他人严重的身体伤害。

5. 过失杀人是指通过(1)一种非法行为或(2)以一种非法目的实施的合法行为致使他人死亡。
6. 例如,卡拉巴(1951)在法律评论文章中主张:

   陪审团经常不愿意将仅有疏忽的行为作为轻罪惩处,尽管该行为造成他人死亡。有人说过陪审员并不会将"非预谋杀人罪"术语所包含的残忍程度用在一个存在疏忽的司机身上。此外,陪审员也觉得非预谋杀人案件的处罚要比车祸死亡案件的处罚重。非预谋杀人罪的定罪障碍不仅出现在审判阶段而且还出现在上诉阶段。法官们本身也非常不愿将车祸死亡案件中的疏忽司机定为非预谋杀人罪。

   对这些主张,作者并没有提供实证研究支持。然而,在哈里·卡尔文和汉斯·采泽尔(1966)著名的陪审团研究中的确发现,在27%的醉酒驾驶案件中,当陪审团宣告被告人无罪时法官将会对其定罪,在3%的案件中,当陪审团宣告被告人有罪时法官将会宣告其无罪。与大部分的其他犯罪相比,该类案件呈现出更多的"陪审团宽大处理"。
7. 当前的《内布拉斯加州醉酒驾驶杀人法》规定了比1919年车祸致人死亡法规更严厉的罚金以及更轻的监禁刑罚。Sec. 39-669.07(Neb. Supp. 1986)包括了在酒精影响下驾驶和血液酒精浓度0.10标准的条款。Sec. 28-306(3)提出:"如果导致他人死亡的主要原因是违反这一规定而操作车辆的行为……39-669.07,车辆杀人行为是一种四级轻罪。"(Laws 1977, LB 38, sec. 21;Laws 1979 LB 1, sec. 1)根据内布拉斯加州量刑法的规定,四级轻罪将被处以最高五年的监禁刑或10000美元罚金或者同时判处这两种刑罚,没有法定最低刑。参见 sec. 28-105(1), Neb. (1984)。
8. 最近的一些判决有 People v. Olivas, 172 Cal. App. 3d 984, 218 Cal. Rptr. 567(加利福尼亚州地区第一上诉法院,1985)(支持将一名服用了五氯苯酚的醉驾者定为二级谋杀罪,因为他在撞死了一名未成年人后开车高速逃逸以躲避警察的追逐);State v. Omar-Muhammad, 694 P. 2d 922(新墨西哥州最高法院,1985)(根据极端主观心态谋杀法规而不是根据车祸致人死亡法规,驾驶车辆撞死人的被告人将被控诉一级谋杀罪);Pears v. State, 698 P. 2d 1198(阿拉斯加州最高法院,1985)(被告人因为醉酒驾驶致使两人死亡将会被考虑定为谋杀罪,但是与此同时,二十年监禁刑也因为过重被取消);Essex v. Commonwealth, 322 S.E.

2d 216(弗吉尼亚州最高法院,1984)(醉酒驾驶致使三人死亡被定为二级谋杀罪的判决被推翻;为了将犯罪提高至二级谋杀罪,必须证明被告人故意地——而非疏忽地——着手实施了一种可能引起死亡或严重身体伤害的错误行为)。

第八章

1. 如1966年修正的《公路安全法》,28 U.S.C., sec. 408(1982)。关于路障设置的具体规定出现在 23 C.F.R., sec. 1309.6(11)(1984)。
2. 一些法院因为缺乏具体准确的防止执法机关滥用权力的预防措施,已经不批准设立具体的清醒度检查站(例如,参见 State ex. rel. Ekstrom v. Justice Court, 663 P. 2d 992, Ariz. 1983; Jones v. State, 459 So. 2d 1068, Fla. 1984)。
3. 一旦在醉酒驾驶情境中被接受,这种拉网式方法将被延伸到其他犯罪行为的法律执行上,如麻醉药或枪支的持有、行凶抢劫、入店行窃或银行抢劫。一定数量的司机可能因在酒精影响下驾驶而被醉驾路障拦截并接受调查,这与要求所有行人接受搜身或磁强计搜查——因为他们中的一些人可能非法持有枪支或管制刀具——存在鲜明的对比。
4. 然而,一些法规授予犯罪嫌疑人律师帮助权即使用电话咨询的权利,只要沟通能够在血液酒精浓度开始下降之前进行即可。直到1981年,伊利诺伊州默示同意法律要求给予犯罪嫌疑人90分钟的时间咨询律师来决定是否进行呼吸检测。Ill. Rev. Stat. ch. 95 1/2, sec. 11-501. 1a (1979)被 P.A. No. 82-311, sec. 11-501-11-501.2(1981)废止和代替。明尼苏达州最高法院提出:规定犯罪嫌疑人享有律师帮助权的州法律授予醉酒驾驶犯罪嫌疑人在决定是否进行体内血液酒精浓度检测时在合理时间内联系律师的权利(Prideaux v. State Dept. of Public Safety, 247 N.W. 2d 385 [Minn. 1976])。
5. 因此,刑事被告人在刑事起诉后享有律师帮助权,而不是在刑事起诉前。
6. 纽约州的法规最典型(《纽约车辆和交通法》,sec. 1194):

    化学检测:为了界定血液中酒精或毒品的含量,在本州操作车辆的任何人都被认为同意进行呼吸、血液、尿液或唾液的检测,这一检测由警察直接执行:
    (1)有合理的根据认为该人在醉酒状态下驾驶或摄取酒精饮料或本章定义的毒品而导致操作汽车或摩托车的能力受到削弱……
    如果该人被逮捕或呼吸检测结果显示他体内含有酒精,要求其进行化学检测而拒绝的,检测就不应该进行,但是,警察应该撤销他的驾照或者驾驶许可以及非居民驾驶特权。

7. 国家公路交通安全管理局要求鼓励全国采用默示同意法律,这也是取得联邦公路基金申请资格的必要条件。参见公路安全项目第八准则,"与公路安全有关的酒精"。23 C.F.R., sec. 204.4-8:"一个获得批准的项目必须规定:因为醉酒驾驶或在酒精影响下驾驶而被逮捕的任何人,为了确定他血液中的酒精含量,其都被视为同意接受对他的血液、呼吸或者尿液进行化学检测。"

8. 参见阿拉斯加州法律 28.35.032(f) 和 State v. Jensen, 667 P. 2d 188(阿拉斯加州上诉法院,1983)。

9. 1987 年 6 月,第五巡回上诉法院裁定一名州醉酒驾驶被告人享有陪审团审判的权利,尽管其最高监禁刑低于六个月,因为"尽管根据路易斯安那州的法律规定,醉酒驾驶行为被归为一种轻罪,以及尽管刑罚可能反映了一个深思熟虑的立法判断,但是我们并不认为醉酒驾驶就不应该被归为享有陪审团审判权利的一种'严重'犯罪。然而,犯罪本身确实是一种病态。最近的数据显示,在我国,几乎每两个人中就有一个人曾涉及与酒精相关的车辆事故。生命的逝去、身体的残缺以及财产的毁损在今天的美国是一个灾难性的社会问题"。(Landry v. Hoepfner, 818 F. 2d 1169,第五巡回上诉法院,1987)

10. 对国家公路交通安全管理局 1979 年 8 月的酒精安全专项行动项目举措的概述包含以下关于刑事诉讼程序如何被反醉驾支持者所注重的陈述:"增加执行行动有效性的一个主要要素就是通过法院迅速且低成本地逮捕司机。除非存在高比例的'令人满意的'法院起诉结果,否则不可能保持逮捕率的增长。"这就强调通过简化程序迅速处理初犯。

第三部分

1. 这些研究既没有在学术期刊上发表也没有被评论文章评论或复制,这再次说明了在醉酒驾驶知识积累方面的一个主要问题。

第九章

1. 齐姆林和霍金斯(1973)已经有效地展示了一般威慑和特殊威慑之间的区别要比现实中的区别更明显。事实上,法律威胁的目标群体是普通群众,尽管一个特殊的人群(诸如那些之前被逮捕的人)可能会特别敏感(或者相反)。
2. 这与人们一般不知道轻盗窃罪和重盗窃罪或三级性暴力和四级性暴力之间的界线不同。那些就是分级的区别。我们正在谈论的是不知道饮酒/驾驶和醉酒驾驶的犯罪门槛。这一门槛应该是学生们特别感兴趣的,因为他们中的大部分人是饮酒者和司机。
3. 无可否认,对违法分子理性决策能力的同样担忧也出现在其他犯罪中,但是它在醉酒驾驶行为中是主要的。许多犯罪,例如酒馆袭击和虐待配偶都是由受到酒精影响的人实施的。对于在文章中陈述的原因,可能很难通过升级法律威胁来发挥对这些犯罪的边缘威慑作用。
4. 罗伯特·伯肯斯坦教授(二十年前)推测醉驾者可能每两千次旅行中就有一次被逮捕。随着时间的推移和无数次的重复,这些数据已经获得了不合理的权威性。
5. 例如,由联邦拨款支持的1983年建立在阿拉斯加州索尔多特纳市的立即报告每名醉驾者热线(REDDI)。大量带有警察热线的钱包卡被分发于整个基奈半岛。警察承诺派遣一辆巡逻车来追捕涉嫌酒醉驾驶的司机。项目管理者估算,从1983年到1985年,该热线每月接到大约60个电话。目前,随着联邦拨款的终止,每个月仅仅能接到大约12个电话。
6. 最近的一些举措已经将警察的处理时间缩减至两个小时到两个半小时。
7. 例如《纽约车辆和交通法》,sec. 1193-a 陈述道:"涉及事故的操作车辆的每一个人或违反本章任何条款而操作车辆的每一个人在警察的要求下,都应该进行由警察管理和执行的呼吸检测。"一次初步的呼吸检测构成一次搜查,因此不能在没有合理根据或至少是合理怀疑的情况下被强迫进行。因此,sec. 1193-a 适用于没有醉态的涉事司机在我看来在第四修正案下是不合宪的。两个纽约基层法院确实也支持了这一观点:People v. Pecora, 123 Misc. 2d 259, 473 N.Y.S. 2d 320(1984)和 Peo-

ple v. Hamza, 109 Misc. 2d 1055, 441 N.Y.S. 2d 579(1981)。

8. 我遇到过困惑的警察反对在目标酒馆和酒吧执法,在目标酒馆和酒吧执法的这种做法相当于诱捕或歧视。就这些概念的法律定义而言,这些反对意见都是没有意义的。

9. 尽管有成千上万的车辆被拦截,但是仅有少数的醉酒驾驶行为人被逮捕。在 State ex rel. Ekstrom v. Justice Court, 136 Ariz. 1, 663 P. 2d 992 (1983)一案中,亚利桑那州最高法院指出,在醉酒驾驶路障设置的地方有 5763 辆车被拦截检查,但是仅有 14 名醉驾者因为在酒精影响下驾驶被逮捕。与之相类似,State v. Deskins, 234 Kan. 529, 673 P. 2d 1174 (1983)一案中的反对意见指出,在路障设置的地方有 2000~3000 名汽车司机被怀疑醉酒驾驶而被拦车检查,仅有 15 名司机因为在酒精影响下驾驶而被逮捕。从 1983 年 5 月 31 日到 1983 年 10 月 30 日,一股打击醉酒驾驶的力量在新泽西州伯根郡对司机进行了清醒度检查,在其作出的报告中有 17824 辆车被拦截检查,但仅有 276 名醉驾者被逮捕。在为期二十二周的操作期间,打击醉酒驾驶的力量平均每 5.2 小时就逮捕一名醉驾者。1983 年 7 月 4 日(周末),马萨诸塞州的警察设置了路障,在其设置的地方有 11863 辆车被拦截检查,有 66 名醉驾者被逮捕。

10. 在水平凝视眼球震颤测试中,更具体点就是司机被要求捂住一只眼睛而用另外一只眼睛注视由执法人员举起的与司机眼睛处于同一水平线上的物体。随着物体从司机视野内移出,执法人员通过观察司机的眼球以发现无意识的跳动。通过(1)每只眼睛能否平稳地跟踪移动;(2)最大偏差时是否有明显的眼球震颤;(3)以中心点为原点,低于 45 度时是否出现眼球震颤,执法人员可以估算司机的血液酒精浓度是否超过了法律禁止的 0.10。

11. "被动酒精探测器"可能即将来临,这种设备无须司机配合,就可以测量出车内酒精的存在。可能仍然存在一个合宪性的问题,即就第四修正案而言,检测车内的酒精含量是否构成一种搜查。

12. 《统一犯罪报告》提供了以下(估算的)逮捕数据:1978,1268700;1979,1324800;1980,1426700;1981,1531400;1982,1778400;1983,1921100;1984,1779400;1985,1778400。

13. 例如,国家司法研究所(1984,p. 18)最近一项关于西雅图反醉酒驾驶倡议的研究发现:"在过去四年间,被西雅图警察局逮捕的醉酒驾驶司机数量增加了33%,既包括特殊的'醉酒驾驶查处小组'逮捕的数量,也包括日常的警察巡逻小组逮捕的数量。醉酒驾驶查处小组的增加,归因于警察执法人员日常指派任务的减少以及雷达使用次数的增加和监督管理的加强。"有趣的是,日常巡逻警力的增幅实际上大于醉酒驾驶查处小组的增幅,这归因于警察自己发起的行动。看来公众对醉酒驾驶关注的增加也对警察执法活动的增加发挥着重要的作用。

14. "一次次进行设计并用以证明某种对策是有效的或者某种项目是有作用的,这些趋势(仅仅思考研究评估对策)已经扼杀了有创造力的研究以及导致单调重复研究的出现。"(海特,1985,pp.13-14)

15. 无可否认的是,罗斯的研究方法即获取醉酒驾驶减少数量的方法相对比较保守。因为没有关于醉酒驾驶行为准确的数据,罗斯使用单车夜间致命事故数作为一种替代的可依赖变量,如果醉酒驾驶数量下降,那么这种与醉酒驾驶有关的死亡人数将比白天的车辆致死人数减少更多。罗斯采用了间断时间序列分析法,以避免将瞬时扰动或回归均值误认为是真实效应(参见坎佩尔和斯坦利,1963)。这种方法需要(收集)在新法律通过或实施执法打击前后的一段相当长时间内的白天和夜间致命事故的数量。即使真实的数量下降被识别出来(以及在统计学上被明显地计算出来),如果同一时间内其他种类的致命事故下降了相同的数量,也不可能归因于反醉酒驾驶策略的介入。在这种情形下,一些其他的因素,诸如更好的紧急医疗服务都在起作用。仅仅当单车夜间致命事故数下降幅度超过其他种类的车辆事故数时,罗斯才能确认边缘威慑作用。这种研究方法可能低估了醉驾对策对醉驾行为的影响,因为它假定了醉驾行为的减少将会反映在单车夜间致命事故数的减少上(参见黑伦等人,1985)。但是,倘若看起来真实的话,涉及致命事故的司机是所有醉驾者中的一个特殊小群体,也就是说严重酗酒、高度危险以及特别能惹事的醉驾者中的一部分,那么谁将可能特别抵制威慑措施呢?普通的醉驾者(例如社交饮酒者)很可能会被威慑到,并且如果可利用恰当的数据的话,与酒精相关的非致命事故数将会比致命事故数减少得更明显(参见安德奈斯和辛普森,1985)。

16. 粗略地回顾最近的倡议(Deterring Drinking Driving: An Analysis of Current Efforts, 1985. Journal of Studies on Alcohol, suppl. 10 [1985], pp. 122-128),罗斯证实了他之前的结论。

17. 例如,在纽约州,支持醉驾者在刑事法庭被传讯及假释的判决意味着审前 24 小时到 48 小时的拘留。

18. 许多州都有法律规定,如果车辆的操作者被逮捕,警察有权出于妥善保管的目的扣留车辆。因此,警方经常与拖车公司签订合同,让其在公路的不同路段提供服务。如果一名司机因为醉驾被拦车检查,那么车辆要么被留给一名清醒的乘客,要么被私人合约商拖走。当在路边实施逮捕时,警察可能更愿意将车辆留在路边进行看守。

19. 我怀疑关于低定罪率的许多观察报告都没能将分流措施和辩诉交易考虑在内。尽管分流措施或辩诉交易可能会产生除醉酒驾驶定罪之外的处置,但是司机不可能被无罪释放。

20. 参见美国交通部。例如,阿肯色州法律禁止检察官减轻醉驾指控。加利福尼亚州法律规定,当一项醉驾指控被减轻到轻率驾驶时,检察官必须指出被告人记录在案的血液酒精浓度,并且如果被告人随后被指控为醉驾的话,那么这一减轻的指控将作为犯罪前科来考量。司法驳回或减轻醉驾指控的原因必须记录在案。参见 Cal. Veh. Code, sec. 13352 et seq. and 23152 et seq.(West Supp. 1985)。康涅狄格州法律要求将检察官给出的驳回或减轻醉驾指控的理由记录在案。参见 Conn. Gen. Stat. Ann., sec. 14-227a。如果血液酒精浓度超过 0.20,佛罗里达州就禁止进行辩诉交易。参见 Fla. Stat. Ann., sec. 316.656。威斯康星州要求法院批准所有的辩诉交易,这些辩诉交易将会使醉驾指控减轻至一个与酒精无关的犯罪。

21.《公路安全法》第 408 节规定,为了取得具体数额的公路基金,一个州必须有法律规定对违法分子处以两天的监禁刑(48 小时连续的监禁)或者对二次违法分子处以十天的社区服务刑。

22. 国家司法研究所进一步的研究指出了现存的压力,即实施这种监禁刑已经导致监狱人满为患:"在孟菲斯,强制监禁刑的使用已经严重限制了劳改农场每天的运作,尤其是在周末大部分醉驾者服刑时。辛辛那提对被定罪的醉驾者也使用了周末监禁刑,这一实践导致了大量积压待办的工作,迫使违法分子在服刑前不得不等待六到七个月的时间。在西雅图,新的制裁手段被执行后的十八个月内,县当局有义务开设新的监禁场所来处理所有的醉驾初犯。"(国家司法研究所,1984)

23. 例如,1984 年 12 月 27 日,朱丽叶·所罗门在《华尔街日报》第一页名为《美国的中产阶级将不得不面对醉驾坐牢这一残酷现实》的文章中写道：

> 不是所有的社区都采纳了凤凰城的政策,将醉驾者和其他罪犯一起监禁。县检察官特里·盖恩斯说道:"在俄亥俄州哈密尔顿县包括辛辛那提市,法官不愿意将在办公室圣诞晚会上喝多了的约翰·西蒂森与重罪犯关押在一起。"因此,典狱长在该县德雷克医院一所废弃的附属建筑物中安装了警报器和格栅窗。去年有 3700 名初犯在那里服刑,大约是 1980 年的三倍……(违法分子)利用了三天服刑中的部分时间来观看与酗酒相关的电影以及会见当地反醉驾母亲协会分会的主席。

24. 其他州提出了以下罚金:亚利桑那州——对初犯处以强制的最低 250 美元罚金,对二次犯罪处以 500 美元罚金,对初犯或二次犯罪最高处以 1000 美元罚金,对三次犯罪最高处以 150000 美元罚金。加利福尼亚州——对初犯处以强制的最低 390 美元罚金,对二次犯罪处以 375 美元罚金,对三次以上犯罪处以 390 美元罚金。佛罗里达州——没有强制的最低罚金标准,初犯 250 美元到 500 美元,二次犯罪 500 美元到 1000 美元,三次以上犯罪 1000 美元到 5000 美元。伊利诺伊州——没有强制的最低罚金标准,对任何醉驾的违法分子判处不超过 1000 美元的罚金。俄勒冈州——没有强制的最低罚金标准,对所有醉驾的违法分子判处不超过 1000 美元的罚金,对汽车杀人行为或由于醉驾被吊销或撤销驾照后而无证驾驶的行为最高可判处 100000 美元的罚金。南达科他州——对初犯和二次犯罪处以强制的最低 1000 美元罚金,对三次以上犯罪最低处以 2000 美元罚金。

25. 这可能是因为人们常常相信,他们不会因实施违规行为而被逮捕。被逮捕的概率很低是真实的,服从的代价也很低。至少,如此多的违规行为表明吊销驾照的威胁并不会产生巨大的恐惧和焦虑。

26. 例如,参见 West Ann. California Codes, Vehicle, sec. 14601.2(司机在驾照被吊销或撤销后驾驶,对醉驾违法行为最基本的处罚就是十天到六个月的监禁,以及对初犯处以不超过 1000 美元的罚金并撤销驾照)。

27. 1975 年到 1980 年美国交通部对司机、潜在司机的安全态度、行为和报告行为发起研究。被调查者被要求回答,在哪一年采取了哪种介入措施来防止朋友和熟人醉驾。不幸的是,调查报告未出版就被中断。

采取的介入措施	1975年	1976年	1978年	1979年	1980年
开车带回家	62.0	63.0	62.1	61.6	63.8
把钥匙拿走	19.0	20.0	11.5	12.1	15.2
让人留宿	6.0	19.0	10.4	10.5	11.6
叫出租车	3.0	2.0	1.1	2.7	1.7
给警察打电话	NA	NA	2.3	2.0	1.4
身体限制	3.0	3.0	2.6	1.4	2.8
其他	NA	NA	4.6	17.9	15.3

28. 在斯诺特姆、豪格和伯杰(1986)的比较研究中,有88%的挪威人和55%的美国人对问题作出肯定回答:"我从没有在开车前饮过酒。"
29. 那些血液酒精浓度超过0.15的人可能被判处两周到一个月的监禁刑。在挪威,血液酒精浓度在0.05以上的所有饮酒/司机都毫无悬念地被判处监禁刑。

第十章

1. 在政策下,二级被保险人数量的增加将会引起保险价格向上浮动的重要变化——浮动费率(反映出鲁莽轻率驾驶的可能性)。参见 Report of the Federal Trade Commission to the U.S. Department of Transportation, "Price Variability in the Automobile Insurance Market"(1970), pp. 38－39; J. Ferreira, "Quantitative Models for Automobile Accidents and Insurance," sec. 4.3(1970), p. 69。

2. 这并不意味着美国道路上的残杀和经济损失变少。我们已经指出,在美国,车辆是引起事故死亡的最常见原因。尽管更多的司机没有发生过事故,多年以来也没有发生过与保险费率有关的索赔,但事实上每一个汽车所有人在整个人生中都将涉及一起事故。参见纽约州保险局(1970)。

3. 例如,保险公司可能要求被保险人在提交保险申请时提供一份驾驶执照的复印件,或者它们可能对法院进行游说,要求法院或车辆管理局向被告人所在的保险公司报告醉驾的定罪记录。

4. 参见 U.S. Burean of the Census, "1980 Census of Population Occupation by Industry," PC80－2－7－c(Washington, D.C., May 1984), pp. 555－557(数据显示,与雇佣的精算师和统计员一类的人员相比,保险公司雇佣了更多的金融财务经理、其他金融人员和房地产经理)。

5. 有趣的是(据我所知),没有人提出,要求保险申请者提供涉及明显酒精消耗的医疗或精神病理学声明。与之前被逮捕或定罪的记录相比,这种医疗或精神病理学声明可能能更好地显示出未来醉驾的风险。然而,这一要求将会使传统的医患关系变得更紧张。

6. 在一些州,隐私法会防止车辆管理部门提供这一信息。参见保险业全行业咨询委员会(1981)。这一重要的研究发现:(1)十个州的汽车保险公司无法获得事故信息,剩下的州仅有 36.9% 的严重事故反映在车辆记录上,以及(2)从全国范围来说,仅有 22.3% 的违法行为导致的严重事故被记录在车辆注册信息上。

7. Equifax 是一家总部位于佐治亚州亚特兰大市的私人公司,该公司收集有关个体驾驶记录的数据,并以收费的形式向公众或个体客户提供该信息查询服务。

8. 大部分州规定了保险附加费。例如,纽约州严格限制积分和附加费。由被保险人引起的个人伤害赔偿可能仅在司机有过错时才会引起附加费。参见 NYCRR, sec. 169.1(c)(1985)。另外,财产损害赔偿有一个 400 美元附加费的门槛,除非被保险人之前有过两次或三次财产损害赔偿的记录。参见 NYCRR, sec. 169.1(a)。NYCRR, sec. 169.0(a)(2)允许保险公司对因醉驾行为被定罪的人额外收取附加费。在纽约州,附加费的数额受到 NYCRR, sec. 169.1(e)的监管。在"加法"计划下,附加费能够增加至责任保险中基本保险最高总额的三倍,以及能够增加至车祸保险中基本保险最高总额的三倍。在"乘法"计划下,责任保险和车祸保险都能够向被保险人额外增收两倍的保险金。

9. 1984 年,因为驾照的持有者驾驶时没有购买保险,纽约州吊销或撤销了 25362 本驾照。

10. 从纽约州的仲裁程序中很难识别出一般的趋势到底是支持司机还是支持保险公司。例如,参见 NF-1178, 7 N.Y. No-Fault Arb. Rep. 7-8(no. 12, 1983)(0.20 的血液酒精浓度不足以中止保险单);NF-1075, 7 N.Y. No-Fault Arb. Rep. 4-5(no. 3, 1983)(血液酒精浓度 0.11 时对醉驾者的逮捕是没有确凿证据的);但参见 NF-1098, 7 N.Y. No-Fault Arb. Rep. 6(no. 5, 1983)(0.14 的血液酒精浓度是足够的);NF-1102, 7 N.Y. No-Fault Arb. Rep. 7(no. 5, 1983)(一样)。

11. 传统的观点是,醉酒并不会排除疏忽证据。参见 Dolly and Mosher, "Alcohol and Legal Negligence," Contemporary Drug Problems 7(1978), pp. 145, 154-156;迄今为止,没有司法辖区对醉驾行为施行严格责任,尽管在 20 世纪 50 年代,艾伦茨威格教授就提出了该观点。参见艾伦茨威格(1955)(对醉驾者判处"侵权罚金")。最近,纽约州保险委员会提出,对醉驾者施行严格责任。参见 NYS Insurance Commission, "In Whose Benefit?"(1970)。过失本身或传统的严格责任与绝对责任不是同义词。过失本身通常允许被告人说明理由。参见 Prosser, Law of Torts, 4th ed.(1971)。甚至在被称作严格责任的情形下,被告人也可以对原告的共同过失提出抗辩。

12. 评论员已经频繁地批评惩罚性赔偿(参见,例如朗朗,sec. 1.27;沃尔特,1965;迪夫,1969)。一个主要的批评就是,惩罚性赔偿使刑法和侵权法之间的区别变得模糊不清。前者主要通过处罚和威慑来达到社会控制的目的,后者的主要目标是根据一些理论家的理论来界定,当某些社会活动导致伤害时,谁应该承担损失。理查德·波斯纳法官认为,侵权法的目的应该是威慑非经济性的事故,换句话说,产生具有社会效益的事故。然而,在他看来,惩罚性赔偿应该起着有限的作用,因为"如果被告人的责任超出了事故成本,那么他可能有动机支付超过事故成本的预防成本,并且这将是非经济性的"。(R.Posner, 2d ed. [1977], p. 143)

13. 允许对醉酒驾驶处以惩罚性赔偿的州对待醉酒驾驶的特点各异,要么将其作为重大过失、有罪的漠视来认定,要么将其作为故意和嬉戏行为来认定。例如,参见 Ross v. Clark, 35 Ariz. 60, 274 p. 639 (1929); Homes v. Hollingsworth, 234 Ark. 347, 352 S.W. 2d 96 (1961); Infield v. Sullivan, 151 Conn. 506, 199 A. 2d 693 (1964); Taylor v. Superior Court, 24 Cal. 3d 890, 598 P. 2d 854, 157 Cal. Rptr. 693 (1979); Busser v. Sabalasso, 143 So. 2d 532 (Fla. App. 1962); Madison v. Wigal, 18 Ill. App. 2d 564, 153 N.E. 2d 90 (1958); Sebastion v. Wood, 246 lowa 94, 66 N.W. 2d 841 (1954); Southland Broadcasting Co. v. Tracy, 210 Miss. 836, 50 So. 2d 572(1951); Svejcara v. Whitman, 82 N.M. 739, 487 P. 2d 167 (N.M. App. 1971); Colligan v. Fera, 76 Misc. 2d 22, 349 N.Y.S. 2d 306 (1973); Harrell v. Ames, 265 Or. 183, 508 P. 2d 211(1973); Focht v. Rabada, 217 Pa. Super. 35, 268 A. 2d 157(1970); Pratt v. Duck, 28 Tenn. App. 502, 191 S.W. 562 (1945); Higginbotham v. O' Keefe, 340. S.W. 2d 350 Tex. Civ. App. (1960)。

14. 一部典型的酒馆法就是 Ill. Rev. Stat. ch. 43, 135(supp. 1981)。"每个因醉酒而造成人身伤害或财产损失的人都有权采取行动……来反对售卖或提供酒水使醉酒者醉酒的人。"Mich. Comp. Laws, sec. 436.22 (1978)规定:"可能受到伤害的每一位妻子、丈夫、父母、孩子、监护人或者其他人……由于非法出售、给予或者提供任何醉酒液体而受到明显醉酒的人的伤害……都应该有权采取行动。"

15. 二十三个州已经颁布了某种形式的酒馆法。其中,十八个州仅仅使用酒馆法。有十八个州适用普通法责任原则打击酒精饮料的提供者,十三个州仅仅使用普通法责任原则。五个州既有酒馆法也有普通法责任。参见保险信息研究所(1984年8月), pp. 1-2。与这一趋势形成鲜明对比的是,田纳西州最近修改了酒馆法,为了使酒馆和其所有者免除责任(汉弗莱,1986)。

16. 南达科他州立法机关通过 Walz. See S.D. Comp. Laws. Ann., sec. 35-4-78(1985)废除了酒馆责任。威斯康星州最高法院在 Sorenson v. Jarvis, Wis. 2d, 350 N.W. 2d 108 (1984)一案中确立了酒馆责任。

17. 这在很大程度上是因为酒吧有着很高的人员流通量。参见美国调酒师协会年度报告(1984),pp. 3-4(流通量不可能准确确定,但是"不可否认是非常大的")。

18. 在民事案件中,调酒师和服务员一般并不具有识别醉酒行为的行家水平。参见 Coulter v. Superior Court, 21 Cal. 3d 144, 577 P. 2d 675, 145 Cal. Rptr. 534(1978); Kyle v. State, 366 P. 2d 961(Okla. Crim. App. 1961)。顾客的醉酒程度必须引起一个理性人根据一般经验的怀疑。参见 State v. Morello, 169 Ohio St. 213, 158 N.E. 2d 525(1959)。违反酒精饮料法案的过失诉讼可能涉及提高注意义务标准,诸如"理性的调酒师"或者"有经验的理性调酒师"。参见 Prosser, Law of Torts, 4th ed.(1971), pp. 161-166(解释更高的实施标准)。

19. 例如,佛罗里达州博卡拉顿市已经宣布超大号的酒杯是不合法的,诸如许多场合提供的玛格丽特鸡尾酒的酒杯。参见 Boca Raton, Fla. Ord. 35-23.5(1985)。许多这种酒杯超过了 32 盎司的容量,看起来更像鱼缸而非鸡尾酒杯。

20. 越来越多的州禁止或严格限制特殊的酒类促销活动,这些州主要有内布拉斯加州、新泽西州、得克萨斯州、密歇根州、俄亥俄州、罗得岛州、亚利桑那州以及俄克拉何马州。参见 Dram Shop & Alcohol Reporter 3 (2),1985:1。

21. 拉斯和盖勒(1987)报告了一项用来检测干预训练的有效性的现场实验。实验主体为当地两家酒馆的 17 名服务员。一组人接受了 TIPS 训练,一组人没有接受训练。学生即"冒充的顾客"被要求在酒吧度过一个晚上,以特定的速度饮酒直到喝醉。冒充顾客一组的清醒同伴(轻度饮酒的同伴)记录多名服务员实施的干预行为次数。当冒充的饮酒顾客离开酒吧后,他的血液酒精浓度会受到检测。接受过 TIPS 训练的服务员在干预次数上远远超出了未接受训练的服务员,而且接受过前者服务的那些人的血液酒精浓度远远低于未受到训练的服务员提供服务的那些顾客的血液酒精浓度。事实上,受过 TIPS 训练的服务员所服务的冒充的顾客体内的血液酒精浓度没有一个超过 0.10。尽管这一现场实验不像一个准确的评估,尽管有许多理由怀疑其真实性,但是,非常重要的是,这是界定服务者干预项目有效性的第一次尝试,其结果非常鼓舞人心。

22. 有人向佛蒙特州立法机构提出了这样一项建议:

根据拟议的立法,酒类销售商和供应商必须证明以下经济责任:
1.证明在执照有效期内有效的保险单或联保,或提供以下最低保障:
(a)任何人在任何事故中遭受人身伤害的赔偿额为10万美元,但以一人为限;在任何事故中造成两人或两人以上人身伤害的赔偿额为20万美元;在任何事故中造成他人财产受损或毁坏的赔偿额为1万美元。
(b)在任何事故中造成任何人生活来源丧失的,赔偿额为10万美元,但以一人为限;在任何事故中造成两人或两人以上生活来源丧失的,赔偿额为20万美元;血液酒精浓度低于0.15;"明显醉酒"是指醉酒状态,并伴有可感知的醉酒行为。

23. 例如,参见 Congini v. Petersville Valve Co., 470 A. 2d 515 (1983); Brokett v. Kitchen Boyd Motor Co., 100 Cal. Rptr. 752 (1972); Bratain v. Herron, 309 N.E. 2d 150 (1974); Thaut v. Finley, 213 N.W. 2d 820 (1973)。

24. 在 Coulter v. Superior Court, 21 Cal. 3d 144, 577 P. 2d 675, 145 Cal. Rptr. 534(1978)一案中,加利福尼亚州最高法院提出,社交主人可能要对客人醉驾造成的伤害承担责任。加利福尼亚州立法机关不久就推翻了法院的判决。参见 Cal. Bus. & Prof. Code Ann., sec. 25602(b)(c)(West Supp. 1979)(排除了所有酒馆商业酒水售卖者和社交主人的责任)。

25. 新泽西州立法机关通过了一项法案,该法案将社交主人的责任限制在那些尽管客人已经"明显醉酒",但社交主人继续向客人提供酒水的情况下。州长基恩并没有签署该法案。

26. 如果合同中没有明确的相反规定,人身伤害综合保险肯定会涵盖基于社交主人责任的诉讼。此类保单涵盖了被保险人履行人身伤害判决的法律义务。参见 7A W. Berdal, Appelman on Insurance Law and Practice 4501.4(Supp. 1983)。房主保单的承保范围可能更成问题。提供酒水并不是传统意义上所认为的该场所应有的情形。不过,非场所利益有时也会受到房主合同的保护。到目前为止,房主保单并没有明确涵盖社交主人的责任,但这可能是因为该理论目前很少见。

第十一章

1. 但是参见 Corpus Juris Secundum, sec. 146a,驾照应该是一种在各州立法机关的警察权力下规定的特权。驾照的存在是为了保护公众的安全以及保证足够的驾驶能力。
2. 然而,一些州确实规定了听证会以确定那些涉及致命事故的司机,或被定为严重交通犯罪的司机是否应该保留他们的驾照。这样的驾驶人员可能被要求参加有关安全驾驶的课程,或者说服相关部门工作人员他能够安全驾驶。
3. 《统一交通法典》,sec. 6-103:"交通部在以下情形下不应该颁发任何驾照……给(4)经常酗酒或者经常使用麻醉药品或者其他药品的任何驾驶员或司机,这些原因致使其无法安全驾驶车辆。"
4. 联邦政府国家司机登记系统(NDR)是一个电脑系统,构成全国撤销或吊销驾照的数据库。不幸的是,该系统辜负了它的承诺。许多州都没有向其报告撤销或吊销驾照的数据,要求提供信息的情况也很偶然。对 NDR 的描述,参见 23 C.F.R., sec. 1325。
5. 《统一交通法典》,sec. 6-112:一个人在操作车辆时必须携带驾照,但是,如果此人随后能够向法庭证明他有有效驾照的话,那么这是一个抗辩事由。
6. 在纽约州,在没有有效驾照的情况下驾驶是一种轻罪,最高可以判处一年监禁刑以及 1000 美元罚金。
7. 《纽约州综合法,民事诉讼法和规则》,sec. 13-A,没收诉讼,"适当的索赔机构可以对刑事被告提起民事诉讼,以追回犯罪所得、替代性犯罪所得或犯罪工具财产,或追回价值与犯罪所得、替代性犯罪所得或犯罪工具财产等值的金钱(着重强调)"。有关纽约州没收法的讨论,请参见 District Attorney of Queens County v. McAuliffe, 493 N.Y.S. 2d 406 (1985)。
8. 在传统的民事没收法中,所有者的无辜不能作为一项抗辩事由。参见 United States v. One Mercedes Benz 380 SEL, 604 F. Supp. 1307 (S.D.N.Y. 1984), aff'd 762 F. 2d 991(1985)。但是民事没收法规定,允许无辜的第三方当事人请求总检察长返还其财产。根据 1984 年的《全面控制犯罪行为法案》,政府不能没收那些已经支付资产对价者的财产,以及不能没收那些没有理由知道他们的资产可以被没收者的财产。议会意图没收通过"虚假交易"转移给第三方的财产,但是并不处罚可被没收财产的无辜所有人。

9. 《纽约车辆和交通法》,sec. 318(12a)规定了当涉及事故的车辆所有者不能证明有保险或担保财产时可以扣留车辆。

10. 如果被告人在醉酒驾驶被定罪时知道可能面临没收或扣留的话,他可能会将车辆转交给第三方当事人或者将车辆放到法院找不到的地方。因此,在逮捕时立即扣留车辆或者将车辆放在某个保存机构以防止车辆被售卖、转移或者隐藏非常重要。1984 年,《全面控制犯罪行为法案》允许联邦检察官获取单方面的临时限制令用以在具体情形下冻结被告人的资产,法院被授予广泛的权力来冻结资产或要求提供足够的抵押物。

11. 20 世纪 60 年代,施维茨盖贝尔夫妇(1964)概述了一种电子监控设备,该设备能够使刑事司法和精神卫生人员监视假释犯和精神病人的位置。直到 1983 年,新墨西哥州发明和测试了电子手链后才有了这种想法(尼德伯格和瓦格纳,1985;莉莉、鲍尔和莱特,1986)。

12. 一些州颁布了"习惯性的交通违法者"法,该法通过撤销驾照和监禁处罚严重交通违法分子的累犯。例如,威斯康星州《车辆法》第 351 章(交通违法惯犯)规定:"交通违法惯犯是指任何居民或非居民,该个人在部门保存的记录表明该人在五年内因独立罪名……根据第 9(a)条和第 9(b)条被多次定罪。(a)被定罪四次以上(严重犯罪,包括车祸致死罪和醉酒驾驶罪)。(b)被定罪十二次以上(更轻的行车违规行为)。"最高刑罚仅仅是九十天的监禁。很难看出"习惯性的交通违法者"法为什么没有变得更普遍。当没收驾照、改造、罚金、短期监禁以及监视居住都失败时,长期监禁可能并非不值得,并且可能是使人丧失行为能力的唯一有效手段。

第十二章

1. 总审计长对美国国会的报告,《饮酒司机问题——关于这一问题我们能够做些什么?》(1979年2月)p. i:"饮酒和驾驶的社会一般接受度是解决饮酒司机驾驶问题的主要障碍。在与酒精相关的交通事故发生率减少之前,必须持续进行教育投入。政府、教育机构以及普通公众需要通力合作来改变人们对饮酒和驾驶的态度。"
2. 有趣的是,以小额罚金相威胁的强制性安全带法律对安全带的使用产生了积极的影响。这可能就是安德奈斯所说的将刑法作为"道德启蒙"的一个很好的例子。一旦不系安全带成为一种犯罪,许多人就有借口去做他们一直想做的事。
3. 例如,在1987年世界职业棒球大赛上,安泰人寿保险公司为了支持反醉驾学生协会播放了32个商业广告。
4. 反醉驾母亲协会接受了来自酒精饮料行业的资金,但是消除醉驾者协会没有。这是反醉驾运动内部的主要意见分歧。消除醉驾者协会认为,为了报复其支持取消广播中酒精广告的运动,广播电台和电视台拒绝捐赠或出售广播时段。
5. 这可能并不总是正确的,我常常看的老电影中,对醉驾的刻画是幽默的甚至是积极的,并将其作为美好时光和艰苦生活的一方面。
6. 20世纪80年代中期,位于华盛顿的公共利益科学中心与许多其他全国性组织和PTAs一道,发起了一场禁止在电视上播放啤酒和葡萄酒广告的运动。这项运动的口号是SMART(停止在广播和电视上推销酒精),它向国会提交的请愿书获得了100万个签名。目前,该运动正在为反酒精公益广告争取平等的播放时间。
7. 事实上,人们批评酗酒的疾病模型无意中为酗酒者提供了这样的借口。

第十三章

1. 该报告发表在 Drinking/Driving Law Letter 上（1985 年 8 月 23 日出版）(vol. 4, no. 17), p. 8。
2. 辛辛那提市的项目宣称，200 个人中没有人因为醉驾再次被逮捕，而 693 名被采取控制措施的人员中有 17 人再犯。
3. 但是参见医学历史学家大卫·默斯托博士在 Sheron(1986) 中的相反观点，他认为一个新的禁酒运动即将来临。
4. "1911 年男性肝硬化的死亡率达到每 10 万人中有 29.5 人，以及 1929 年达到每 10 万人中有 10.7 人。州精神病医院收治的酗酒性精神病的住院人数从 1919 年的 10.1 下降到 1922 年的 3.7 人，到 1928 年又上升到 4.7 人。在两个主要饮酒的州，酗酒性精神病人数的下降甚至更引人注目。在纽约州，从 1910 年的 11.5 人下降到 1920 年的 3.0 人，到 1931 年又上升到 6.5 人，在马萨诸塞州，从 1910 年的 14.6 人下降到 1922 年的 6.4 人，到 1929 年又上升到 7.7 人。"（亚伦和默斯托，1981，p. 165）醉酒和扰乱社会治安的全国逮捕记录数量在 1916 年到 1922 年下降了 50%。来自全国福利机构的报告压倒性地表明了与酒精相关的家庭问题数量急剧下降（亚伦和默斯托，1981，p. 165）。
5. 值得注意的是，反醉驾运动并没有支持禁酒令的回归，尤其是鉴于社会禁止其他毒品的倾向，包括海洛因、可卡因和大麻。事实上，公民反醉驾组织急于消除人们对它们想发动禁酒运动的怀疑。
6. 这些努力毫无疑问可以与反酒馆联盟的运动进行比较，19 世纪 90 年代，该联盟为了废除酒馆而建立（伦德和马丁，1982）。
7. 一些酒吧凭自己的力量购买了这种类型的设备。《纽约时报》（1985 年 12 月 29 日，sec. Ⅰ）报道，位于纽约埃尔蒙特的贝尔蒙特公园酒店的常客试图忽视一种新的设备，该设备仅需 15 分钟就能判断他们是否清醒，是否能够开车回家。
8. 《纽约时报》（1985 年 11 月 3 日，sec. Ⅰ）报道，纽约州酗酒者和酒精滥用管理处已经建议禁止"欢乐时光"，要求酒精饮料带有警告标签，以及暂停发放新的酒类营业执照。
9. 1984 年 12 月，马萨诸塞州成为美国第一个通过几乎禁止所有酒吧和餐厅促销噱头的禁令的州。新规定禁止提供免费酒水、买二送一、优惠时间打折、将酒水作为比赛奖励、饮酒比赛以及对单独饮酒者销售大罐啤酒。违反者可能被判处最高 5000 美元的罚金,以及吊销三十天的酒类营业执照。显然,酒吧所有者赞同这一禁令,称他们进行饮酒促销活动仅仅是为了保持竞争性。

10. 这些研究中最杰出的是由公路安全保险协会实施的跨州研究,该研究表明,车辆致命事故数尤其是那些与酒精相关的事故数下降了(威廉姆等人,1983)。这一研究在关于是否将最低法定购买年龄设定为 21 岁的国会辩论中一次又一次地被引用。

11. 23 U.S.C., sec. 158(1984 年《地面运输援助法》)。该法规定,如果在 1987 年会计年度之后,各州没有将小于 21 岁的人持有或购买酒精饮料视为非法,那么拨付的联邦公路基金将会减少 5%。在 1988 年会计年度,处罚将增加到 10%。

12. 桑德拉·戴·奥康纳大法官在其反对意见中提出,虽然国会在支出权立法方面拥有非常广泛的自由,但其设定的条件必须与国会选择资助的项目的目的相关。她认为,将最低饮酒年龄作为获得联邦公路基金的条件是不合理的。

当国会拨款修建公路时,其有权坚持要求这条公路必须是安全的。但国会无权坚持将其作为使用联邦公路基金的条件,要求州政府以规定与公路的使用或安全关系不大或不相关为由,对州的社会和经济生活的其他领域实施或变更规定。事实上,如果规定并非如此,国会就可以以州际运输系统的使用在某种程度上得到加强为理论依据,有效地管制一个州的社会、政治或经济生活的几乎任何领域。

13. "从逻辑上讲,酗酒者或问题饮酒者在作出消费决定时可能对酒水价格相对不敏感,因此,价格引起的消费总量的变化可能完全来自一部分饮酒者,这些人无论如何都不会造成或出现饮酒问题。加拿大安大略省检验并否定了这种逻辑可能性,其他数据系列也得出了与安大略省研究类似的结论。"(穆尔和格斯坦,1981,p. 69)

第十四章

1. 理查德·施瓦茨在《犯罪与司法百科全书》关于"改造"的文章中写道:"在犯罪与司法领域,改造是指通过有计划的干预方案,有目的地减少或消除罪犯的后续犯罪行为。"(p. 1364)国家研究委员会改造技术研究小组(参见西科莱斯特、怀特和布朗,1979, p. 20)提出了以下定义,该定义似乎非常适合本章:"改造是任何有计划地干预的结果,这种干预可以减少罪犯的进一步犯罪活动,无论这种减少是由性格、行为、能力、态度、价值观还是由其他因素促成的。成熟的影响和与恐惧或恐吓相关的影响被排除在外,后者传统上被称为特定威慑。"
2. 最新版本的《诊断和统计手册》(美国精神病学会,1980)区分了酒精滥用和酒精依赖之间的差别。酒精滥用的诊断标准包括饮用非饮料酒精,酗酒(至少两天内处于醉酒状态),偶尔饮用五分之一杯烈酒(或者等量的葡萄酒和啤酒),或者因为饮酒晕了两次或多次、社交能力或职业能力受到削弱。另外,该问题必须存在一个月以上。酒精依赖的诊断标准传统上被称为酒精中毒的诊断标准,包括酒精滥用的诊断标准和两个额外的标准:耐受性和戒断。耐受性被定义为:"达到预期效果需要显著增加饮酒量,或者饮用日常(相同)量的酒水的作用减弱。""戒断"包括晨起时的颤抖和通过饮酒缓解不适。
3. "最引人注目的反对酒精使用与反对酗酒之间存在区别的实证证据就是卡哈兰的研究(问题饮酒者:一项全国性的调查)(旧金山:乔西·巴斯,1970),该研究表明饮酒者不能被分为社交饮酒者和酗酒者,但是酒精使用者和酒精滥用者类别的出现取决于一个人对滥用的定义。酒精滥用并不像白纸黑字一样么好识别,它处于灰色地带。"(瓦利恩特,1983,p. 4)
4. 国家研究委员会改造技术研究小组(西科莱斯特、怀特和布朗,1979)得出结论:"马丁森和他的同事基本上是正确的。目前还没有证据表明,针对罪犯的治疗或干预措施能够减少再犯率。即使有关于疗效的建议,也仅仅是建议而已。事实证明,它们难以捉摸,无法复制,在统计上也不十分显著,现在只对一个群体有效,然后又只对另一个群体有效。专家小组认为,根据马丁森现有的文献……不可能制定出一种干预措施,可以指望它降低任何一组罪犯的再犯率。"

参考文献

Aaron, Paul, and David Musto. 1981. "Temperance and Prohibition in America: A Historical Overview." In *Alcohol and Public Policy: Beyond the Shadow of Prohibition*, edited by Mark H. Moore and Dean R. Gerstein. Washington, D. C.: National Academy Press.

Albonetti, Celesta A. 1987. "Prosecutional Discretion: The Effects of Uncertainty." *Law and Society Review* 71(2): 291–314.

"Alcohol Abuse and the Law." Note. 1981. *Harvard Law Review* 94:1660–1712.

All-Industry Research Advisory Council. 1981. *State Motor Vehicle Records as a Source of Driver Performance Information*. Oak Brook, Ill.: All-Industry Research Advisory Council.

———. 1985. *A Survey of Public Attitudes toward the Civil Justice System, Trends in Personal Injury Suits, Drunk Driving, Automobile Crash Protection, and Other Insurance Topics*. Mimeographed. Oak Brook, Ill.: AllIndustry Research Advisory Council.

American Law Institute. 1960. *Model Penal Code and Commentaries*. Draft 10. Philadelphia: American Law Institute.

———. 1979. *Restatement (Second) of Torts*. Philadelphia: American Law Institute.

American Law Reports (ALR) 3d ed. 1968. "Homicide by Automobile as Murder." 21:116–163. Rochester, N.Y.: The Lawyers Cooperative Publishing Co.

American Medical Association Committee on Medico-Legal Problems. [1970] 1976. *Alcohol and the Impaired Driver: A Manual on the Medico-Legal Aspects of Chemical Tests for Intoxication with Supplement on Breath/Alcohol Tests*. Chicago: National Safety Council.

American Psychiatric Association. 1980. *Diagnostic and Statistical Manual of Mental Disorders*. 3d ed. Washington, D.C.: American Psychiatric Association.

"An Analysis of Drunken Driving Statutes in the United States." Note. 1955. *Vanderbilt Law Review* 8:888–896.

Andenaes, Johannes. 1984. "Drinking-and-Driving Laws in Scandinavia." *Journal of Scandinavian Studies in the Law*, pp. 13-23.

_____. 1988. "The Scandinavian Experience." Pp. 43-63 in *Social Control of the Drinking Driver*, edited by Michael Laurence, John Snortum, and Franklin Zimring. Chicago: University of Chicago Press.

Atkin, Charles, and Martin Block. 1980. *Content and Effect of Alcoholic Beverage Advertising*. East Lansing: Michigan State University. Prepared for the Bureau of Alcohol, Tobacco and Firearms, Federal Trade Commission, Department of Transportation, and NIAAA.

_____. 1981. *Contents and Effects of Alcohol Advertising*. NTIS PB82-123142. Washington, D.C.: Bureau of Alcohol, Tobacco and Firearms.

A.T.O., Inc. 1980. *The Figgie Report on Fear of Crime: America Afraid*. Willoughby, Ohio: A.T.O.

Ball, Richard A., and J. Robert Lilly. 1986. "The Potential Use of Home Incarceration for Drunken Drivers." *Crime and Delinquency* 32(2): 224-247.

Barrow, Roscoe. 1975. "The Fairness Doctrine: A Double Standard for Electronic and Print Media." *Hastings Law Journal* 26:659-708.

Beauchamp, D. E. 1980. *Beyond Alcoholism: Alcohol and Public Health Review*. Philadelphia: Temple University Press.

Beitel, G., M. Sharp, and W. Glauz. 1975. "Probability of Arrest While Driving under the Influence of Alcohol." *Journal of Studies on Alcohol* 36: 237-256.

Beitman, Ronald S., ed. *Dram Shop and Alcohol Reporter*. Falmouth, Mass.: Seak.

Beyer, Janice M., and Harrison M. Trice. 1978. *Implementing Change: Alcoholism Policies in Work Organizations*. New York: Free Press.

Blane, Howard T., and Linda E. Hewitt. 1977. "Mass Media, Public Education and Alcohol: A State-of-the-Art Review." Final Report. Washington, D.C.: National Institute on Alcohol Abuse and Alcoholism.

Blum, Walter, and Harry Kalven. 1965. *Public Law Perspectives on a Private Law Problem-Auto Compensation Plans*. Boston: Little, Brown.

Blumstein, Alfred, Jacqueline Cohen, and Daniel Nagin, eds. 1978. *Deterrence and Incapacitation: Estimating the Effects of Criminal Sanctions on Crime Rates*. Washington, D.C.: National Academy of Sciences.

Blumstein, Alfred, Jacqueline Cohen, Jeffrey Roth, and Christy Visher, eds. 1986. *Criminal Careers and Career Criminals*. 2 vols. Washington, D.C.: National

Academy Press.

Bonnie, Richard J. 1985. "Regulating Conditions of Alcohol Availability: Possible Effects on Highway Safety." *Journal of Studies on Alcohol*, suppl. 10:129–143.

Borkenstein, Robert F. 1960. "The Evolution of Modern Instruments of Breath Alcohol Analysis." *Journal of Forensic Sciences* 5:395–444.

―――. 1985. "Historical Perspective: North American Traditional and Experimental Response." *Journal of Studies on Alcohol*, suppl. 10:3–12.

Borkenstein, Robert F., R. F. Crowther, R. P. Shumate, W. P. Ziel, and R. Zylman. [1964]1974. "The Role of the Drinking Driver in Traffic Accidents (the Grand Rapids Study)." In *Blutalkohol: Alcohol, Drugs, and Behavior.* Vol. 11, suppl. 1. 2d ed. Hamburg: Steintor.

Brown, Peggy, Paul Zelhart, and Bryce Schurr. 1975. "Evaluating the Effectiveness of Reduction Programs for Convicting Impaired Drivers." Pp. 749–763 in *Alcohol, Drugs, and Traffic Safety*, edited by S. Israelstam and S. Lambert. Toronto: Alcoholism and Drug Addiction Research Foundation of Ontario.

Bulduc, Ann. 1985. "Jail Crowding." *Annals of the American Academy of Political and Social Science* 478:47–57.

Burrell, Robert B., and Mark S. Young. 1978. "Insurability of Punitive Damages." *Marquette Law Review* 62:1–33.

Cahalan, Don, Ira H. Cisin, and Helen Crossley. *American Drinking Practices.* New Brunswick, N.J.: Rutgers University Center for Alcohol Studies.

Calabresi, Guido. 1970. *Costs of Accidents: Legal and Economic Analysis.* New Haven: Yale University Press.

Cameron, Tracy. 1979. "The Impact of Drinking-Driving Countermeasures: A Review and Evaluation." *Contemporary Drug Problems* 8:495–566

Campbell, D., and J. Stanley. 1963. *Experimental and Quasi-Experimental Designs for Research* Chicago: Rand McNally.

Carpenter, R. 1962. "The Effects of Alcohol on Some Psychological Processes: A Critical Review with Special References to Automobile Driving Skill." *Quarterly Journal of Studies on Alcohol* 23:274–281.

Casale, Silvia, and Sally Hillsman. 1985. *The Enforcement of Fines as Criminal Sanctions: The English Experience and Its Relevance to American Practice.* Unpubl. review draft. Available from author.

Clark, N. H. 1976. *Deliver Us from Evil: An Interpretation of American Prohibi-

tion. New York: Norton.

Cohen, Jacqueline. 1983. "Incapacitation as a Strategy for Crime Control: Possibilities and Pitfalls." Pp. 1–84 in *Crime and Justice: An Annual Review of Research*, vol. 5, edited by Michael Tonry and Norval Morris. Chicago: University of Chicago Press.

Collins, J. J., Jr., ed. 1981. *Drinking and Crime: Perspectives on the Relationship between Alcohol Consumption and Criminal Behavior*. New York: Guilford.

Colon, I. 1981. "Alcohol Availability on Cirrhosis Mortality Rates by Gender and Race." *American Journal of Public Health* 71:1325–1328.

Comptroller General. 1979. Report to the Congress of the United States. *The Drinking-Driver Problem: What Can Be Done about it?* Washington, D. C.: Government Printing Office.

Connecticut Governor's Task Force on Driving While Intoxicated. November 1983. *Report to the Governor, State of Connecticut, William A. O'Neill*.

Cook, Phillip. 1980. "Research in Criminal Deterrence: Laying the Groundwork for the Second Decade." In *Crime and Justice: An Annual Review of Research*, vol. 2, edited by Norval Morris and Michael Tonry. Chicago: University of Chicago Press.

———. 1981. "The Effect of Liquor Taxes on Drinking, Cirrhosis, and Auto Accidents." In *Alcohol and Public Policy: Beyond the Shadow of Prohibition*, edited by Mark Moore and Dean Gerstein. Washington, D.C.: National Academy Press.

Cook, Phillip, and G. Tauchen. 1982. "The Effect of Liquor Taxes on Heavy Drinking." *Bell Journal of Economics* 13(a): 379–390.

———.1984. "The Effect of Minimum Drinking Age Legislation on Youthful Auto Fatalities: 1971–1977. *Journal of Legal Studies* 13:169–190.

Cramton, Roger. 1969. "Driver Behavior and Legal Sanctions: A Study of Deterrence." *Michigan Law and Review* 67, pt. 1:421–454.

Cressey, Donald. 1974. "Law, Order, and the Motorist." In *Crime, Criminology, and Public Policy*, edited by R. Hood. London: Heinemann.

Crime Control Institute. 1986. *Drunk Driving Tests in Fatal Accidents*. Washington, D.C.: Crime Control Institute.

"Curbing the Drunk Driver under the Fourth Amendment: The Constitutionality of Roadblock Seizures." Note. 1983. *Georgetown Law Journal* 71:1457–1486.

Dillon, J. *Christian Science Monitor*, June 30 and July 1, 2, 11, 1975.

DiMaio, V. J. M., and J. C. Garriott. March 1985. "How Valid Is the 0.10 Percent Alcohol Level as an Indicator of Intoxication?" *Pathologist*, pp. 31–33.

Distilled Spirits Council of the United States (DISCUS). 1975. *If You Choose to Drink, Drink Responsibly.* Washington, D.C.: DISCUS.

Dix, M. c., and A. D. Layzell. 1983. *Road Users and the Police.* London: Police Foundation.

Dooley, D., and J. F. Mosher. 1978. "Alcohol and Legal Negligence." *Contemporary Drug Problems* 7:145–179.

Douglas, Richard L. 1979–1980. "The Legal Drinking Age and Traffic Casualties: A Special Case of Changing Alcohol Availability in Public Health Context." *Alcohol Health and Research World* 4(2): 101–117.

Douglas, R. L., L. D. Filkins, and F. A. Clark. 1982. *The Effect of Lower Legal Drinking Age on Youth Crash Involvement.* Ann Arbor, Mich.: University of Michigan, Highway Safety Research Institute.

Douthwaite, Graham. 1981. *Jury Instructions on Damages in Tort Actions.* Indianapolis, Ind.: A. Smith Co.

Dowie, Mark. 1985. "Pinto Madness: How the Ford Motor Company Built a Car That Could Burst into Flames on Impact." In *Crisis in American Institutions*, 6th ed., edited by Jerome Skolnick and Elliot Currie. New York: Little, Brown.

Dowling, Noel T. 1932. "Compensation for Automobile Accidents: A Symposium." *Columbia Law Review* 32:785–824.

"Driving While Intoxicated and the Right to Counsel: The Case against Implied Consent." Note. 1980. *Texas Law Review* 58:935–960.

Dunham, Roger G., and A. L. Mauss. 1982. "Reluctant Referrals: The Effectiveness of Legal Coercion in Outpatient Treatment for Problem Drinkers." *Journal of Drug Issues* 12:4–20.

Durkheim, Emile. 1947. *The Division of Labor in Society*, translated by George Simpson. New York: Free Press.

Eastman, Joel. 1984. *Styling vs. Safety: The American Automotive Industry and the Development of Automotive Safety*, 1900–1966. New York: University Press of America.

Economos, James P., and David C. Steelman. 1983. *Traffic Court Procedure and Administration.* Chicago: American Bar Association Committee on the Traffic Court Program.

Ehrenzweig, Albert A. 1955. "Full Aid Coverage for the Traffic Victim." *California Law Review* 43:1-48.

Ehrlich, N. J., and M. L. Selzer. 1967. "A Screening Procedure to Detect Alcoholism." In *Traffic Offenders in the Prevention of Highway Injury*, edited by M. L. Selzer, P. W. Gikas, and F. F. Hueke. Ann Arbor, Mich.: University of Michigan, Highway Safety Research Institute.

Ellingstad, Vernon S., and T. J. Springer. 1976. *Program Level Evaluation of ASAP Diagnosis Referral and Rehabilitation Efforts.* Vol. 3. *Analysis of ASAP Rehabilitation Countermeasures Effectiveness.* NHSTA contract DOT-H5-191-3-759. Vermillion, S.D.: University of South Dakota, Human Factors Laboratory.

"Employer Liability for Drunken Employees' Actions Following an Office Party: A Cause of Action under Respondeat Superior." Comment. 1982. *California West Law Review* 19:107-140.

Ennis, J. 1977. "General Deterrence and Police Enforcement: Effective Countermeasures against Drinking and Driving." *Journal of Safety Research* 9:15-25.

Enno Foundation for Highway Traffic Control. 1949. *The Motor-Vehicle Driver: His Nature and Improvement.* Saugatuck, Conn.: Enno Foundation. Epstein, Richard. 1980. "Is Pinto a Criminal?" *Regulation: AEI Journal on Government and Society* 4:15-21.

Evans, Richard. 1987. "3-Year Target For Random Breath Tests." *New York Times*, August 24.

Fagen, R. W., and N. M. Fagen. 1982. "Impact of Legal Coercion on the Treatment of Alcoholism." *Journal of Drug Issues* 12(1): 103-114.

"Fallacy and Fortuity of Motor Vehicle Homicide." Comment. 1962. *Nebraska Law Review* 41:793-815.

Farmer, P. J. 1975. "The Edmonton Study: A Pilot Project to Demonstrate the Effectiveness of a Public Information Campaign on the Subject of Drinking and Driving." In *Alcohol and Highway Safety*, edited by S. Israelstam and S. Lambert. Toronto: Alcoholism and Drug Addiction Research Foundation of Ontario.

Farris, R., T. B. Malone, and H. Lilliefors. 1976. *A Comparison of Alcohol Involvement in Exposed and Injured Drivers: Phases I and II.* NHTSA Tech. Rep. DOT-HS-801-826. Washington, D.C.: National Highway Traffic Safety Administration.

Federal Bureau of Investigation. 1983. *Uniform Crime Reports: Crime in the United States.* Washington, D.C.: Department of Justice.

_____. 1985. *Uniform Crime Reports: Crime in the United States.* Washington, D. C.: Department of Justice.

Federal Trade Commission. 1970. Report to the Department of Transportation: *Price Variability in the Automobile Insurance Market.* Washington, D.C.: Government Printing Office.

Federal Trade Commission, Bureau of Economics. 1979. *Staff Report on Consumer Responses to Cigarette Health Information.* Washington, D. C.: Government Printing Office.

Fee, D. 1975. "Drunk Driving: Outline of a Public Information and Education Program." Pp. 789-798 in *Alcohol and Highway Safety*, edited by S. Israelstam and S. Lambert. Toronto: Alcoholism and Drug Addiction Research Foundation of Ontario.

Feeley, Malcolm M. 1983. *Court Reform on Trial: Why Simple Answers Fail.* New York: Basic Books.

Fell, James C. 1983. "Tracking the Alcohol Involvement Problem in U.S. Highway Crashes." Paper presented at the Twenty-seventh Annual Proceedings, American Association of Automobile Medicine, San Antonio, Texas, October 3-6.

Ferreira, J. 1970. *Quantitative Models for Automobile Accidents and Insurance.* Washington, D.C.: Department of Transportation.

Fileding, J. E. 1977. "Health Promotions: Some Notions in Search of a Constituency." *American Journal of Public Health* 67:1082-1086.

Filkins, L. D., C. D. Clark, C. A. Rosenblatt, W. L. Carlson, M. W. Kerlan, and H. Manson. 1970. *Alcohol Abuse and Traffic Safety: A Study of Fatalities, DWI Fatalities, DWI Offenders and Alcoholics and Court-related Treatment Approaches.* Prepared for U.S. Department of Transportation, Publ. FH-11-6555 and FH-11-7129. Ann Arbor: University of Michigan, Highway Safety Research Institute.

Finklestein, R., and J. McGuire. 1971. *An Optimum System for Traffic Enforcement and Control.* Mountainview, Calif.: GTE Sylvania.

Fitzpatrick, James F., Michael N. Sohn, Thomas E. Silfen, and Robert H. Wood. 1974. *The Law and Roadside Hazards.* Charlottesville, Va: Michie Co.

Flanagan, N. G. 1983. "Effects of Low Doses of Alcohol on Driving Performance." *Medical Science Law* 23:203-208.

Fletcher, George. 1978. *Rethinking Criminal Law.* Boston: Little, Brown. Flink, James J. 1975. *The Car Culture.* Boston: MIT Press.

Force, Robert. 1979. "The Inadequacy of Drinking Driving Laws: A Lawyer's View." In *Proceedings of the Seventh International Conference on Alcohol, Drugs and Traffic Safety*. Canberra: Australian Government Publishing Service.

Ford, A. B., N. B. Rushforth, N. Rushforth, C. S. Hirsch, and L. Adelson. 1979. "Violent Death in a Metropolitan County. II. Changing Patterns of Suicides (1959-1974)." *American Journal of Public Health* 69(5):459-464.

Freimuth, H. C., S. R. Watts, and R. S. Fisher. 1958. "Alcohol and Highway Fatalities." *Journal of Forensic Science* 3:66-71.

Gallup, George. 1977. *Four in Ten Drive after Boozing*. Princeton, N.J.: Gallup Poll.

———. 1982. *Alcohol Abuse: A Problem in One of Three American Families*. Princeton, N. J.: Gallup Poll.

Gardiner, John. 1969. *Traffic and the Police: Variations in Law Enforcement Policy*. Boston: Harvard University Press.

Gerstein, Dean. 1981. "Alcohol Use and Its Consequences." In *Alcohol and Public Policy: Beyond the Shadow of Prohibition*, edited by Mark Moore and Dean Gerstein. Washington, D.C.: National Academy Press.

Goldstein, Herman. 1985. *Early Impressions of the Impact of Increased Sanctions on the Arrest, Prosecution, Adjudication, and Sentencing of Drinking Drivers in Madison, Wisconsin*. Madison: University of Wisconsin School of Law.

Goldstein, Herman, and C. Susmilch. 1982. *The Drinking Driver in Madison: A Study of the Problem and the Community's Response*. Madison: University of Wisconsin School of Law.

Graham, Kathy T. 1979. "Liability of the Social Host for Injuries Caused by the Negligent Acts of Intoxicated Guests." *Willamette Law Journal* 16:561-589.

Grass, Jeffrey. 1984. "Drunk Driving Murder and *People v. Watson*: Can Malice Be Implied?" *Southwestern Law Review* 14:477-520.

Greenwood, Peter, and Allan Abrahamse. 1982. *Selective Incapacitation*. Report to the National Institute of Justice. Santa Monica, Calif.: Rand Corporation.

Grey Advertising, Inc. 1975a. *Communications Strategies on Alcohol and Highway Safety*. Vol. 1. *Adults 18-55*. U.S. Department of Transportation publ. DOT-HS-801-400. Springfield, Va.: U.S. National Technical Information Service.

———. 1975b. *Communications Strategies on Alcohol and Highway Safety*. Vol. 2.

High School Youth: Final Report. U. S. Department of Transportation publ. DOT-HS-801-400. Springfield, Va.: U.S. National Technical Information Service.

Gusfield, Joseph. 1963. *Symbolic Crusade: Status Politics and the American Temperance Movement.* Urbana: University of Illinois Press.

———. 1981. *The Culture of Public Problems: Drinking-Driving and the Symbolic Order.* Chicago: University of Chicago Press.

Gusfield, Joseph, P. Rasmussen, and J. Kotarba. 1984. "The Social Control of Drinking-Driving: An Ethnographic Study of Bar Settings." *Law and Policy* 6: 45-66.

Haberman, P. W., and M. M. Baden. 1978. *Alcohol, Other Drugs, and Violent Death.* New York: Oxford University Press.

Hacker, George, and Michael Jacobson. 1986. "Raising the Cost of Drinking: Higher Taxes Save Lives and Cut Abuse." *New York Times*, May 25.

Haddon, William, Jr. 1981. *Policy Options for Reducing the Motor Vehicle Injury Cost Burden.* Washington, D.C.: Insurance Institute for Highway Safety.

Haddon, William, Jr., Edward Suchman, and David Klein. 1964. *Accident Research: Methods and Approaches.* New York: Harper & Row.

Haddon, William, Jr., P. Valion, J. R. McCarroll, and C.J. Umberger. 1961. "A Controlled Investigation of the Characteristics of Adult Pedestrians Fatally Injured by Motor Vehicles in Manhattan." *Journal of Chronic Diseases* 14:555-578.

Haight, Frank. 1985. "Current Problems in Drinking Driving: Research and Intervention." *Journal of Studies on Alcohol*, suppl. 10.

Halberstam, David. 1986. *The Reckoning: The Challenge to America's Greatness.* New York: Morrow.

Hall, Jerome. 1944. "Intoxication and Criminal Responsibility." *Harvard Law Review* 57:1045-1084.

Hamilton, C. J., and J. J. Collins. 1981. "The Role of Alcohol in Wife Beating and Child Abuse: A Review of the Literature." Pp. 70-109 in *Drinking and Crime: Perspectives on the Relationship between Alcohol Consumption and Criminal Behavior*, edited by J. J. Collins, Jr. New York: Guilford.

Harford, Thomas C., Douglas A. Parker, Charles Paulter, and Michael Wolz. 1979. "Relationship between the Number of On-Premise Outlets and Alcoholism." *Journal of Studies on Alcohol* 110(11): 1053-1057.

Harrington, D. M. 1972. "The Young Driver Follow-up Study: An Evaluation of the Role of Human Factors in the First Four Years of Driving." *Accident Analysis and Prevention* 4:191-240.

Hart, H. L. A. 1968. *Punishment and Responsibility*. New York: Oxford University Press.

Haskins, J. B. 1969. "Effects of Safety Communication Campaigns: A Review of Research Evidence." *Journal of Safety Research* 1:58-66.

Hedlund, J., R. Arnold, E. Cerrilli, S. Partyka, P. Hoxie, and D. Skinner. 1983. *An Assessment of the 1982 Traffic Fatality Decrease*. Staff Report. Washington, D. C.: National Highway Traffic Safety Administration.

Heeren, T., A. R. Williams, A. Smith, S. Morelock, and R. W. Hingson. 1985. "Surrogate Measures of Alcohol Involvement in Fatal Crashes: Are Conventional Indicators Adequate?" *Journal of Safety Research* 16(3):127-134.

Henderson, Roger C. 1977. "No Fault Plans for Automobile Accidents." *Oregon Law Review* 56:287-329.

Henk, William A., Norman Stahl, and James R. King. 1984. "The Readability of State Drivers' Manuals." *Transportation Quarterly* 38:507-520.

Highway and Vehicle Safety Report. March 17, 1986. 12(13):5.

Hingson, Ralph. 1987. "Effects of Maine's 1981 and Massachusetts' 1982 Driving-under-the-Influence Legislation." *American Journal of Public Health* 77(5):593-597.

Hlstala, Michael. 1985. "Physiological Errors Associated with Alcohol Breath Testing." *Champion* 9(6):15-19,39.

Hochheimer, John. 1981. "Reducing Alcohol Abuse: A Critical Review of Educational Strategies." Pp. 286-335 in *Alcohol and Public Policy: Beyond the Shadow of Prohibition*, edited by Mark H. Moore and Dean R. Gerstein. Washington, D.C.: National Academy Press.

Holcomb, R. L. 1938. "Alcohol in Relation to Traffic Accidents." *Journal of the American Medical Association* 3:1076-1085.

Holden, Robert T. 1983. "Rehabilitative Sanctions for Drunk Driving: An Experimental Evaluation." *Journal of Research in Crime and Delinquency* 20:55-72.

Hubbard, J. C., M. L. DeFleur, and L. B. DeFleur. 1975. "Mass Media Influences on Public Conceptions of Social Problems." *Social Problems* 23:22-34.

Humphrey, Tom. 1986. "Tennessee Sharply Cuts 'Dram Shop' Liability." *National Law Journal* 8(19):3.

Hunvald, Edward H., Jr., and Franklin Zimring. 1968. "Whatever Happened to Implied Consent?: A Sounding." *Missouri Law Review* 33:323-399.

Hurst, P. M. 1973. "Epidemiological Aspects of Alcohol in Driver Crashes and Citations." *Journal of Safety Research* 5: 130-148.

Hyman, Merton H., Marilyn A. Zimmerman, Carol Gurioli, and Alice Helrich. 1980. *Drinkers, Drinking and Alcohol-related Mortality and Hospitalizations: A Statistical Compendium.* New Brunswick, N.J.: Rutgers University Center for Alcohol Studies.

"Insurance Coverage of Punitive Damages." Note. 1980. *Dickinson Law Review* 84:221-240.

Insurance Information Institute. 1984. *Fact Sheet.* New York: Insurance Information Institute.

Insurance Institute for Highway Safety. 1981. "Promoting Belt Use: Lessons from the Past." *Highway Loss Reduction Status Report* 16(9): 1-3.

———. 1982. *The Year's Work* 1981-1982. Washington, D.C.: Insurance Institute for Highway Safety.

———. 1987a. "The Public Prefers Air Bags." *Status Report* 22(1): 1-6.

———. 1987b. *Teenage Drivers.* 2d ed. Washington, D.C.: Insurance Institute for Highway Safety.

"Insurance for Punitive Damages: A Reevaluation." Note. 1976. *Hastings Law Journal* 28:431-475.

Jacobs, James B. 1988. "The Impact of Insurance and Civil Law Sanctions on Drunk Driving." In *The Social Control of the Drinking Driver*, edited by Michael Laurence, John Snortum, and Franklin Zimring. Chicago: University of Chicago Press.

Jacobs, James B., and Nadine Strossen. 1985. "Mass Investigations without Individualized Suspicion: A Constitutional and Policy Critique of Drunk Driving Roadblocks." *U. C. Davis Law Review* 18:595-680.

Jacobson, Michael, Robert Atkins, and George Hacker. 1983. *The Booze Merchants: The Inebriating of America.* Washington, D.C.: Center for Science in the Public Interest.

Janowitz, Morris. 1976. "Military Service and Citizenship in Western Societies." *Armed Forces and Society* 2:185-204.

Jellinek, E. M. 1960. *The Disease Concept of Alcoholism.* New Haven: College and University Press.

Jerome, John. 1972. *The Death of the Automobile: The Fatal Effects of the Golden*

Era, 1955-1970. New York: Norton.

Johnson, Daniel E. 1962. "Drunken Driving: The Civil Responsibility of the Purveyor of Intoxicating Liquor." *Indiana Law Journal* 37:317-333.

Johnson, P., P. Levy, and R. Voas. 1976. "A Critique of the Paper 'Statistical Evaluation of the Effectiveness of Alcohol Safety Action Projects.'" *Accident Analysis and Prevention* 8:67-77.

Johnson, Delmas M. 1984. Classification and Estimation of Alcohol Involvement in Fatalities." *Traffic Safety Evaluation Research Review* 3(3):23-33.

Johnston, L. D., P. M. O'Malley, and J. G. Bachman. 1985. *Drugs by America's High School Students*, 1975-1984. DHHS publ. (ADM) 85-1394.

Jones, A. W. 1978. "Variability of the Blood: Breath Alcohol Ratio in Viva." *Journal of Studies on Alcohol* 39(11): 1931-1939.

Jones, R., and K. Joscelyn. 1979. *Alcohol and Highway Safety: A Review of the State of Knowledge*. Tech. Rep. DOT-HS-803-714. Washington, D.C.: National Highway Traffic Safety Administration.

Kalven, Harry, and Hans Zeisel. 1966. *The American Jury*. New York: Little, Brown.

Karaba, Frank A. 1951. "Negligent Homicide or Manslaughter: A Dilemma." *Journal of Criminal Law, Criminology and Police Science* 41:183-189.

Keenan, Alexander. 1973. "Liquor Law Liability in California." *Santa Clara Law Review* 14:46-81.

Keeton, Robert E. 1971. *Basic Text On Insurance Law*. St. Paul: West Publishing Co.

Keeton, Robert and Jeffrey O'Connell. 1965. *Basic Protection for the Traffic Victim: A Blueprint for Reforming Automobile Insurance*. Boston: Little, Brown.

Keeton, W. Page., Dan B. Dobbs, Robert E. Keeton, and David G. Owen. 1984. *Prosser and Keeton on the Law of Torts*. 5th ed. Minneapolis: West Publishing Company.

Kelly, Michael A., and John A. Tarantino. 1983. "Radio Frequency Interference and the Breathalyzer: A Case Analysis." *Rhode Island Bar Journal* 31:6-8.

King, J., and M. Tipperman. 1975. "Offense of Driving While Intoxicated: The Development of Statutes and Case Law in New York." *Hofstra Law Review* 3:541-604.

Kobler, J. 1973. *Ardent Spirits: The Rise and Fall of Prohibition*. New York: Putnam's.

Kohn, P. M., and R. G. Smart. 1984 "The Impact of Television Advertising on Alcohol Consumption: An Experiment." *Journal of Studies on Alcohol* 45: 295-301.

Kornhauser, Lewis A. 1985. "Review: Theory and Fact in the Law of Accidents." *California Law Review* 73:1024-1042.

LaFave, Wayne R. 1987. *Search and Seizure: A Treatise on the Fourth Amendment.* 2d ed. St. Paul: West Publishing *Co.*

LaFave, Wayne R., and Jerome Israel. 1985. *Criminal Procedure.* St. Paul: West Publishing Co.

LaFave, Wayne R., and Austin W. Scott, Jr. 1985. *Handbook on Criminal Law.* St. Paul: West Publishing *Co.*

Laurence, Michael, John Snortum, and Franklin Zimring. 1988. *Social Control of the Drinking Driver.* Chicago: University of Chicago Press.

Lazersfeld, Paul, B. Berelson, and H. Gaudet. 1948. *The People's Choice.* 2d ed. New York: Duell, Sloan & Pearce.

Lender, Mark E., and James K. Martin. 1982. *Drinking in America: A History.* New York: Free Press.

Lerblance, Penn. 1978. "Implied Consent to Intoxication Tests: A Flawed Concept." *St. Johns Law Review* 53:39-64.

Levine, Harry G. 1978. "The Discovery of Addiction: Changing Conceptions of Habitual Drunkenness in America." *Journal of Studies on Alcohol* 39(1): 143-177.

Levy, Paul, Robert Voas, Penelope Johnson, and Terry M. Klein. 1978. "An Evaluation of the Department of Transportation's Alcohol Safety Action Projects." *Journal of Safety Research* 10(4): 162-176.

Lewis, David, and Lawrence Goldstein. 1983. *The Automobile and American Culture.* Ann Arbor: University of Michigan Press.

Lilly, J. Robert, Richard A. Bell, and Jennifer Wright. 1986. "Home Incarceration with Electronic Monitoring in Kenton County Kentucky: An Evaluation." Unpublished report.

"Liquor Advertising: Resolving the Clash between the First and Twenty-first Amendments." Note. 1984. *New York University Law Review* 59(1): 157-186.

Little, Joseph. 1973. "An Empirical Description of Administration of Justice in Drunk Driving Cases." *Law and Society Review* 7:473-496.

Long, Rowland H. 1976. *The Law of Liability Insurance.* New York: Mathew

Bender.

McClelland, David, William N. Davis, Rudolph Kalin, and Eric Wanner. 1972. *The Drinking Man.* New York: Free Press.

Maccoby, N.,J. W. Farquhar, P. D. Wood, and J. Alexander. 1977. "Reducing the Risk of Cardiovascular Disease: Effects of a Community Based Campaign on Knowledge and Behavior." *Journal of Community Health* 3:100-114.

McDonald, Douglas C. 1986. *Punishment without Walls: Community Service Sentencing in New York City.* New Brunswick, N.J.: Rutgers University Press.

McEwen, W. J., and C. J. Hanneman. 1974. "The Depiction of Drug Use in Television Programming." *Journal of Drug Education* 4(3): 281-293.

McFarland, R. A., and R. C. Moore. 1957. "Human Factors in Highway Safety: A Review and Evaluation." (Three-part article.) *New England Journal of Medicine* 256: 792-799,837-845,890-897.

McGuinness, T. 1979. *An Econometric Analysis of Total Demand for Alcoholic Beverages in the U. K.*, 1956-1975. Edinburgh: Scottish Health Education Unit.

McNeely, Mary, C. 1941. "Illegality as a Factor in Liability Insurance." *Columbia Law Review* 41:26-60.

Males, Mike. 1986. "The Minimum Purchase Age for Alcohol and YoungDriver Fatal Crashes: A Long-Term View." *Journal of Legal Studies* 15:181-211.

Malin, H., J. Coakley, C. Koelber, N. Murrch, and W. Holland. 1982. "An Epidemiological Perspective on Alcohol Use and Abuse in the United States." In *Alcohol and Health: Alcohol Consumption and Related Problems.* Monograph 1. Washington, D.C.: Department of Health and Human Services.

Mancke, John. 1981. "Homicide by Vehicle in Pennsylvania." *Dickinson Law Review* 85:180-190.

Marco, Corey, and Joni Michel Marco. 1980. "Antabuse: Medication in Exchange For a Limited Freedom-Is It Legal?" *American Journal of Law and Medicine* 5: 295-330.

Massachusetts Department of Public Health. 1984. "An Evaluation of Drunk Driving in Massachusetts under Chapter 373, Acts of 1982." Boston: Massachusetts Department of Public Health, Office of the Commissioner of Probation and the Division of Alcoholism. Mimeographed.

Medicine in the Public Interest. 1979. *The Effects of Alcohol Beverage-Control Law.* Washington, D.C.: Medicine in the Public Interest.

Meyer, J., and J. Gomez-Ibanez. 1981. *Autos, Transit and Cities: A Twentieth Century Fund Report.* New York: Twentieth Century Fund.

Michelson, Larry. 1979. "The Effectiveness of an Alcohol Safety School in Reducing Recidivism of Drinking Drivers." *Journal of Studies on Alcohol* 40(11): 1060-1064.

Monaghan, John. 1981. *Predicting Violent Behavior: An Assessment of Clinical Techniques.* Beverly Hills, Calif.: Sage.

Moore, Mark H., and Dean R. Gerstein, eds. 1981. *Alcohol and Public Policy: Beyond the Shadow of Prohibition.* Washington, D.C.: National Academy Press.

Morris, Norval. 1974. *The Future of Imprisonment.* Chicago: University of Chicago Press.

Mosher, James. 1979. "Dram Shop Liability and the Prevention of Alcohol Related Problems." *Journal of Studies on Alcohol* 40(9): 773-798.

———. 1980. "The History of Youthful-Drinking Laws: Implications for Current Policy." Pp. 11-38 in *Minimum Drinking Age Laws*, edited by H. Wechsler. Lexington, Mass.: D. C. Heath.

———. 1983. "Server Intervention: A New Approach for Preventing Drinking and Driving." *Accident Analysis Prevention* 15:483-497.

Moynihan, Daniel P. 1966. "The War against the Automobile." *Public Interest* 3: 10-26.

"Murder Convictions for Homicides Committed in the Course of Driving While Intoxicated." Comment. 1978. *Cumberland Law Review* 8:477-494.

Murphy, Joseph P., and Ross D. Netherton. 1959. "Public Responsibility and the Uninsured Motorist." *Georgia Law journal* 47:700-745.

Myers, M. L., C. Iscoe, C. Jennings, W. Lenox, E. Minsky, E. Sacks, and A. Sacks. 1981. *Staff Report on the Cigarette Advertising Investigation.* Washington, D. C.: Federal Trade Commission.

Nader, Ralph. 1964. *Unsafe At Any Speed: The Designed-in-Dangers-of the American Automobile.* New York: Grossman.

National Highway Traffic Safety Administration. 1978. *Review of the State of Knowledge.* Washington, D.C.: National Highway Traffic Safety Administration.

National Institute of Alcohol Abuse and Alcoholism. 1978. *Third Special Report to the U. S. Congress on Alcohol and Health.* Washington, D.C.: Government Printing Office.

National Institute of Justice. 1984. *Jailing Drunk Drivers: Impact on the Criminal Justice System.* Washington, D.C.: Department of Justice.

National Safety Council. 1985. *Accident Facts.* Chicago: National Safety Council.

National Transportation Safety Board. 1984. *Safety Study, Deterrence of Drunk Driving: The Role of Sobriety Checkpoints and Administrative License Revocation.* Washington, D.C.: National Transportation Safety Board.

New York City Criminal Justice Agency. 1988. *DWI Arrests in New York City (July 1, 1983, to June 30, 1985).* New York: New York City Criminal Justice Agency.

New York State Insurance Department. 1970. *Automobile Insurance. . . For Whose Benefit?* Albany: New York State Insurance Department.

Nichols, Donald H. 1983. "Toward a Coordinated Judicial View of the Accuracy of Breath Testing Devices." *North Dakota Law Review* 59:329-348.

____, ed. 1984. "New Device Prevents Intoxicated Driving." *Drinking/ Driving Law Letter* 4(17): 8.

Nichols, James, Elaine Weinstein, Vernon Ellingstad, and David L. StruckmanJohnson. 1978. "The Specific Deterrent Effects of ASAP Education and Rehabilitation Programs." *journal of Safety Research* 10(4): 177-187.

____. 1979. "The Effectiveness of Education and Treatment Programs for Drinking Drivers: A Decade of Evaluation." Pp. 1293-1395 in *Alcohol, Drugs and Traffic Safety*, vol. 3, edited by L. Goldberg. Stockholm: Almquist & Wiksell.

Niederberger, W. V., and W. F. Wagner. 1985. *Electronic Monitoring of Convicted Offenders: A Field Test.* Washington, D.C.: National Institute of Justice.

O'Connell, Jeffrey and Roger Henderson. 1976. *Tort Law, No-Fault and Beyond.* Abridged ed. New York: Mathew Bender.

O'Connell, Jeffrey, and Arthur Myers. 1965. *Safety Last: An Indictment of the Auto Industry.* New York: Random House.

O'Donnell, Mary A. 1985. "Research on Drinking Locations of Alcohol Impaired Drivers: Implications for Prevention Policies." *Journal of Public Health Policy* 6:510-525.

Ogborne, A. C., and R. G. Smart. 1980. "Will Restrictions on Alcohol Advertising Reduce Alcohol Consumption?" *British Journal of Addictions* 75: 293-296.

O'Hagen, John. 1983. "The Rational for Special Taxes on Alcohol: A Critique." *British Tax Review* 1983:370-380.

Olson, Steve, and Dean Gerstein. 1985. *Drinking in America: Taking Action to*

Prevent Abuse. Washington, D.C.: National Academy Press.

Ornstein, Stanley I. 1980. "The Control of Alcohol Consumption through Price Increases." *Journal of Studies on Alcohol* 41(a): 807-818.

Palmer, John W., and Paul E. Tix. 1985. "Minnesota Alcohol Roadside Survey." Minneapolis: St. Cloud University, Department of Health Education. Typescript.

Peele, Stanton. 1987. "The Limitations of Control-of-Supply Models for Explaining and Preventing Alcoholism and Drug Addiction. *Journal of Studies on Alcohol* 48(1): 61-77.

"*People v. Watson*: Drunk Driving Homicide-Murder or Enhanced Manslaughter?" Comment. 1983. *California Law Review* 71:1298-1323.

Perrine, M. W. 1975. "The Vermont Driver Profile: A Psychometric Approach to Early Identification of Potential High-Risk Drinking Drivers." In *Alcohol, Drugs, and Traffic Safety*, edited by S. Israelstam and S. Lambert. Toronto: Alcohol and Drug Addiction Research Foundation of Ontario.

Perrine, M. W., J. A. Waller, and L. S. Harris. 1971. *Alcohol and Highway Safety: Behavioral and Medical Aspects.* Burlington: University of Vermont. Petersilia, Joan. 1987. *Expanding Options for Criminal Sentencing.* Santa Monica: Calif.: Rand.

Polich, J. Michael, David J. Armor, and Harriet B. Braiker. 1980. *The Course of Alcoholism: Four Years after Treatment.* Santa Monica, Calif.: Rand.

Posner, Richard A. 1977. *Economic Analysis of Law.* 2d ed. Boston: Little, Brown.

Presidential Commission on Drunk Driving. 1983. *Final Report.* Washington, D.C.: Government Printing Office.

Preusser, David, Robert Ulmer, and James Adams. 1976. "Driver Record Evaluation of a Drinking Driver Rehabilitation Program." *Journal of Safety Research* 8(3): 98-105.

Proceedings of the Second International Conference on Alcohol and Road Traffic. 1955. Toronto: Garden City.

Prosser, William. 1971. *Handbook of the Law of Torts.* 4th ed. St. Paul: West Publishing Co.

Prosser, William, and Robert Keeton. 1984. *On the Law of Torts.* 5th ed. St. Paul: West Publishing Co.

Rauss, Nason W., and E. Scott Geller. 1987. "Training Bar Personnel to Prevent Drunk Driving." *American Journal of Public Health* 7(8): 952-954.

Reagan on the Road: The Crash of the U. S. Auto Safety Program. 1982. Washington, D.C.: Public Citizen.

Reed, David R. 1981. "Reducing the Costs of Drinking and Driving." In *Alcohol and Public Policy: Beyond the Shadow of Prohibition*, edited by Mark H. Moore and Dean R. Gerstein. Washington, D.C.: National Academy Press.

Reese, John H. 1971. *Power, Politics, People: A Study of Driver Licensing Administration.* Washington, D.C.: National Research Council.

Reinerman, Craig. 1985. *Social Movements and Social Problems: Mothers against Drunk Drivers, Restrictive Alcohol Laws and Social Control in the 1980's.* Unpubl. ms. School of Public Health, University of California, Berkeley.

Richman, Alex. 1984. "Human Risk Factors in Alcohol-Related Crashes." *Journal of Studies on Alcohol*, suppl. 10:21-31.

Robertson, Leon S. 1983. *Injuries-Causes, Control, Strategies and Public Policy.* Lexington, Mass.: Lexington.

Robertson, Leon S., Albert B. Kelley, William Haddon, Jr., Brian O'Neill, Charles Wixom, Richard S. Eisworth. 1980. "A Controlled Study of the Effect of Television Messages on Seat Belt Use." *American Journal of Public Health* 64:1071-1080.

Robertson, Leon S., and Paul L. Zador. 1978. "Driver Education and Fatal Crash Involvement of Teenage Drivers." *American Journal of Public Health* 68:959-965.

Robinson, James J. 1938. "Manslaughter by Motorists." *Minnesota Law Review* 22:755-788.

Robinson, Paul H. 1985. "Causing the Conditions of One's Own Defense: A Study on the Limits of Theory in Criminal Law Doctorine." *Virginia Law Review* 71: 1-63.

Room, Robin, and James Mosher. 1979—1980. "Out of the Shadow of Treatment: A Role for Regulatory Agencies in the Treatment of Alcohol Problems." *Alcohol Health and Research World* 4(2): 11-17.

Ross, H. Laurence. 1973. "Law, Science and Accidents: The British Road Safety Act of 1967." *Journal of Legal Studies* 2:1-78.

———. 1975. "The Scandinavian Myth: The Effectiveness of Drinking-and-Driving Legislation in Sweden and Norway." *Journal of Legal Studies* 4:285-310.

———. 1982. *Deterring the Drinking Driver: Legal Policy and Social Control.* Lexington, Mass.: Lexington.

____. 1984. "Social Control through Deterrence: Drinking-and-Driving Laws." *Annual Review of Sociology* 10:21-35.

____. 1985. "Deterring Drunk Driving: An Analysis of Current Efforts." *Journal of Studies on Alcohol*, suppl. 10:122-128.

Ross, H. Laurence, and Murray Blumenthal. 1974. "Sanctions For the Drinking Driver: An Experimental Study." *Journal of Legal Studies* 3:53-61.

Ross, H. Laurence, and James P. Foley. 1987. "Judicial Disobedience of the Mandate to Imprison Drunk Drivers." *Law and Society Review* 21:315-334.

Russ, N. W., and E. S. Geller. 1987. "Training Bar Personnel to Prevent Drunken Driving: A Field Evaluation." *American Journal of Public Health* 77(8): 952-954.

Saffer, Henry, and Michael Grossman. "Beer Taxes and the Legal Drinking Age, and Youth Motor Vehicle Fatalities." *Journal of Legal Studies* 16:351-374.

Saxe, Leonard, Denise Dougherty, Katherine Esty, Michelle Fine. 1983. *The Effectiveness and Costs of Alcoholism Treatment*. Washington, D.C.: Office of Technology Assessment.

Schulhoffer, Stephen. 1974. "Harm and Punishment: A Critique of Emphasis on the Results of Conduct in the Criminal Law." *University of Pennsylvania Law Review* 122:1497-1607.

Schumaier, Steven G., and Brian A. McKinsey. 1986. "The Insurability of Punitive Damages." *American Bar Association Journal* 72:68-72.

Schwartz, Gary T. 1987. "The Ethics and Economics of Tort Liability Insurance." Unpubl. paper.

Schwartz, Richard. 1983. "Rehabilitation." Pp. 1364-1374 in *Encyclopedia of Crime and Justice*. New York: Free Press.

Schwitzgebel, R. K., and Schwitzgebel, R. L. 1964. "A Program of Research in Behavioral Electronics." *Behavioral Science* 9:233-238.

Sechrest, L. B., S. O. White, and E. D. Brown. 1979. *The Rehabilitation of Criminal Offenders: Problems and Prospects*. Washington, D.C.: National Academy Press.

Selzer, Melvin L. 1969. "Alcoholism, Mental Illness, and Stress in 96 Drivers Causing Fatal Accidents." *Behavioral Science* 14:1-10.

____. 1971. "The Michigan Alcoholism Screening Test: The Quest for a New Diagnostic Instrument." *American Journal of Psychiatry* 127:1653-1658.

Selzer, Melvin L., and E. Barton. 1974. "The Drinking Driver: A Psychosocial

Study." *Drug and Alcohol Dependence* 2:239-253.

Selzer, Melvin L., and Charles Payne. 1962. "Automobile Accidents, Suicide, and Unconscious Motivation." *American Journal of Psychiatry* 119:237-240.

Selzer, Melvin L., Charles Payne, Franklin Westervelt, and James Quinn. 1967. "Automobile Accidents as an Expression of Psychopathology in an Alcoholic Population." *Quarterly Journal of Studies on Alcohol* 28:505-516.

Selzer, M. L.,J. E. Rogers, and S. Kern. 1968. "Fatal Accidents: The Role of Psychopathology, Social Stress, and Acute Disturbance." *American Journal of Psychiatry* 124:1028-1036.

Sheingold, Stuart. 1974. *The Politics of Rights.* New Haven: Yale University Press.

Sheron, Georgia. 1986. "New Temperance Movement Seen by Historian." *New York Times*, March 16.

Simpson, Herbert M. 1985. "Human Related Risk Factors in Traffic Crashes: Research Needs and Opportunities." *Proceedings of the North American Conference on Alcohol and Highway Safety*, edited by Thomas B. Turner, Robert F. Borkenstein, Ralph K. Jones, and Patricia Santora. *Journal of Studies on Alcohol*, Suppl. no. 10:32-39.

Singer, Richard G. 1979. *Just Deserts: Sentencing Based upon Equality and Desert.* Cambridge, Mass.: Ballinger.

Smart, R. G., and R. E. Cutler. 1976. "The Alcohol Advertising Ban in British Columbia: Problems and Effects on Beverage Consumption." *British Journal of Addictions* 71:13-21.

Smart, Reginald G. 1977. "Changes in Alcoholic Beverage Sales after Reduction in the Legal Drinking Age." *American Journal of Drug and Alcohol Abuse* 4(1):101-108.

Smart, S. N., and C. R. Sanders, 1976. *The Costs of Motor Vehicle Related Spinal Injuries.* Washington, D.C.: Insurance Institute For Highway Safety.

Smith, R. A., R. W. Hingson, S. Morelock, T. Hereen, M. Mucatel, T. Mangione, and N. Scotch. 1984. "Legislation Raising the Legal Drinking Age in Massachusetts from 18 to 20: Effect on 16 and 17 Year Oids." *Journal of Studies on Alcohol* 45:534-539.

Snortum, John. 1988. "Deterrence of Alcohol-impaired Driving: An Effect in Search of a Cause." In *Social Control of the Drinking Driver*, edited by Michael Laurence, John Snortum and Franklin Zimring. Chicago: University of

Chicago Press.

Snortum, John, Ragnar Hauge, and Dale Berger. 1986. "Deterring Alcohol-Impaired Driving: A Comparative Analysis of Compliance in Norway and the United States." *Justice Quarterly* 3(2): 139-165.

"Social Host Liability for Injuries Caused by Acts of an Intoxicated Guest." Note. 1983. *North Dakota Law Review* 59:445-447.

Spencer, J. R. 1985. "Motor Vehicles as Weapons of Offense." *Criminal Law Review* 1985:29-41.

Steinbock, Bonnie. 1985. "Drunk Driving." *Philosophy and Public Affairs* 14(3): 278-293.

Stewart, Ernest I., and James L. Malfetti. 1970. *Rehabilitation of the Drunken Driver*. New York: Teachers College Press.

"The Surface Transportation Assistance Act: Federalism's Last Stand?" Note. 1986. *Vermont Law Review* 11:203-232.

Survey Research, Consultants International. 1986. *Index to International Public Opinion*. Hastings on Hudson, N.Y.: Greenwood.

Tabachnik, Norman. 1973. *Accident* or *Suicide: Destruction by Automobile*. Springfield, Ill.: Charles C Thomas.

Tarrants, William E. 1984. "Evaluation News and Notes." *Traffic Safety Research and Evaluation Review* 3:1-6.

Taylor, Jerry. 1987. "Study Reports Fewer 1st-Time Drivers Repeat Offense." *Boston Globe*, April 1, 1987.

Teknetron Research, Inc. 1979. *1979 Survey of Public Perceptions on Highway Safety*. Washington, D.C.: Department of Transportation.

Tillman, W. A., and G. E. Hobbs. 1949. "The Accident-Prone Automobile Driver: A Study of Psychiatric and Social Background." *American Journal of Psychiatry* 106:321-33.

Tittle, Charles. 1980. *Sanctions and Social Deviance: The Question of Deterrence*. New York: Praeger.

Transportation Research Board. 1984. "55: A Decade of Experience." Washing!on, D.C.: National Research Council.

Turner, Thomas B., Robert F. Borkenstein, Ralph K. Jones, and Patricia B. Santona, eds. 1985. "Alcohol and Highway Safety: Proceedings of the North American Conference on Alcohol and Highway Safety." *Journal of Studies on Alcohol*, suppl. 10.

U.S. Department of Health and Human Services 1983. *Fifth Special Report to U. S. Congress on Alcohol and Health from the Secretary of Health and Human Services*. Washington, D.C.: National Institute on Alcohol Abuse and Alcoholism.

U.S. Department of Transportation. 1968. *Alcohol and Highway Safety*. Report to the United States Congress. Washington, D.C.: Department of Transportation.

———. 1974a. *Alcohol Safety Action Projects: Evaluation of Operations*—1972. Washington, D.C.: National Highway Traffic Safety Administration.

———. 1974b. *The Uses of Mass Media for Highway Safety*. DOT-HS-801-209. Washington, D.C.: National Highway Traffic Safety Administration.

———. 1978. *Alcohol and Highway Safety: A Review of the State of Knowledge 1978*. Washington, D.C.: National Highway Traffic Safety Administration.

———. 1979. *Alcohol Safety Action Projects Evaluation of Operations: Data, Tables of Results and Formulations*. Washington, D.C.: National Highway Traffic Safety Administration.

———. 1981. *Alcohol and Highway Safety Laws: A National Overview*, Washington, D.C.: National Highway Traffic Safety Administration.

———. 1982. *Report on Traffic Accidents and Injuries in the United States*—1981. Washington, D.C.: National Highway Traffic Safety Administration.

———. 1983. *DWI Sanctions: The Law and the Practice*. Washington, D.C.: National Highway Traffic Safety Administration.

———. 1985a. *Alcohol and Highway Safety: A Review of the State of Knowledge 1984*. Washington, D.C.: National Highway Traffic Safety Administration.

———. 1985b. *Digest of State Alcohol-Highway Safety Related Legislation*. 3d ed. Washington, D.C.: National Highway Traffic Safety Administration.

———. 1986a. *The Drunk Driver and Jail: The Drunk Driver and Jail Problem*. Washington, D.C.: National Highway Traffic Safety Administration.

———. 1986b. *DWI Charge Reduction Study*. Washington, D.C.: National Highway Traffic Safety Administration.

U.S. General Accounting Office. 1984. *Status of Two Department of Transportation Air Bag Projects*. Report to the Chairman, Subcommittee on Oversight and Investigations, Committee on Energy and Commerce, House of Representatives B-212740.

"U.S. National Roadside Breath-testing Survey and Several Local Surveys." 1975. In *Alcohol, Drugs and Traffic Safety*, edited by S. Israelstam and S. Lambert.

Toronto: Addiction Research Institute of Ontario.

"*United States v. Fleming*: When Drunk Drivers Are Guilty of Murder." Note. 1985. *American Criminal Law Review* 23:135-149.

Vaillant, George. 1983. *The Natural History of Alcoholism*. Boston: Harvard University Press.

Valverius, M., ed. 1982. "Roadside Surveys." In *Proceedings of the Eighth International Conference on Alcohol, Drugs, and Traffic Safety*. Stockholm: Swedish Council on Information on Alcohol and Other Drugs.

Vingilis, E. 1983. "Driving Drinkers and Alcoholics: Are They from the Same Population?" In *Research Advances in Alcohol and Drug Problems*, vol. 7, edited by R. G. Smart, F. B. Glaser, Y. Isreal, H. Kalant, R. E. Potham, and W. Schmidt. New York: Plenum.

Voas, R. B., and J. M. Hause. 1984. *Deterring the Drinking Driver: The Stockton Experience*. Report prepared by the National Public Service Research Institute for the NHTSA. Washington, D.C.: National Highway Traffic Safety Administration.

Voas, Robert. 1981. "Results and Implications of the ASAPS." In *Alcohol, Drugs, and Traffic Safety*, vol. 3, edited by L. Goldberg. Stockholm: Almquist & Wiksell.

"Void for Vagueness Doctrine." Note. 1960. *University of Pennsylvania Law Review* 109:67-116.

Von Hirsch, Andrew. 1976. *Doing Justice: The Choice of Punishments*. New York: Hill & Wang.

―――. 1985. *Past or Future Crimes*. New Brunswick, N.J.: Rutgers University Press.

Von Hirsch, Andrew, and Donald Gottfredson 1983—1984. "Selective Incapacitation: Some Queries about Research Design and Equity." *Review of Law and Social Change* 12:11-51.

Votey, Harold L.,Jr. 1982. "Scandinavian Drinking-Driving Control: Myth or Intuition?" *Journal of Legal Studies* 11:93-116.

Wagenaar, Alexander C. 1983. *Alcohol, Young Drivers, and Traffic Accidents*. Lexington, Mass.: Lexington.

Wald, Patricia. 1974. "Alcohol, Drugs, and Criminal Responsibility." *Georgetown Law Journal* 63:69-86.

Wallach, L. 1984. "Drinking and Driving; Toward a Broader Understanding of the

Role of the Mass Media." *Journal of Public Health Policy* 5:471-496.
Wallach, Lawrence, Warren Breed, and John Cruz. 1987. "Alcohol on Prime Time Television." *Journal of Studies on Alcohol* 48(1): 33-38.
Waller, Julian. 1967. "Identification of Problem Drinking among Drunken Drivers." *Journal of American Medical Association* 200:114-120.
———. 1976. "Alcohol Ingestion, Alcoholism and Traffic Accidents." In *The Legal Issues in Alcoholism and Alcohol Usage*. Boston: Boston University, Law-Medicine Institute.
Walther, David L., and Thomas A. Plain. 1965. "Punitive Damages—A Critical Analysis." *Marquette Law Review* 49:369-386.
Warner, Kenneth E. 1977. "The Effects of the Anti-Smoking Campaign on Cigarette Consumption." *American Journal of Public Health* 67(7): 645-650.
Wasserstrom, Richard. 1960. "Strict Liability in the Criminal Law." *Stanford Law Review* 12:731-745.
Wasserstrom, Silas J. 1984. "The Incredible Shrinking Fourth Amendment." *American Criminal Law Review* 21:257-401.
Wechsler, H., ed. 1980. *Minimum-Drinking-Age Laws*. Lexington, Mass: D. C. Heath.
Weed, Frank J. 1987. "Grass-Roots Activism and the Drunk Driving Issue." *Law and Policy* 9:259-278.
Weisner, C., and Robin Room. 1984. "Financing and Ideology in Alcohol Treatment." *Social Problems* 32:167-184.
Wiener, Carolyn. 1981. *The Politics of Alcoholism: Building an Arena around a Social Problem*. Camden, N. J.: Transaction.
Wilkinson, Rupert. 1970. *The Prevention of Drinking Problems: Alcohol and Cultural Influences*. New York: Oxford University Press.
Willett, T. C. 1973. *Drivers after Sentence*. London: Heinemann.
Williams, Allan F., Adrian K. Lund, and David F. Presser, 1986. "Drinking and Driving among High School Students." *International Journal of Addictions* 21(6): 643-655.
Williams, Allan F., Michael A. Peat, Dennis Crouch, Joann Wells, and Bryan Finkle. 1985. "Drugs in Fatally Injured Male Drivers." *Public Health Reports* 100(1): 19-25.
Williams, Allan F., R. F. Rich, and P. L. Zador. 1975. "The Legal Minimum Age and Fatal Motor Vehicle Crashes." *Journal of Legal Studies* 4:219-239.

Williams, Allan F., Paul L. Zador, Sandra S. Harris, and Ronald S. Karpf. 1983. "The Effect of Raising the Legal Minimum Drinking Age on Involvement in Fatal Crashes." *Journal of Legal Studies* 12:169-179.

Wolfe, A. C. 1975. "Characteristics of Late-Night Weekend Drivers: Results of the U.S. National Roadside Breath-testing Survey and Several Local Surveys." In *Alcohol, Drugs, and Traffic Safety: Proceedings of the Sixth International Conference on Alcohol, Drugs, and Traffic Safety*, edited by S. Israelstam and S. Lambert. Toronto: Addiction Research Foundation of Ontario.

Worden, J. K., J. A. Waller, and T. J. Riley. 1975. *The Vermont Public Education Campaign in Alcohol and Highway Safety: A Final Review and Evaluation*, CRASH Rep. 1-5. Waterbury: Vermont Department of Mental Health, Project CRASH.

Yoder, Richard, and Robert Moore. 1973. "Characteristics of Convicted Drunken Drivers." *Quarterly Journal of Studies on Alcohol* 34:927-936.

Zador, Paul. 1976. "Statistical Evaluation of the Effectiveness of Alcohol Safety Action Projects." *Accident Analysis and Prevention* 8:51-66.

———.1977. "A Rejoinder to a Critique of the Paper 'Statistical Evaluation of the Effectiveness of Alcohol Safety Action Projects' by Johnson, et al." *Accident Analysis and Prevention* 9:15-19.

Zimring, Franklin. 1978. "Policy Experiments in General Deterrence: 1970-1975." In *Deterrence and Incapacitation: Estimating the Effects of Criminal Sanctions on Crime Rates*, edited by Alfred Blumstein, Jacqueline Cohen, and Daniel Nagin. Washington, D.C.: National Academy of Sciences.

———. 1982. *The Changing Legal World of Adolescence.* New York: Free Press.

Zimring, Franklin, and Gordon Hawkins. 1973. *Deterrence: The Legal Threat in Crime Control.* Chicago. University of Chicago Press.

Zoffer, H. J. 1959. *The History of Automobile Liability Insurance Rating.* Pittsburg: University of Pittsburg Press.

Zylman, Richard. 1971. "The Alcohol Highway Safety Program: A Panacea or a Pandora's Box?" *Traffic Digest and Review* 19(4):16-24.

———.1972. "Drivers' Records: Are They a Valid Measure of Driving Behavior?" *Accident Analysis and Prevention* 4:333-349.

———.1973. "Youth, Alcohol and Collision Irrvolvement." *Journal of Safety Research* 5(2):51-72.

———.1974. "A Critical Evaluation of the Literature on Alcohol Involvement in

Highway Deaths." *Accident Analysis and Prevention* 6:163-204.

———. 1975a. "DWI Enforcement Programs: Why Are They Not More Effective?" *Accident Analysis and Prevention* 7:179-190.

———. 1975b. "Mass Arrests for Impaired Driving May Not Prevent Fatal Crashes." Pp. 225-235 in *Proceedings of the Sixth International Conference on Alcohol Drugs, and Traffic Safety*. Toronto: Alcohol and Drug Addiction Research Foundation.

———. 1976. "All Alcoholics Are High Risk Drivers: A Myth." *Journal of Traffic Safety Education* 23(2): 7-10.

索 引[*]

Accident Facts (National Safety Council), 16, 29, 32

Accidents, vehicular, xiii, 27–41, 60, 108, 192; and BAC levels, 76; crackdown effects on, 112–14; exaggeration of drunk driving role in, 27–29; and insurance surcharges, 131; and minimum drinking age, 177; problems in estimating drunk driving role in, 29–37; statistics on, 16–19; strategies for estimating drunk driving role in, 37–40; strategies for reducing, 20–26. *See also* Fatalities

Actus reus, of drunk driving, 65–68

Administrative model of drunk driving, 63–64, 75

Advertising, of alcohol, 5–8, 161, 165

Age: and drunk driving, 47–48, 54; and traffic fatalities, 17. *See also* Youth

Aggravated drunk driving, 60, 64, 78–89, 195; definition of, 78–79; procedural implications of, 82–83; and recidivism, 80–81; resulting in death, 83–89; resulting in injury, 83; in Scandinavia, 125

Aiken, Doris, xv

Air bags, 19, 21–22, 26, 171, 196

Alaska, vehicle forfeiture in, 152–54

Alcohol: advertising of, 5–8, 161, 165; ambivalence toward, 13; business of, 5–7; role of, in U.S., 3–4; and youth, 7

Alcohol abuse, xiii, 109, 191–92; concept of, 9–10; and disease model of alcoholism, 10–11; and drunk driving patterns, 48–49, 54; and public education, 162–63, 166–67; and rehabilitation, 11, 181; by youth, 176. *See also* Alcoholism; Problem drinking

Alcohol Abuse and Alcoholism Prevention, Treatment, and Rehabilitation Act of 1970, 12

Alcohol and Health (report), 43

Alcohol and Highway Safety (report), xiv–xv, 27–28, 32, 40

Alcohol consumption, xiii, 68–69, 165; pattern of, 4–5; restrictions on, 171–80

Alcohol dispensers, commercial: education strategy with, 165–66; legal liability of, xviii, 139–47, 165–66, 196; state regulation of, 172–73

---

[*] 索引所列页码均为原书页码，即本书页边码。——译者注

Alcoholic Beverage Control (ABC) laws, 172–73

Alcoholic psychosis, 172

Alcoholic Rehabilitation Act of 1968, 11–12

Alcoholics Anonymous (AA), 10, 167, 182, 185, 186

Alcoholism: concept of, 9; and disease, 9–10; disease model of, 10–11; driver's license screening for, 149–50; and drunk driving patterns, 48–49, 52; and public education, 166; and recidivism, 109; and rehabilitation, 11–12, 181, 188. *See also* Alcohol abuse; Problem drinking

Alcohol Safety Action Project (ASAP), xv, xvii, xviii, 46, and antabuse, 182; on deterrence, 107, 112–13; and drinking/driver programs, 186–87; on drinking habits, 49

Alco-sensor, 92, 111

American Medical Association, xix

Antabuse, 182–83, 190

Arrests, drunk driving: effect of increased, 112–14; number of, xviii, 24–25; perceived probability of, 108–9; and right to counsel, 95; and roadblocks, 111–12. *See also* Recidivism

ASAP. *See* Alcohol Safety Action Project(ASAP)

Ashlock v. Norris, 145–46

Automobile liability insurance, 35, 127–34, 146; benefits of, denied to drunk drivers, 132–34; punitive damage coverage by, 137–38; rates on, based on driving performance, 128–30; surcharges, 130–32, 195; system of, 127–28

Automobiles: forfeiture of, 122, 148, 152–54, 159; impoundment of, 122, 125, 126, 148, 152, 154–56, 195, 199; role of, in U.S., xiv, 15–16; safety of, 20–22, 196

BAC. *See* Blood-alcohol concentration (BAC)

Baker v. State, 85–86

Baldwin v. New York, 82, 98

Bars. *See* Alcohol dispensers, commercial

Beer: advertising of, 6–7; consumption of, 3–5

Berkemer v. McCarty, 95

Bielski v. Schulze, 137

Binge drinking, 48–49, 52

Blood-alcohol concentration (BAC), xvi, xix, 50, 65, 92, 101, 108, 119, 181, 184, 199; and administrative model of drunk driving, 63, 64; and age, 48; in aggravated drunk driving, 78, 79, 83, 87–89; and arrest probability, 110; and criminality of drunk driving, 43–44, 58, 61–62; and drinking patterns, 49, 51, 52; and driving while ability impaired, 76–77; and implied consent, 96–98; and Interlock System, 170–71; as presumptive evidence of intoxication, 69–74, 77; and right to counsel, 95–

96; in roadside surveys, 45-47; and role of alcohol in accidents, 32, 33, 35 - 41; and Scandinavian system, 123-25; testing technology for, 71-73; and tort liability, 134, 135; and vehicle impoundment, 155
Bootlegged alcohol, 179-80
Borkenstein, Robert, xiii - xiv, 38 - 39, 41
Breathalyzer, 72, 95, 97, 150, 173. See also Blood-alcohol concentration (BAC)
Breath test. See Blood-alcohol concentration (BAC); Breathalyzer
Burke v. Angies, Inc. , 135

California: alcoholism treatment program in, 183, 187; vehicle impoundment in, 155
California Supreme Coutt, 87-88, 136, 223n.24
California v. Trometta, 73
Camara v. Municipal Court, 93, 94
Casualties. See Accidents, vehicular
Center for Science in the Public Interest, 226n.6
Chastin v. Litton Systems, Inc. , 144
Cheshire Blitz, 113
Cirrhosis of the liver, xiii, 9, 172, 179
Civil liberty. See Tott liability
Clark v. Mincks, 144, 145
Colorado Supreme Court, 86
Commonwealth v. Connolly, 208n.4
Community groups, anti-drunk driving, xv-xvi, 167-68

Community service, by drunk drivers, 120-21
Comparative negligence doctrine, 34
Comprehensive Crime Control Act of 1984, 225nn.8, 10
Comprehensive Driving under the Influence Project, 187
Congress, U.S., 24, 174-75, 198
Constitution, U.S.: Foutth Amendment, 172, 175; Fifth Amendment, 97-98; Sixth Amendment, 95, 98; Eighteenth Amendment, 172, Twenty-first Amendment, 172, 175; Twenty-sixth Amendment, 174
Convictions, drunk driving; insurance rates based on, 129-30; insurance surcharges based on, 130-31, rate of, 25, 115-16
Coulter v. Superior Court, 223n.24
Counsel, right to, 95-96
Court decisions: and aggravated drunk driving, 81-88; on automobile safety, 22; on civil liability of alcohol dispensers, 138-40, 144-46; and definition of drunk driving, 66-70, 73; on implied consent laws, 96 - 98; and lesser included offenses, 17, on minimum-age drinking laws, 174-75; on notice problem, 74; on postarrest proceedings, 98-99; on punitive damages, 135 - 38; on responsibility for crashes, 34; on right to counsel, 95-96; on vehicle stops and investigations, 91-95. See also U.S. Supreme Court

索引 311

Crime, 9, 23–24, 30; deterrence of, 106–7; drunk driving as, xx–xxi, 57–63; in Scandinavia, 125; traffic casualties versus, 19, 26

Criminal law, xx–xxii, 25; and deterrence, 105; forfeiture in, 152; procedure under, 55, 90, 100, 199; treatment of drunk driving under, 57–63, 77, 134–35. See also Aggravated drunk driving

Criminal Law and Its Processes (Paulsen and Schulhoffer), xx

Criminal record, of drunk drivers, 50–51, 53. See also Recidivism

Crum v. City of Rock Springs, 69, 75

Davis v. Pope, 95

Deaths. See Fatalities

Deaver, Michael, 12

Delaware, vehicle impoundment in, 155

Delaware v. Prouse, 91, 93

Deterrence, 24–25, 105–26

Discriminant analysis, 37–38

Distilled Spirits Council of the United States, 162

District Attorney of Kings County v. Bailey, 153

District of Columbia Circuit Court of Appeals, 22

Disulfiram. See Antabuse

Dixon v. Love, 97

Donovan v. Dewey, 93

Dram shop liability, xviii, 139–47, 196. See also Tort liability

Drinking/driver schools, 182–90

Drinking/driving: drunk driving versus, 43, 53, 192, 194; incidence of, 44–45; legality of, 66, 71; and public education, 163–64; and recidivism, 50

Driver education, 24

Driving under the influence (DUI). See Drunk driving

Driving while ability impaired (DWAI), 76–77, 98–99, 115, 184

Driving while intoxicated (DWI). See Drunk driving

Drug abuse, 47, 150, 153, 161, 193; and accidents, 30; and drunk driving, 12–13; and minimum purchase-age laws, 178, 196

Drunk driving: accidents caused by, see Accidents, vehicular; administrative model of, 63–64, 75; aggravated, see Aggravated drunk driving; ambivalence toward, 13, 193–95; and antabuse, 182–83; arrests for, see Arrests, drunk driving; and automobile insurance, 127–34; blocking opportunity for, 170–80; community service for, 120–21; conviction rate for, 25, 115–16; as crime, 57–63; and criminal procedure, 55, 90–100, 199; decrease in, 101–2; definition of, 134–35; deterrence of, 24–25, 105–26; and drinking/driver schools, 182–90; and drug abuse, 12–13; elements of, 65–70; fatalities from, see Fatalities; and implied consent, 96–99; and notice problem, 70–77; patterns of offending, 42–54; and per se laws, see Per se laws; process costs of, 114–115; public condemnation of, 121–22; and public education, 160–67, 195, 200; and rehabilitation, 11, 181–90; and right to counsel, 95–96; and roadblocks, see Roadblocks; and tort liability, see Tort liability; and traffic law, 57–60, 64; vehicle stops and investigations for, 91–95

Due process, 68, 73, 149

DUI. See Drunk driving

Dunn v. Petit, 95–96

Durand v. City of Woosocket, 73

Durkheim, Emile, 200

DWAI. See Driving while ability impaired (DWAI)

DWI. See Drunk driving

Electronic monitoring, xvii, 122, 156–58

Ellingstad, Vernon, 186

Enno Foundation for Highway Traffic conttol, 203n.1

Essex v. Virginia, 213n.8

Ethyl alcohol, 3

Exemplary damages. See Punitive damages

FARS. See Fatal Accident Reporting System (FARS)

Fatal Accident Reporting System (FARS), 17, 32–35, 47, 50, 52, 102

Fatalities, traffic, xiii, 50; and aggravated drunk driving, 64, 83–89, 194; crackdown effects on, 112–14; demographics of, 17–18; exaggeration of drunk driving role in, 27–29; and minimum drinking-age laws, 174–76; number of, 16–17, 102, 192; problems in estimating drunk driving role in,

Fatalities, traffic (*continued*) 29–37; strategies for estimating drunk driving role in, 37–40; trend in, 18–19

Federal Bureau of Investigation (FBI) Uniform Crime Reports (VCRs), xxi, 47–48, 50, 98, 115, 207n.5

Fell, James C., 37–38

Felony, drunk driving as, 80–83, 89, 107, 194. See also Aggravated drunk driving

Field sobriety tests, 44, 61, 69, 71, 92, 99

Fines, xvii, 25, 194, 195, 197, 219n.24; as deterrent, 117–19, 126; insurance surcharges versus, 132; for license restriction violations, 151; punitive damages versus, 137; tort, 133

Florida, home detention in, 157

Florida Supreme Court, 85–86

Ford, Henry, xiv

Fraternities, 139, 143, 147

Fraud, licensing, 151

General Motors, 21

Grand Rapids Study, 38–41, 46, 71, 76

Guardian Interlock Systems, 170

Gusfield, Joseph, 28–29

Habitual offenders, drunk driver. See

Recidivism
Habitual traffic offender laws, 225 n.12
Haddon, William, 21
Halligan v. Pupa, 144
Hammond, Robert, 7
"Happy hours," 173, 195
Heise, Herman, xix
HGN procedure, 111
High school students. *See* Youth
Highway Safety Act, xiv, 116
Holcomb, Richard, xix
Home detention, xvii, 122, 125, 148, 151, 156–59, 195
Homicide, xiii, 41, 64, 83–89
House arrest. *See* Home detention

Impairment, 59–60, 67–70. *See also* Driving while ability impaired (DWAI)
Implied-consent laws, 90, 96–98, 115
Implied-malice doctrine, 86
Imprisonment. *See* Incarceration
Incarceration, 194, 199–200; as deterrent, 25, 109, 116–17, 120, 125, 126; antabuse versus, 182, 183; for felony drunk driving, 82; for license restriction violations, 148, 158–59. *See also* Home detention
Inchoate offense, drunk driving as, 60–61, 64
Indiana Supreme Court, 146
Injuries, 194–95; and aggravated drunk driving, 194; causes of, in accidents, 31; and drunk driving as inchoate offense, 60. *See also* Accidents, vehicular

Insurance, automobile. *See* Automobile liability insurance
Interlock System, 170–71, 180, 196, 200
Intoxication: as defense to drunk driving, 62–63; definition of, 66–70, 77, 134; determination of, 35–36
Intoxilyzer, 72, 73
Iowa Alcohol Control Act, 144
Irwin v. Town of Ware, 114

Jury trial, right to, 82, 98

Kelly v. Gwinell, 145–46
Klein, Terry, 37–38

Landry v. Hoepfner, 82, 214n.9
Lewis v. City of New Orleans, 68
Licenses, driver's: conditional, 184; forfeiture of, 193, 195; and implied consent, 96; suspension/revocation of, xvii, 97, 99, 109, 115, 119–20, 125, 126, 148, 150–52, 159; standards for obtaining, 58–59, 148–50, 159
Lightner, Candy, xv–xvii
Lopez v. Maez, 140
Los Angeles County, anti-drunk driving program in, 110

McDowell, Robert, 6–7
Mackey v. Montrym, 97
MADD. *See* Mothers Against Drunk Driving (MADD)
Maine Supreme Court, 91, 207n.2
Manslaughter, 84–89, 154

Massachusetts, recidivism study in, 51-52
Massachusetts Supreme Court, 114
Mass media, xv-xvi; advertising of alcohol in, 5-7, 161, 165; and public education, 160-61. *See also* Public service announcements (PSAs)
MAST test, 49, 185
Meany v. Newell, 144
Mens rea, 62, 65, 74-76, 85
Minimum drinking age, 173-78, 196, 198-99
Minnesota: insurance law in, 143; recidivism study in, 50
Minnesota Supreme Court, 144, 213nA
Miranda v. Arizona case, 95
Misdemeanor, drunk driving as, 61, 75, 80, 89, 107, 194
Model Penal Code, 61-63, 83, 87, 202n.6
Morgan v. Manicipality of Anchorage, 211n.15
Mothers Against Drunk Driving (MADD), xv-xvi, 87, 119, 160, 161, 167, 197, 198
Murder, in aggravated drunk driving, 86-89

Nathan, Peter, 140
National Accident Sampling System (NASS), 31-32
National Council on Alcoholism, 10
National Highway Safety Bureau, xiv, 21
National Highway Traffic Safety Administration (NHTSA), xiv-xv, xix, 24, 34, 50, 170; and automobile safety, 21-22; establishment of, 21; Fatal Accident Reporting system (FARS), 17, 32-35, 47, 50, 52, 102; on per se laws, 70; on plea bargaining, 99; and public education, 161, 162, 165, 168; rehabilitation program of, 186, 187; on roadblocks, 93, 111; role of, 196, 198
National Institute of Alcohol Abuse and Alcoholism (NIAAA), xix, 8, 10, 12, 161, 183
National Institute of Justice, 198
National Institutes of Health, 198
National Safety Council (NSC), xix, 16, 29, 32, 162, 168
National Traffic Safety Agency, 21
National Transportation Safety Board, 92
Nebraska, homicide statute in, 84
Nebraska Supreme Court, 73
Neligence: in aggravated drunk driving, 86; comparative, 34; in criminal law, 68, 74-75; per se, 135, 144; in tort law, 134-38. *See also* Reckless endangerment
Nelson, Gaylord, 21
New Jersey, insurance law in, 132
New Jersey Supreme Court, 144-45
Newman v. Hacker, 95-96
New Mexico Supreme Court, 140
New South Wales, Australia, crackdown in, 113
New York Court of Appeals, 66-67, 77,

96, 209n.6

New York State, xiv, 59, 215n.7; dram shop law in, 144; driving while ability impaired law in, 76–77; fines in, 117–18; habitual offender law in, 80; implied-consent law in, 96; insurance law in, 132, 133, 220n.8; license suspension in, 150; Stop-DWI program in, xviii, 197

New York University, 108

NHTSA. *See* National Highway Traffic Safety Administration (NHTSA)

NIAAA. *See* National Institute of Alcohol Abuse and Alcoholism(NIAAA)

Nichols, James, 186

No-fault automobile insurance, 127–28, 133

North Carolina, vehicle forfeiture in, 152–54

Northwestern Traffic Institute, xix

Norway, 108, 112, 113, 125. *See also* Scandinavian system

Notice problem, 70–74

NSC. *See* National Safety Council

Nystagmus, 111

O'Connor, Sandra Day, 227n.12

Office of Alcohol Countermeasures, 197

Oklahoma Supreme Court, 95

Oregon, vehicle impoundment in, 155–56

Oregon Supreme Court, 212n. 4

P. v. Walters, 208n.6

Papachristou v. City of Jacksonville, 208n.1

Pears v. State, 213n.8

Pennsylvania v. Mimms, 92

People v. Craft, 96

People v. Cruz, 66–67, 77, 209n.6

People v. Olivas, 213n.8

People v. Rostad, 86

People v. Watson, 87–88

Per se laws, xvii, 70 – 77, 115, 119, 123–24, 135

Phoenix, Arizona, drinking/driver schools in, 183–84

Plea bargaining, 76, 84, 98–100, 129–30, 193; restrictions on, 107, 115–16, 195, xvii

Police, 61, 195, 197; and administrative model of drunk driving, 63; and arrest probabilities, 110; and definition of Police (*continued*) drunk driving, 67–79, 77; and implied consent, 96–97; and roadblocks, 92–95, 111–12, 114; and role of alcohol in accidents, 31–34; social control by, 24–25; vehicle stops by, 91–92

Posner, Richard, 221n.12

Powell, Lewis, 68

Powell v. Texas, 207n.3

Preliminary breath-testing (PBT) laws, 92

President's Commission on Law Enforcement and Administration of Justice, 202n.4

Presidential Commission on Drunk Driving, xvii, 92, 93, 189

Principles of Criminology (Sutherland

and Cressey), xx
Probable cause, 90–96, 99, 112–13, 198
Probation, 189
Problem drinking: concept of, 8–9; and drunk driving patterns, 48–49; and the law, 11–12; and rehabilitation, 181, 186–88; treatment of, 11. *See also* Alcoholism; Alcohol abuse
Prohibition, 4, 10, 71, 86, 139, 172, 174, 178–80, 196
PSAs. *See* Public service announcements(PSAs)
Psychology, of drunk driver, 51–53
Public condemnation of drunk drivers, 121–22
Public education, 160–67, 195, 200
Public service announcements (PSAs), 8, 161–66, 168
Punitive damages, xviii, 134–38, 147, 195

Race, and drunk driving, 48
Racketeer Influenced and Corrupt Organizations (RICO) Act, 152
Reagan, Ronald, xvii, 12, 22
Recidivism, 76, 158–59; and antabuse, 182–83; and deterrence, 109; and drinking/driver schools, 186–90; pattern of, 50–51, 54
Reckless driving, 30, 76
Reckless endangerment, 61–62, 83
Rehabilitation: of alcoholics, 10–11; of drunk drivers, 181–90
Rehabilitation Act of 1973, 10–11

Rehnquist, William, 175
Remove Intoxicated Drivers (RID), xv/xvi, 87, 119, 160, 167, 197
Report Every Drunk Driver Immediately (REDDI), 215n.5
Report on Alcohol and Highway Safety, 163
Rhode Island, community service law in, 121
Ribicoff, Abraham, 21
RID. *See* Remove Intoxicated Drivers (RID)
Roadblocks, xvii–xviii, 24, 107, 108, 125, 195, 198; legal aspects of, 92–95, 99; as deterrents, 111–12, 125
Road safety, 25–26
Road Safety Act (Great Britain), 112–13
Roadside surveys, 45–47
Roberts, Kenneth, 21
Rockefeller drug law, 117
Ross, H. Laurence, xx, 112–14
Ross v. Ross, 144
Rummell v. Estelle, 211n.2

SADD. *See* Students Against Drunk Driving (SADD)
Safe driver insurance plans (SDIPs), 132
Safety, automobile, 20–22; driver, 22–25; road, 25–46. *See also* Accidents, vehicular
Scandinavian system, 113, 123–25
Schmerber v. California, 35, 96
Schneider v. California, 97
Scott v. Illinois, 82

Seat belts, 19, 22, 31, 163–64, 171, 192
Sentencing: for aggravated drunk driving, 79, 82; and plea bargaining, 98–99; severity of, 107–8, 114–15. *See also* Deterrence; Fines; Incarceration
Server intervention programs, 141–43, 147, 196
Sex differences, and alcohol, 9, 48, 51, 53, 176–77
Sobriety checkpoints. *See* Roadblocks
Social class, and drunk driving, 48
Social control: of drivers, 22–25; of traffic, 20–22
Social drinking, 48–49, 52, 54, 186–88, 192
Social hosts, legal liability of, 139, 143–47
Social psychology, of drunk driver, 51–53
Solem v. Helm, 212n.2
South Dakota, minimum-age drinking law in, 174–75
South Dakota Supreme Court, 140
South Dakota v. Dole, 175
South Dakota v. Neville, 97–98
Speeding, 76
Speed limit, 19, 203n.5
Spirits: advertising of, 7; consumption of, 3–5
Standard 208, 22
Stanford Heart Disease Project, 167
State ex rei. Ekstrom v. Justice Court, 216n.9
State v. Anderson, 210n.12
State v. Burling, 73
State v. Deskins, 216n.9
State v. Edmundson, 209n.7
State v. Goetaski, 91
State v. Griffin, 91
State v. Hill, 212n.4
State v. Muhlenberg, 74
State v. Novak, 82
State v. Omar-Muhammad, 213n.8
State v. Smith, 94, 95
Struckman-Johnson, David L., 186
Students Against Drunk Driving (SADD), xvi, 167, 168, 197
Suicide, xiii, 9, 41, 52–53
Sweden, 79. *See also* Scandinavian system

Taverns. *See* Alcohol dispensers, commercial
Taxation, of alcohol, 178–80
Taylor v. Superior Court, 136
Teenagers. *See* Youth
Television, and alcohol, 7–8. *See also* Public service announcements (PSAs)
Texas, vehicle forfeiture in, 152–54
TIPS (Training for Intervention Procedures by Servers of Alcohol), 141–42
Tort fine proposal, 133
Tort liability: alcohol dispenser liability under, xviii, 138–47, 165–66, 196; defining drunk driving for, 134–38; reasonable person standard of, 68; responsibility for crashes under, 34
Traffic laws, 24–25, 29–30, 57–60, 64, 79
"Two-for-one" promotions, 173, 195

Uniform Alcoholism and Intoxication Treatment Act, 202n.5
Uniform Crime Reports (UCRs), xxi, 47–48, 50, 98, 115, 207n.5
United States v. Fleming, 88
United States v. Martinez-Fuerte, 93, 94
University of Michigan Highway Safety Research Institute, 46, 48
Unsafe at Any Speed (Nader), 21
U.S. Court of Appeals, 82
U.S. Department of Health and Human Services, 43, 51, 53
U. S. Department of Transportation, xiv–xv, 27–28, 40, 162, 163, 197–98, 219n.27
U.S. Fourth Circuit Court of Appeals, 88
U.S. Fifth Circuit Court of Appeals, 137
U.S. Supreme Court, 22, 35, 82; on breath tests, 73; on implied consent, 97–98; on license as property, 148; and minimum drinking age, 175; on vagueness problem, 68; on vehicle stops, 91, 93

Vagueness problem, 68–70, 74
Vehicle forfeiture, 148, 152–54, 159
Vehicle impoundment, 122, 125, 126, 148, 152, 154–56, 159, 195, 199
Vera Institute of Justice, 119
Vermont, and dram shop liability, 223n.22
Volstead Act, 172

Walz v. City of Hudson, 140
Washington Court of Appeals, 72
Weight Watchers, 167
Weinstein, Elaine, 186
White, Byron, 208n.3
White House Conference on Highway Safety, xix
Williams v. Kleinesrud, 144, 145
Wine: advertising of, 6–7; consumption of, 3–5
Wisconsin Supreme Court, 137
Wisconsin v. Hinz, 74
Wyoming Supreme Court, 69, 75

Youth: and alcohol, 7; and anti-drunk driving programs, 167–68; and minimum drinking age, 173–78, 198–99; pattern of drunk driving by, 47–48, 54

Zylman, Richard, 27, 28–29